KB193801

지명을 읽으면 **성경**이 보인다

지명을 읽으면 성경이 보인다

4 베들레헴에서 엠마오까지

초판 1쇄 발행 2015년 2월 10일 **초판 2쇄 발행** 2015년 6월 3일

지은이 한기채 **펴낸이** 연준혁

디자인 하은혜 **제작** 이재승

펴낸곳 (주)위즈덤하우스 **출판등록** 2000년 5월 23일 제13-1071호
주소 경기도 고양시 일산동구 정발산로 43-20 센트럴프라자 6층
전화 031)936-4000 **팩스** 031)903-3893 **홈페이지** www.wisdomhouse.co.kr
종이 월드페이퍼 **인쇄·제본** (주)현문 **후가공** 이지앤비

값 17,000원
ISBN 978-89-94806-05-1 04230
      978-89-961233-9-2 (세트)

* 위즈덤로드는 (주)위즈덤하우스의 기독교 전문 브랜드입니다.
* 잘못된 책은 바꿔드립니다.
* 이 책의 전부 또는 일부 내용을 재사용하려면 반드시
  사전에 저작권자와 (주)위즈덤하우스의 동의를 받아야 합니다.

국립중앙도서관 출판시도서목록(CIP)

지명을 읽으면 성경이 보인다. 4, 베들레헴에서 엠마오까지 /
지은이: 한기채. ― 고양 : 위즈덤로드 : 위즈덤하우스, 2015
p. ; cm

위즈덤로드는 위즈덤하우스의 기독교 전문 브랜드임

ISBN 978-89-94806-05-1 04230 : ₩17000
ISBN 978-89-961233-9-2 (세트) 04230

성서 역사[聖書歷史]
성서 지리[聖書地理]

233.09―KDC6
220.9―DDC23   CIP2015001611

지명을 읽으면 성경이 보인다

4 베들레헴에서 엠마오까지

한기채 지음

위즈덤로드

추천사

이스라엘에 근무하며 성지의 구석구석을 다녀볼 수 있었던 것은 엄청난 축복이었다. 히브리어에 대한 지식이 생기면서 성지의 지명들이 단순히 고유명사가 아니라 특별한 뜻을 갖고 있다는 것을 발견하며 감동하기도 했다. 한기채 목사님이 학자로서의 탐구 정신과 목회자로서의 영성을 결합시켜 집필한 『지명을 읽으면 성경이 보인다』는 구약과 신약 시대의 지리적, 인문적 환경을 상상하는 데 긴요한 열쇠인 지명들을 통해 우리를 그 시대로 바로 안내해준다. 성경의 말씀을 보다 입체적으로 음미하고 가슴에 더 가까이 와 닿게 하는 특별한 지침서로서 매우 소중하게 여겨 기쁨으로 추천한다.

김일수 | 주 이스라엘 대사

성경의 지명을 이해하면 성경이 새롭게 열린다. 하나님은 사람과 사건과 장소를 따라 일하신다. 성경에 나오는 모든 장소에는 의미가 있다. 하나님께는 우연은 없고 섭리만 있을 뿐이다. 저자는 성경의 지명에 의미를 부여해 줌으로써 성경을 잘 이해할 수 있도록 도와준다. 이 책은 만남의 책이다. 구약과 신약이 만나고, 하나님과 인물이 만나고, 장소와 사건이 함께 만나 구속사를 펼쳐간다. 저자는 설교자요, 학자요, 예술가다. 저자는 이 책 속에 성경과 지리와 그림과 문학을 함께 담았다. 그리고 무엇보다 하나님의 손길을 담았다. 이 책은 성경을 이해하도록 도와주는 안내자요, 성경을 읽는 눈을 열어 주는 빛 같은 책이다.

강준민 | LA새생명비전교회 담임목사

성경의 바른 이해를 위해서는 무엇보다도 균형 있는 성경해석이 필요하다. 바른 성경해석 방법으로 빼놓을 수 없는 것이 성경의 지리적 요소이다. 이번에 출간된 한기채 목사의 『지명을 읽으면 성경이 보인다』는 그런 필요를 충족시켜 주는 강해설교집이다. 성경의 지명 설명과 함께 삽입된 명화와 사진 그리고 지도들은 쉽고 재미있게 성경을 풀어주는 시청각 자료 역할을 톡톡히 하고 있다.

권혁승 | 서울신학대학교 구약학 교수, 성결교회성서연구원장

신약성경에서 발생하는 사건들의 무대는 대부분 지중해 사회(Mediterranean society)와 그레꼬-로마 세계(Greco-Roman World)라고 불리는 로마제국의 광범위한 지역이다. 이것은 지리(geography)와 이동성(movement) 문제에 주목할 때 보다 참신한 독서가 가능함을 암시한다. 이처럼 성경읽기에서 중요한 모티프를 적용한 구약 시리즈(3권)를 출간해 호평(好評)받은 저자는 소위 지리적 강해라는 관점에서 읽어낸 금과옥조(金科玉條)의 정보를 다시 축적하여 신약 시리즈(2권)를 탄생시켰다. 본서는 영적 독서를 위한 최상의 안내서를 기대하는 평신도들과 실물설교의 전범(典範)을 갈망하는 설교자들에게 필독서임에 틀림없다.

윤철원 | 서울신학대학교 신학전문대학원, 신약학 교수

이 책은 성경의 지명과 성경 본문 그리고 오늘의 메시지가 절묘하게 결합된 수작이다. 성경의 내용을 지명을 중심축으로 해설하는 최초의 시도로 그 기발한 아이디어에 저절로 감탄이 나온다. 지명과 결부된 성경해석이라는, 성경해석의 새로운 지평이 성공적으로 펼쳐지고 있는 점도 놀랍다. 게다가 적절하게 제시된 관련 성화(聖畵)와 그에 대한 해박한 해설, 그리고 한기채 목사의 삶으로 해석된 진솔한 고백도 이 책의 독창성과 가치를 한껏 드높여준다. 모든 독자들을 성경의 세계로 초대하는 탁월한 시도로 보여서 적극적으로 추천한다.

차준희 | 한세대학교 구약학 교수, 한국구약학연구소장

한기채 박사의 학자적 탐구가 목회 현장에서의 영성적 통찰에 의해 열매를 맺어 『지명을 읽으면 성경이 보인다』라는 책으로 나왔다. 그래서 기대를 하게 된다. 고대 이방종교들이 신화에 근거한 것들이었다면, 특별히 신구약성경의 하나님 계시는 역사적 사건 위에 서 있다. 바로 그 구원사는 이스라엘이라는 지리적 공간과 그 시간에서 인간을 통해 일으키신 하나님의 사건으로 구성되었다. 그렇다면 성경의 배경인 지리와 지명을 바로 알고 깨닫는 것은 하나님의 계시를 바로 이해하는 통로가 된다. 이 책을 읽고 따라가다 보면 하나님의 섭리와 우리에게 주시는 메시지를 확인하게 될 것이다.

최종진 | 전 서울신학대학교 총장, 한국기독교학회장

일러두기

· 본문에 사용된 한글성경은 개역개정 제4판을 참조했습니다.

· 지명 및 고유명사 표기는 개역개정판 한글성경의 표기에 우선하여 사용했습니다.

머리말

학창시절, 저는 지리를 지지리도 못했습니다. 지리 과목이 차지하는 비중이 다른 과목들에 비해 그렇게 크지 않았던 교육 현실도 그렇지만, 조그만 시골에 살면서 지리 과목을 굳이 열심히 해야 할 필요성을 별로 느끼지 못했던 것 같습니다. 그러나 미국에 유학을 갔을 때, 그들의 생활에서 지도와 날씨가 얼마나 중요한 비중을 차지하는가를 보면서 저도 차츰 그 생활에 익숙하게 되었습니다. 세계 각 지역을 여행하면서 지정학적인 요소가 얼마나 그들의 역사나 문화에 중요한 영향을 미치는가를 보면서 지리적인 요소와 삶의 양태에 대해 많은 관심을 갖게 되었습니다.

개인사에서 지리적인 요소가 차지하는 비중도 만만치 않지만, 성경의 이해에 있어서도 지정학적인 요소는 나라와 역사의 승패는 물론이고, 그 방향마저 좌우할 정도로 매우 중요한 역할을 하는 것을 보게 됩니다. 이것은 성경의 기록이 지정학적인 위치에서 생긴 사건 현장에서 나오기 때문입니다.

성경에 나오는 대부분의 지명들은 그곳에서 일어난 의미 있는 사건들을 설명하고 있습니다. 사건이 먼저 있었든지, 그 사건 때문에 이름이 그렇게 바뀌었든지 간에 사건과 지명이 서로 밀접한 관계에 있는 경우가 많습니다. 사건이 지명이 되고, 지명이 사건을 설명해 주는 함수관계를 이루고 있는 것입니다. 그러므로 어떤 지역과 그 지역을 배경으로 하는 사건을 하나님의 말씀 속에서 살펴보면 성경의 이야기가 살아 움직이며 더욱 현장감 있게 다가옵니다. 이런 면에서 성경은 지리학이라고 할 수 있습니다.

기독교 신앙은 역사적 신앙사건에 근거하고 있고, 거기에서 인물과 현장은 매우 중요하게 다루어집니다. 그러므로 신앙사건을 인물과 현장 중심으로 풀어내는 것은 말씀의 현장성을 높여 주고 그 말씀을 실천으로 옮기는 데 도움을 줍니다.

그러므로 성경의 지리를 아는 것이야말로 성경을 잘 이해할 수 있는 지름길이라 할 수 있습니다. 성경 현장을 답사하는 것은 책으로 읽고 귀로만 듣던 하나님의 말씀을 입체적으로 보고 느끼고 체험할 수 있는 기회를 갖는 것입니다.

성경 현장답사는 기독교 신앙인이라면 한 번쯤 계획하고 꿈꾸어 볼 가치가 있는 일입니다. 따라서 저는 이 가치 있는 일의 사전 답사 차원에서 성경의 순서와 지명을 따라가면서 그곳을 배경으로 어떤 사건들이 벌어졌는지 살펴보는 '지명강해'를 시도해 보았습니다. 물론 모든 지명을 다룰 수 없어서 선별하여 신앙적으로 중요한 사건이 일어난 지역을 골라서 엮어 보았습니다. 이 지명강해의 여정을 따라가는 동안 어쩌면 우리는 뜨거운 모래바람 때문에 입속에서 어석거리는 모래를 느낄 수 있을지도 모르겠습니다. 또 어떤 때는 사건 속의 주인공과 함께 긴 여정 끝에 오아시스에 도달하여 달디단 물맛의 진수를 경험할 수도 있을 겁니다.

이 여정을 통해 성경의 사건들이 현장감 있게 전달되어 성경을 관념적·이론적으로만 이해하는 데서 그치는 것이 아니라, 성경에 대한 이해를 일상생활에 적용하고 실천하는 데 도움이 되기를 바랍니다. 저는 평소에 말씀을 효과적으로 전달하기 위해서 실물 설교 방식인 '쇼엔텔'(show and tell, 보여 주며 말하기)을 즐겨했습니다. 여기에서도 지도나 그림들을 동원하여 이해를 돕도록 하였습니다. 전개해 가는 방식은 이야기식입니다. 성경을 이론이나 관념으로 풀어내지 않고 이야기로 풀면 체험에 훨씬 가깝게 도달할 수 있습니다.

사실 신앙 체험에서 이야기가 나왔고, 이야기에서 상징으로, 그리고 이론이나 원리로 발전합니다. 따라서 이론으로 체험을 나누기에는 너무 멀기 때문에 소기의 목적을 달성하기가 어렵습니다. 이야기가 체험에 가장 가깝기 때문에 이야기 형식을 통해 생생한 경험인 감동, 긴장, 흥분, 실망, 반전, 공감을 쉽게 나눌 수 있습니다. 더구나 성경이 기록되기 이전에 구전의 이야기로 오랜 세월 동안 전해진 것을 감안한다면 성경은 이야기로 들어야 제 맛을 느낄 수 있는 것입니다. 그래서 저의 증언은 귀납법적 이야기식 강해설교라고 할 수 있습니다. 여기에서 말씀은 지도이고 성령은 위치를 조명하는 장치로 자동위성항법장치(GPS) 같은 역할을 하고 있습니다.

지도 따라, 사람 따라, 사건 따라 말씀을 생동감 있게 경험할 수 있는 기회를 누리시길 바랍니다.

이 책이 이렇게 나오기까지 많은 분들의 수고와 도움이 있었습니다. 말씀을 경청해 준 중앙교회 성도님들, 원고 정리를 도와준 김재명 목사님, 추천해 주신 선후배 목사님들, 그리고 좋은 책을 만들어 주신 위즈덤하우스 박선영 부사장님과 편집부에 감사드립니다.

예수님의 발자취를 따라

미국에서 유학생활을 하던 1995년 이스라엘 관광성의 초청으로 이스라엘 땅을 처음 밟았을 때의 감동을 잊을 수가 없습니다. 뉴욕에서 이스라엘 항공편을 타고 텔아비브 국제공항에 비행기가 착륙할 때, 아무 사전 안내도 없었지만 승객 모두는 환호성을 치르며 박수를 쳤습니다.

'저 멀리 뵈던 나의 시온 성.' 영혼의 고향에 온 느낌이었습니다. 예루살렘 구도시가 보이는 호텔 발코니에서 저녁노을에 눈부신 황금 사원을 내려다보니 "예루살렘아, 예루살렘아!" 하시며 눈물을 지으셨던 예수님이 생각났습니다. 그 예수님과 함께 '예수, 나를 위하여 십자가를 질 때' 찬송을 부르며 하염없이 울었던 기억도 납니다. 새벽 일찍 고요한 '비아 돌로로사' 십자가의 길을 몇 번이고 걸을 때면 예수님이 나와 함께하심을 느꼈습니다. 옛날 모습을 찾아보기 힘든 예루살렘과는 달리 비교적 옛 모습을 그대로 간직하고 있는 갈릴리 호수에서는 예수님이 보셨던 그 산과 물이 정감 있게 다가와 금방이라도 예수님이 나타나실 것만 같았습니다. 그 후로 여러 차례에 걸쳐서 혼자 또는 많은 이들과 함께 그곳에 다녀왔지만 갈 때마다 새로움과 깨달음이 있었습니다. 떠나올 때마다 언제나 그 땅은 아쉬움과 그리움으로 남았습니다. 그 땅은 하늘로 통하는, 아직도 열리지 않은 신비를 품고 있는 곳이라는 생각이 듭니다. "주의 발자취를 따름이 어찌 기쁜 일이 아닌가 맘에 맑은 하늘 열리고 밝은 빛이 비친다"(찬송가 560장).

성경현장은 제5복음서라고 할 수 있습니다. 그곳을 걷는 것은 성경을 읽는 것과 같다고 생각합니다. 그곳에 가보지 않았다면 아직 성경을 다 읽은 것이 아니라는 생각도 듭니다. 그 땅에서 성경을 읽는다면 생생하게 주님의 음성을 들을 수 있을 것입니다. 이것이 현장 독서의 유익입니다. 예수님 사건은 특정한 시간에, 특정한 지역에서 일어난 역사적 사건입니다. 사건에서 현장이 중요하듯이 사건을 재현하기 위해 현장 답사는 필수적입니다. 아직 그 땅에 가보지 못한 분들에게 도움을 드리기 위해 이 책을 펴냈습니다. 사건에 대한 설명과 더불어 지도와 사진, 명화 그리고 상상력을 통해 입체적인 상을 얻는 데 도움이 되었으면 합니다. 책을 통해서나마 예수님의 사건을 함께 생생하게 느끼고 싶습니다. 성경현장에 이미 다녀오신 분들과는 다시 한 번 감동을 나누고 싶습니다.

이 책은 베들레헴에서 태어나신 예수님이 나사렛에 정착하시고, 갈릴리에서 사역을 시작하여 예루살렘에 이르기까지, 그리고 십자가 사건과 부활까지의 여정을 시간의 흐름에 따라 장소를 중심으로 이야기형식으로 서술하였습니다. 예수님은 주로 갈릴리와 예루살렘을 중심으로 활동하셨고, 사마리아에도 가끔 가셨습니다. 복음서에서는 지리적 정체성이 분명합니다. 갈릴리인, 유대인, 사마리아인… 나사렛 예수, 구레네 시몬, 가룟 유다… 지리적 정체성은 1세기 팔레스타인 사회에서 자신이 속한 그룹의 종교 사회적 경계를 구성하는 중요한 지표가 됩니다. 사는 자리는 신분뿐 아니라 정결의 표지와도 연관되어 있습니다. 처한 곳의 공간과 지형도 중요합니다. 도시냐 시골이냐, 높은 곳이냐 낮은 곳이냐, 산이냐 광야냐, 강이냐 바다냐, 따뜻한 곳이냐 추운 곳이냐.

성경 말씀은 구체적 지역이라는 그릇에 담겨 있습니다. 물론 말씀이 중요하지만 그 그릇의 형태를 잘 살펴보면 그 말씀을 이해하는 데 큰 도움이 됩니다. 이스라엘 지형은 말씀을 보여 주는 시청각 자료인 셈입니다. 성경은 지명을 나열하지만 지명에 대해서 자세히 설명하지는 않습니다. 왜냐하면 그들은 이름만 들어도 이미 그곳을 잘 알고 있기 때문입니다. 그러나 우리는 이름만 들어서는 그곳이 어디이며 어떤 특징이 있는지를 잘 모릅니다. 성경을 바르게 해석하기 위해서는 당시의 언어, 역사, 문화, 지리를 알아야 합니다. 이스라엘에서의 예수님은 '질그릇 속에 담긴 보배'입니다. 그 보배 예수님을 알기 위해서 질그릇인 이스라엘을 탐사해 볼 필요가 있습니다. 예수님의 발자취를 따르는 여정에 초대합니다. 부족한 제가 안내를 자청하겠습니다.

2015년 2월
한기채

차례

베들레헴과 족장의 길

갈릴리

가이사랴

길보아 산
애논
살렘

샤론 평지

사마리아
에발 산
세겜
수가 성
그리심 산

요단강

지중해

욥바

실로

아이

벤엘

벤호론

여리고

엠마오
기럇여아림
기브아
아리마대
감람산
예루살렘

아스돗

쿰란

벤세메스

베다니
베들레헴

아스글론

가드

헤브론

가사

사해

엔게디

족장의 길

마사다

브엘세바

엘랏

01

베들레헴
Bethlehem

작은 곳에서 가장 위대한 일이

마태복음 2:1-12

성탄절 연극에서 처음으로 역할을 맡은 한 아이가 집에 와서 엄마에게 자랑을 늘어놓았습니다. 엄마도 신기해서 물었습니다. "그래, 정말 잘했구나. 그런데 무슨 역할을 맡았니?" 아이는 당당하게 "별이요!"라고 대답했습니다. '아니, 왜 우리 애한테 아무 대사도 없이 무대 이쪽에서 저쪽까지 별만 들고 지나가는 역을 주었담….' 다소 실망한 엄마에게 아이가 말했습니다. "엄마, 나는 별이 좋아요. 별이 없었다면 동방박사들이 예수님을 찾지 못했을 거 아니에요?" "……."

교회력으로 새해의 시작은 대림절(待臨節)이며, 예수님의 오심을 기다리는 기간입니다. 하지만 이 소중한 기간을 그냥 앉아 기다리는 것으로 일관해서는 안 됩니다. 동방박사들을 예수님께 인도했던 별과 같이, 우리는 믿지 않는 사람들을 예수님께로 인도하는 자들이 되어야 합니다.

나침반이 있기 전에 항해자나 길을 찾는 사람에게 길잡이 역할을 해준 것은 별(자리)이었습니다. 오늘날 내비게이션의 역할입니다. 동방에 살던 박사들을 팔레스타인의 작은 고을로 인도했던 것이 바로 별입니다.

동방이란 어떤 곳을 말하는 것일까요? 동방은 헬라어로 '아나톨레'라고 합니다. '해가 돋는 곳', '해가 떠오르는 곳'이라는 의미입니다. 유럽의 관점에서 보자면 터키일 것이고, 팔레스타인의 입장에서 보자면 페르시아(오늘날의 이란) 지역을 말할 것입니다. 마태는 페르시아 지역의 박사들이 찾아왔다고 보도하고 있는 듯이 보입니다.

헬라어로 '마고이'라고 부르는 박사들의 정체에 대해서는 왕들, 지식이 많은 현자들 등 다양한 의견이 있습니다. 아마도 그들은 고대 동양의 지혜를 대변하는 현자들로서 점성술에도 조예가 깊었을 것입니다. 그들은 별의 인도를 따라 유다 지역까지 찾아온 목적을 "유대인의 왕으로 나신 분이 어디 있느냐? 우리가 그에게 경배하러 왔노라"라고 스스로 말하고 있습니다. 실상 그들은 인류의 구원사 속에서 그리스도의 세계사적인 의미를 밝혀주기 위해서 등장한 사람들입니다. 아마도 그들은 바벨론에 포로로 잡혀간 유대인들의 종교와 학문을 접하게 되었고 그 영향을 받아 유대인의 메시아 사상을 받아들였을 것으로 보입니다. 그래서 별이 나타났을 때 페르시아로부터 1,500킬로미터를 걸어 예루살렘까지 오게 된 것입니다(참고로 성서고고학자인 고세진 박사는 마고이를 '요단 강 동편에서 온 사람들'로서, 데가볼리나 베레아에서 출발하여 100-150킬로미터를 걸어 예루살렘에 온 것으로 보고 있습니다. 방문 시점도 마리아의 예수 출산 후 얼마 지난 후로 봅니다).

그런데 동방박사는 총 몇 명일까요? 아이가 초등학교에 다니던 어느 성탄절 즈음에 제게 물었습니다. "아빠, 동방박사는 몇 명이에요?" "응, 세 명쯤 되지 않았을까?" "왜 세 명이죠?" "황금과 유향과 몰약, 세 가지 선물을 가져왔으니까!" "아빠, 선물을 가져오지 않은 사람은 사람 축에도 끼지 못하나요?" "……."

성경 본문에는 동방박사의 인원이 명시적으로 나오지 않습니다. 전통적으로 서방교회에서는 3명, 동방교회에서는 12명으로 봅니다. 아마도 진실은 3-12명 사이에 있을 것입니다.

이 세 가지 예물은 고대에 값진 선물로 다양한 경우에 사용되곤 했습니다. 하지만 마태는 신학적인 의미를 담아 이 예물을 소개하고 있습니다. 황금은 예수님의 왕 되심을, 유향은 예수님이 하나님 앞에서 우리를 위한 대제사장 되심을, 몰약은 우리의 죄를 대속하기 위한 그분의 죽음, 부활, 영생을 나타내는 예물로 말입니다. 다시 말해 예수님이 왕, 대제사장, 인간이심을 보여 주는 것입니다. 루터는 이 세 예물을 이성적 신앙, 순수 이성, 그리고 선행으로 해석하기도 합니다.

헤롯 궁전을 찾아간 동방박사

1,500킬로미터라는 머나먼 거리를 걸어 예루살렘에 도착한 동방박사들은 새로 태어난 유대인의 왕, 세계질서를 바로잡을 평화의 왕을 접견할 마음에 마음이 부풀어 올랐습니다. 그래서 그들은 곧바로 궁궐을 찾아갔습니다. 헤롯 궁전입니다. 유대인의 왕이라면 수도에서, 더욱이 왕의 궁궐에서 태어났을 것이라 예상한 것입니다. 그러나 이것은 선입견입니다. 인간들의 생각일 뿐입니다.

동방박사들은 헤롯 왕을 만나 물었습니다. "유대인의 왕으로 나신

이가 어디 계십니까?" 여기서 '유대인의 왕'은 그렇고 그런 유대의 한 왕이 아니라, 구약부터 예언되어 온 메시아를 의미합니다. '그리스도가 어디서 나셨습니까?'와 같은 뜻입니다. 먼 곳에서 이방인들이 알고 찾아올 정도라면 유대인들은 이미 모두 알고 축제를 벌이고 있어야 할 텐데 예루살렘에서는 이 소식을 전혀 모르고 있는 듯하니 참으로 이상합니다.

동방박사의 방문으로 예루살렘에는 일대 소동이 일어났습니다. 헤롯 왕은 에돔 족속으로 정통 유대인이 아닙니다. 로마 정권에 봉사한 공로로 유대 지역의 통치자로 임명된 사람입니다. 따라서 유대인들로부터 정통성 문제로 거센 도전을 받고 있었습니다. 술수와 잔인함으로 왕권을 유지하던 헤롯은 권력욕과 불안, 의심으로 아내와 자녀를 죽이기도 했던 사람입니다. 그런데 동방에서 찾아온 박사들이 유대의 왕이 태어나셨다며 어디 계시느냐 물으니 얼마나 당혹스럽고 불안했겠습니까?

헤롯은 곧바로 대제사장과 서기관들을 모아 그리스도가 태어나실 장소를 물었습니다. 그들은 율법의 전문가들이요 성경 신학자들입니다. 구원의 지식을 다루는 지식층입니다. 그들은 왕에게 '베들레헴'이라고 대답했습니다. 미가서 5장의 내용을 잘 알고 있었기 때문입니다.

> 베들레헴 에브라다야 너는 유다 족속 중에 작을지라도 이스라엘을 다스릴 자가 네게서 내게로 나올 것이라 그의 근본은 상고에, 영원에 있느니라
> (미 5:2)

이는 주전 740년경 미가 선지자의 예언입니다. 이때 남왕국 유다는

극심한 불순종과 죄악 상태에 빠져 있었고 참선지자들이 연일 책망의 예언을 쏟아놓고 있었습니다. 그렇기에 당시의 영적 화두는 '하나님은 죄에 빠진 이스라엘을 버리실 것인가?'라는 질문이었습니다. 미가서 5장 말씀은 이 질문에 대한 응답입니다.

"베들레헴 에브라다야"(미 5:2)라고 하면서 베들레헴의 옛 이름을 거론하고 있습니다. 에브라다는 '열매가 풍성함', '에브랏 가문의 땅'이라는 의미입니다. 그 땅은 유다 족속의 땅 가운데 지극히 작은 곳입니다. 하지만 이전에 다윗 왕이라는 걸출한 인물을 배출한 곳이기도 합니다. 게다가 남왕국 유다 왕국은 사실 다윗의 후손이 통치하는 나라가 아닙니까? 안타깝게도 그 나라가 불순종으로 휘청거리고 있지만 말입니다.

하나님은 이 작은 유다 고을 베들레헴 에브라다에서 다시 한 번 다윗 같은 자를 낼 것이라고 하십니다. 새로 올 통치자는 완전히 새로운 존재가 될 것입니다. 그의 근본은 상고, 영원에 있습니다. 다윗의 후손이면서도 다윗보다 먼저 있었던 분입니다. 하나님이 다윗에게 주신 언약(삼하 7장)을 깨뜨리지 않으면서도 인간의 연약함을 고려하여 새로운 왕을 세움으로써 성취하시겠다는 예언의 말씀입니다.

"여인이 해산하기까지"(미 5:3) 즉 메시아가 오실 때까지 이스라엘 민족이 고난 가운데 붙들려 있다가 메시아의 등장과 함께 회복될 것입니다. 오실 왕은 여호와의 능력과 그 이름의 위엄을 의지하고 서서 백성들을 목양할 것입니다(미 5:4). 메시아의 통치권은 "땅 끝까지"(미 5:4) 미치게 되며 세계에 "평강"이 될 것이라(미 5:5)는 내용입니다.

베들레헴으로

헤롯은 박사들에게 베들레헴을 알려주었습니다. 소동하던 예루살렘도 암흑의 평온을 되찾았습니다. 헤롯은 속으로 콧방귀를 뀌었을 것입니다. '다른 곳도 아니고 베들레헴이라니. 그 작은 촌동네에서 과연 얼마나 위대한 인물이 나오겠는가' 하고 말입니다. 마치 "나사렛에서 무슨 선한 것이 나오겠느냐?" 하고 무시하는 것과 같습니다. 어찌 보면 아기 예수님이 해를 당하지 않도록 하나님이 헤롯의 마음에 불어넣으신 감정일 수도 있습니다. 만약 헤롯의 많은 아들 중 누군가가 왕궁 내부에서 몰래 아들을 낳았다면 헤롯은 그 아이를 즉각 죽였을 것입니다. 그는 그러고도 남을 위인입니다. 하지만 장래의 근심거리를 그냥 둘 수는 없는 법. 헤롯은 박사들을 불러 별이 나타난 때를 자세히 묻고, 자신도 그 왕에게 경배하고 싶으니 찾으면 알려달라고 거짓말을 했습니다.

동방박사들은 헤롯 궁전을 떠나 베들레헴을 향해 출발했습니다. 예루살렘에서 베들레헴은 10킬로미터 정도밖에 되지 않는 거리입니다. 하지만 제사장이나 서기관들은 동방박사와 함께 메시아를 찾아가지 않았습니다. 동방박사들은 페르시아(이란)에서 베들레헴까지 불원천리(不遠千里)하고 찾아왔건만, 서기관과 대제사장은 지척의 거리임에도 확인해 보려는 수고를 들이지 않았습니다. 등잔 밑이 어둡습니다!

요한복음에 따르면 "빛이 어둠에 비치되 어둠이 깨닫지 못했고"(요 1:5), 왕이 "자기 땅에 오매 백성이 영접하지 아니했다"(요 1:11)고 합니다.

당시 동방은 고대 제국들의 찬란한 문화유산을 간직한 곳으로 특히 천문학과 점성술이 발달한 곳이었습니다. 따라서 하나님은 예수님이 유대인의 왕으로 오셨음을 입증하기 위해서 이방의 발달된 천문학과 점성술을 활용하신 것입니다. 훨씬 앞선 학문을 하는 박사들이 예수님 탄생의 의미를 먼저 알아채고 찾아왔다는 것이 동방박사 방문의 본질이었습니다. 동방박사는 경배하고자 물어 찾았고, 대제사장과 서기관은 알고 있었으나 무관심했고, 헤롯은 나중에 죽이려고 찾았습니다.

동방박사들은 별의 마지막 인도를 받았습니다. 그들이 헤롯 궁전을 나오자 동방에서 보던 그 별이 다시 나타나 그들을 베들레헴까지 안전하게 인도한 것입니다. 그 별을 다시 보았을 때 얼마나 기뻤을까요? 그들은 베들레헴의 한 여인숙으로 인도되었고 그곳 마구간 구유에 뉘어 있는 아기 예수님과 그의 모친을 보게 됩니다.

특별할 것도 없는 평범한 출생이었습니다. 아니 평범하다는 표현도 사치스러울 정도로 보입니다. 예수님의 출생은 지극히 낮고 천한 출생이었습니다. 하지만 동방박사들은 가져온 세 가지 예물을 영접 예물로 드렸습니다. 황금과 유향과 몰약. 동방박사는 아기 예수를 경배하고 그 부모에게 확신을 준 후 '다른 길'로 돌아갔습니다. 꿈에 천사의 지시를 받고, 오던 길과는 다른 길로 고국으로 돌아간 것입니다.

예수님을 만나고 나면 행하는 길이 달라집니다. 마음도 생활도 달라집니다. 아마도 동방박사들은 베들레헴 동쪽 광야를 통해 돌아갔으리라 추정됩니다. 동방박사들이 밟고 간 광야의 험한 길은 '디르 도씨'(Deir Dosi)를 통하는 새로운 길입니다. 동방박사들이 가다가 묵었다는 동굴에는 현재 데오도시우스 수도원(Monastry of Theodosius)이 있습니다.

왜 베들레헴인가?

동방박사들이 먼 동방에서 별을 보고 1,500킬로미터를 걸어와서 베들레헴으로 간 것도 놀랍지만, 갈릴리 나사렛에 살던 요셉과 마리아가 아기를 낳기 위해서 베들레헴으로 간 것도 놀랍기는 마찬가지입니다. 세상을 주관하시는 하나님은 인류의 주와 구주가 되시는 예수님을 베들레헴에서 태어나게 하기 위해서 세속 권력까지도 움직이셨습니다. 바로 로마 제국의 황제 가이사 아구스도가 영을 내려 천하로 다 호적하게(눅 2:1) 했기 때문에 그렇게 일이 진행된 것입니다.

예루살렘에서 남쪽으로 팔레스타인 중앙산맥을 따라 헤브론으로 10킬로미터 정도 내려가면 베들레헴이 나옵니다. 베들레헴은 "족장의 길"에 위치하고 있으면서 나그네에게 음식을 제공하던 '빵집'이었습니다. 베들레헴은 야곱의 사랑하는 아내 라헬이 죽고 베냐민이 태어난 곳으로, 길가에 라헬의 무덤이 있습니다. 레아는 야곱과 함께 헤브론에 있는 족장의 묘실에 묻혔고, 라헬은 베들레헴에 묻힌 것입니다.

베들레헴은 시부와 남편을 잃고 시모를 따라온 모압 여인 룻과 보아스의 사랑이 피어난 곳입니다. 이방 여인 룻이 가장 처절한 형편에서 새로운 소망의 불을 피운 곳입니다. 그들에게서 오벳, 이새 그리고 다윗이 태어났습니다. 그래서 베들레헴은 다윗의 고향입니다. 요셉은 다윗의 후손으로서 호구조사를 위해 고향에 왔습니다. 그러나 예수님은 공생애 기간 내내 베들레헴을 다시 찾으신 적이 없습니다. 예루살렘에서 가까운 거리인데도, 태어나신 곳인데도, 가지 않으셨습니다. 예수님은 예루살렘 남쪽, 베들레헴, 헤브론, 브엘세바로 이어지는 이두매를 거쳐 네게브 지역 쪽으로 가신 기록이 없습니다.

요셉과 만삭의 마리아는 황제의 명령에 따라 나사렛에서 베들레헴까지 갔던 것입니다. 직선거리로는 120킬로미터이지만, 베들레헴이 산악 고지대임을 감안하면 150킬로미터가 넘는 거리입니다. 몸이 무거운 마리아를 동반하였기에 더욱 어려운 길이었습니다.

사실 로마 정부는 여성들에게 인두세를 부과하지 않았기 때문에 약혼한 마리아가 굳이 같이 갈 필요는 없었을 것입니다. 요셉만 친족이 있는 베들레헴으로 가서 등록하면 될 일이었습니다. 더구나 마리아는 해산이 임박했는데 왜 이렇게 원정출산(?)을 감행한 것일까요? 어쩌면 그들은 이유도 모른 채 그렇게 해야 한다는 어떤 의무감으로 했을 것입니다. 하지만 우리는 그 이유를 알고 있습니다. 구약 성경의 메시아 예언이 응답되기 위하여 그들은 나사렛에서 베들레헴으로 가게 되었던 것입니다.

성경에 이르기를 그리스도는 다윗의 씨로 또 다윗이 살던 마을 베들레헴에서 나오리라 하지 아니하였느냐(요 7:42)

유대 땅 베들레헴아 너는 유대 고을 중에서 가장 작지 아니하도다 네게서 한 다스리는 자가 나와서 내 백성 이스라엘의 목자가 되리라(마 2:6)

예수님의 베들레헴 출생은 구약 예언의 성취라는 측면만 있는 것이 아닙니다. 그것은 성육신으로써 신성을 비우시고 낮추시는 예수님의 자기 비움을 보여 주기도 합니다. 별 볼 일 없는 베들레헴의 선택, 가장 비천한 상태에서 세상에 나오는 일을 겪게 하려고 하신 것입니다. 분명 예수님은 '큰 자'가 아니라 '작은 자'로 오셨습니다.

이새의 목동이었던 다윗이 이스라엘의 목자가 된 것처럼 작은 자인 예수님은 온 세상의 목자가 되실 것입니다. 유대인의 왕이 되실 것이고 만왕의 왕, 만주의 주라는 위대한 인물이 되실 것입니다. 하나님은 작은 것을 택하여 큰 것을 이루는 분이십니다. 그래서 초라한 베들레헴, 낮고 추한 마구간에 하나님의 아들을 태어나게 하신 것입니다.

형제들아 너희를 부르심을 보라 육체를 따라 지혜로운 자가 많지 아니하며 능한 자가 많지 아니하며 문벌 좋은 자가 많지 아니하도다 그러나 하나님께서 세상의 미련한 것들을 택하사 지혜 있는 자들을 부끄럽게 하려 하시고 세상의 약한 것들을 택하사 강한 것들을 부끄럽게 하려 하시며 하나님께서 세상의 천한 것들과 멸시 받는 것들과 없는 것들을 택하사 있는 것들을 폐하려 하시나니 이는 아무 육체도 하나님 앞에서 자랑하지 못하게 하려 하심이라(고전 1:26-29)

브뤼겔의 「베들레헴의 인구조사」는 크리스마스카드에서나 볼 수 있는 그림 같습니다. 그러나 아름다운 마을의 풍경 이면에는 험한 세상사가 숨겨져 있습니다. 사람들은 제목을 보고 나서야 성화임을 알고 마리아와 요셉을 찾기 시작합니다. 그런데 여러 사람들이 다양하

┈┈┈┈┈┈
「베들레헴의 인구조사(Census at Bethlehem)」, 1566, 피터 브뤼겔(Pieter Bruegel le Vieux), 목판에 유화, 117×164.5cm, 벨기에 왕립 미술관, 브뤼셀.

게 묘사되어 찾기가 힘듭니다.

　예수님이 오늘날 이렇게 오신다면 어떨까요? 그때와 마찬가지로 아무도 알아채지 못할 것만 같습니다. 브뤼겔의 의도가 바로 이것이 아닌가 싶습니다. 자세히 보면 당나귀를 탄 만삭의 여인과 그 앞에서 길을 이끄는 시골 나그네 요셉이 보입니다. 왼쪽에는 방을 찾는 사람들이 이미 큰 무리를 이루고 있어서 숙소를 얻기가 난망해 보입니다.

베들레헴의 영성

베들레헴의 영성은 바로 이런 것입니다. 마구간, 짐승의 분뇨 냄새, 짐승 소리…. 하나님의 아들 예수님이 인류를 구원하기 위해서 인간의 몸을 입고 임하신 곳이 바로 여기입니다. 마치 '마구간에 난파한 자' 같습니다.

"그날 아침 베들레헴 외곽에 있는 한 마구간을 우연히 들여다본 사람이 있었다면, 그는 엄청나게 신기한 일을 목격했을 것입니다. 그 마구간은 여느 마구간과 마찬가지로 냄새가 심하게 납니다. 똥이며 오줌이며 양들의 노린내에 이르기까지 온갖 악취가 코를 찌르고 있습니다. 바닥은 딱딱하고, 기껏해야 건초더미가 듬성듬성 놓여 있을 뿐입니다. 천장에는 거미집이 걸려 있고, 생쥐들은 너저분한 바닥을 잽싸게 들락거리고 있습니다. 이보다 더 천한 출생지는 없을 것입니다. …

아기는 자신의 안녕을 절대적으로 마리아에게 의지하고 있습니다. 속세 한가운데 있는 크신 위엄, 양떼의 배설물과 땀으로 냄새나는 곳에 임하신 거룩, 십대 소녀의 자궁을 통해 세상에 들어오사 마구간 바닥에 뉘여 있는 신성. 마리아는 아기이신 하나님의 얼굴을 만집니다. 이렇게 오시기까지 얼마나 긴 여정이셨을까! 이 아기는 온 우주를 내려다보던 분입니다. 그를 따뜻하게 둘러싸고 있는 허름한 포대기는 영원의 옷자락입니다. 높은 보좌를 포기한 그분은 더러운 양의 우리에 뉘여 있습니다. 그리고 경배 드리는 천사들은 선량하긴 하나 어찌할 바 모르는 목자들에게 자리를 내어주었습니다.

그러한 때에도 마을은 분주합니다. 상인들은 하나님이 자기가 살고 있는 별을 방문하셨다는 것을 알지 못합니다. 여관 주인은 자신이 방금 막

예수 탄생 기념 교회 | 주후 313년 기독교가 콘스탄티누스 황제에 의해 공인되면서 헬레나 황후는 339년 베들레헴 성탄 동굴에 바실리카 양식의 교회당을 세운다. 지진과 화재로 무너질 위기에 있었 던 성탄교회는 6세기 유스티니아누스 황제에 의해 새롭게 건설되어 1,500년 동안 내려오고 있다. 예 수탄생기념교회의 입구는 아주 좁은 문인데 이는 말을 타고 들어오는 것을 막기 위해 원래의 문을 좁혔기 때문이라고 한다. 겸손한 자만이 예수를 뵈올 수 있다는 진리를 보이고자 함이다. 내부 예배 당 바닥에는 모자이크가 보이고 벽에는 벽화가 그려져 있다. 제단 아래로 내려가는 지하 동굴에는 예수 탄생 자리가 표시된 14꼭지의 별이 있고, 거기에는 "이곳에서 동정녀 마리아가 예수 그리스도 를 낳았다"고 라틴어로 써 있다. 별 가운데 구멍에 손을 넣어 원래의 성탄 동굴을 만져볼 수 있다.

이 교회당은 638년 페르시아 아랍인들에 의해 파괴될 뻔했으나 벽화에 그려진 화려한 페르시아 복장의 동방박사들의 모습 때문에 화를 면했다고 전해진다. 교회 지하의 한 동굴은 헤롯에 의해서 희생된 어린 영혼들을 위한 것도 있다. 현재 팔레스타인들이 거주하고 있는 베들레헴은 분리장벽으 로 둘러싸여 출입도 자유롭지 못하고 예루살렘 지역과는 생활수준 차이가 많이 나는 지역이지만 인 간미가 있고 기독교 인구도 많은 지역이다. 예수 탄생 기념 교회는 2012년에 유네스코에서 세계문화 유산으로 지정되었다.

하나님을 그 추운 곳으로 내보냈다는 사실을 결코 믿지 못할 것입니다"(맥스 루케이도, 『하나님이 내게로 오셨다』 중에서).

베들레헴 영성은 성경에 나온 기사를 보충하여 윤색하게 만들기도 했습니다. 영화 "네 번째 동방박사"는 성경에 기록된 동방박사 이야기의 속편 격이라고 할 수 있습니다. 영화에서는 예수님을 예방하기 위해서 캐스파, 멜쉬오르, 발타살, 알타반이라는 동방박사가 찾아오는 것으로 설정하고 있습니다.

가장 젊은 알타반은 자신이 가지고 있던 권력과 명예 그리고 가족까지 두고 길을 떠나왔지만, 길에서 만난 가난하고 병든 자들을 그냥 지나치지 못하여 가지고 있던 보물을 나누어 주느라 시간과 체력을 다 쏟게 됩니다. 심지어 마지막 남은 보석도 노예로 끌려가는 어린 소녀를 구하는 데 써버리고 말았습니다! 아기 예수께 드리려고 준비한 모든 선물을 다른 데 허비(?)해 버린 것입니다.

그렇게 세월을 보낸 후, 드디어 알타반은 십자가에 달리신 예수님을 만나게 되었습니다. 그러나 이제 아무것도 드릴 게 없어서 눈물만 흘립니다. 그러나 그는 운명하는 순간 부활하신 예수님의 음성을 듣게 됩니다. "내가 진실로 너희에게 이르노니 너희가 여기 내 형제 중에 지극히 작은 자 하나에게 한 것이 곧 내게 한 것이니라."

아기 예수를 영접한 사람은 동방박사만이 아니었습니다. 인류를 대표해서 만왕의 왕을 영접하도록 선택된 사람들은 바로 들에서 양을 치던 비천한 목자들이었습니다.

프랑스 남부 프로방스 삼림 지방에는 아기 예수님을 만나러 간 네 목동의 이야기가 전해 오고 있습니다. 한 목동은 달걀을, 두 번째 목

우유 동굴 교회 | 베들레헴의 예수 탄생 기념 교회에서 조금 떨어진 우유 동굴 교회는 요셉, 마리아, 예수가 헤롯 왕을 피해서 이집트로 피난 가던 중 아기 예수에게 젖을 먹이기 위해 잠시 머무른 장소에 세워진 교회다.

동은 빵과 치즈를, 세 번째 목동은 포도주를 가지고 갔습니다. 하지만 네 번째 목동은 빈손으로 갔습니다. 사람들은 이 네 번째 목동을 앙상떼라고 불렀습니다.

세 목동은 마리아가 아름답다는 둥, 마구간이 아늑하다는 둥, 별빛이 아름다운 밤이라는 둥 마리아와 요셉과 이야기를 나누었습니다. 그들은 가져간 선물을 건네며 또 필요한 것이 있으면 말하라고 하였습니다. 그러는 사이 앙상떼는 아이 예수 앞에 무릎을 꿇고 경배하며 내내 "예수, 예수, 예수, 예수……" 하고 속삭였다고 합니다. 아마도 앙상떼는 목동 가운데에서도 더욱 가난하여 아기 예수께 바칠 것이 없었던 모양입니다. 하지만 이야기는 이 네 번째 방문이 가장 아름

목자들의 들판 교회

다운 영접이었음을 암시하고 있습니다.

이것 역시 베들레헴의 영성입니다. 예수님의 탄생은 보잘것없는 지역을 세계에서 가장 유명한 장소로 만들었습니다. 세상을 구원하실 메시아가 가장 낮은 모습으로 가장 낮은 곳에 오셨기 때문입니다. 로마 황제의 궁이나 예루살렘 어느 귀족의 집이 아니라 베들레헴 사람들도 반기지 않는 마구간에서 예수님은 태어나셨습니다.

조반니 사볼도의 그림 「목자들의 경배」도 이러한 영성을 담고 있습니다. 이 그림은 종적 구도가 특징입니다. 종적 구도인 경우, 통상 성가족을 위쪽에, 경배자들을 아래쪽에 배치하는 것이 자연스러운데, 사볼도는 역으로 요셉과 마리아를 아래쪽에 그리고 제일 아래에 아

━━━━━━
「목자들의 경배(Adoration of the Sheperds)」, 1540, 조반니 사볼도(Giovanni Giroramo Savoldo).
캔버스에 유화, 180×127cm, 토시오-마르티넨고 미술관, 브레시아.

기 예수를 배치하고 목자들은 위에 배치했습니다.

가장 낮은 곳에 예수님을 배치함으로써 성육신의 뜻을 드러내고 있는 것입니다. 경배하는 요셉과 마리아와는 대조적으로, 목자는 호기심을 보이거나 깊은 사색에 잠겨 있습니다. 안으로 들어오지는 않고 방관자적 자세를 보이고 있습니다.

또한 예수님 탄생 그림에는 주로 소와 나귀가 등장합니다. 이는 "소는 그 임자를 알고 나귀는 그 주인의 구유를 안다"는 이사야 1장 3절 말씀에 영향을 받은 것입니다. 소는 유대인을, 나귀는 이방인을 상징합니다. 짐승도 주인을 아는데, 과연 인간들은 어떨까요? 아기 예수 밑에 있는 흰 포대는 순결하신 예수님을 상징합니다.

예수님의 탄생 기사에는 천사, 별, 동방박사, 가난한 목자들, 짐승들이 총망라되어 나오고 있습니다. 영계, 자연계, 인간계가 총망라된 우주적인 사건이라고 말할 수 있습니다. 하지만 일반적으로 예수님의 베들레헴 출생은 낮고 천한 곳에 임하신 사건으로 기억될 것입니다. 우리는 예수님을 기다리는 계절인 대림절뿐만 아니라 평상시에도 베들레헴의 영성을 가져야 합니다.

헨델은 오라토리오 "메시아"를 더블린에서 초연한 후, 수익금 400 파운드로 자선병원 두 곳에 있는 고아와 가난한 사람들을 도와주고, 빚 때문에 감옥에 간힌 188명의 빚을 대신 갚아 주어 감옥에서 나오게 했다고 합니다.

성탄 절기는 낮은 곳에 마음을 두는 절기입니다. 낮은 곳을 찾아가는 계절입니다. 낮은 곳에서 희망을 보는 계절이 되어야 합니다. 상향적 삶은 절망, 불안, 무력함으로 채워지게 됩니다. 그러나 하향적인

삶, 즉 섬기고 돌보고 나누고 사랑하는 삶에는 평안과 안식과 소망과
위로가 있습니다.

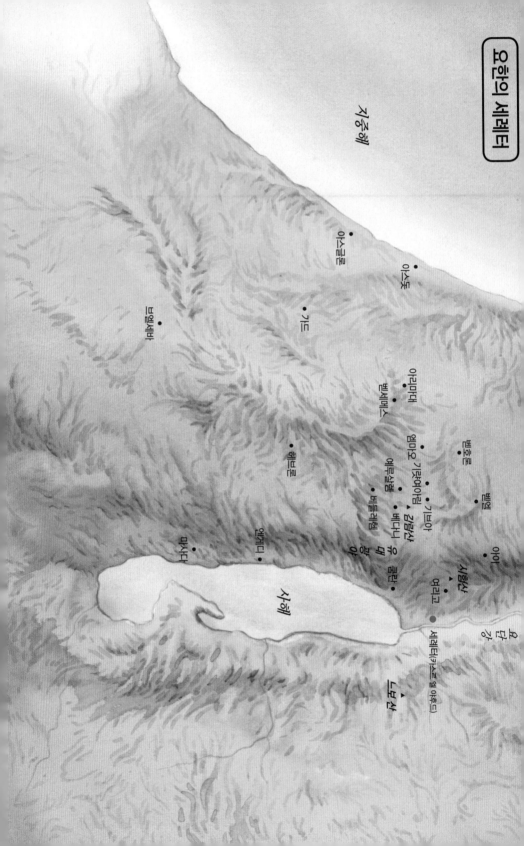

요한의 세례터

지중해

이스글론

아스돗

가드

사르밧

아림마대
벨세메스

헤브론

엠마오 기럇여아림
예루살렘
감람산
베다니
욥바
벧엘
벧호론
길갈

아이
엑론
벧레헴
유
다
광
야

아스다

엔게디

마사다

사해

여리고
사가산

느보산

요
단
강

세례터(가스르 엘 야훗 디)

02

요단 강
The Jordan River

하늘이 열리고
마태복음 3:13-17

예수님의 공생애가 시작되는 마태복음 3장에는 예수님에 대한 삼중의 증언이 있습니다. 이사야 선지자의 증거(3절), 구약 시대의 마지막 하나님의 사람인 세례 요한의 증거(11절), 삼위일체이신 성령과 하나님의 증거(16-17절)가 그것입니다.

길을 준비하는 자

하나님이 아브라함에게 약속하신 가나안 땅을 차지하기까지 이스라엘은 두 사람의 인도를 받습니다. 먼저 모세는 바로에게 압제와 학대를 당하고 있던 이스라엘을 구출하여 홍해를 건너게 했습니다. 광야 40년이 지난 뒤 여호수아는 그들을 데리고 요단 강을 건너 가나안을 정복하고 그 땅을 각 지파에 분배했습니다. 모세는 광야에서 이스라엘이 가나안에 들어가는 준비를 하게 하였고, 여호수아는 가나안 땅을 정복하여 나누어 주었습니다.

세례 요한과 예수님도 그와 같은 관계였습니다. 세례 요한은 광야에서 하나님 나라에 들어가기 위한 회개를 선포하여 백성을 준비시켰습니다. 예수님은 하나님 나라를 선포하고 복음을 전함으로써 이스라엘로 하여금 하나님의 선물인 구원을 받게 하셨습니다. 위대한 인물이 오기 전에는 그 길을 준비하고 열어 주는 선구자가 늘 있기 마련입니다.

우리의 일상도 마찬가지인 것 같습니다. 우리 앞에도 우리의 길을 준비해 준 이들이 있습니다. 돌이켜보면 제 삶에도 세례 요한 같은 사람들이 있었습니다. 중학교 때 처음 전주교회에 출석하면서 이대준 목사님께 세례도 받고 많은 사랑을 받았습니다. 고등부 때는 김형근 전도사님의 지도를 받으며 기도생활에 힘썼습니다. 신학교 재학 시절에는 김광수 선배를 따라 전도 활동을 했습니다. 군목 시절에는 이상수 전도사님과 박의범 권사님을 통하여 어리고 미숙한 모습이 많이 다듬어졌습니다. 미국에서 목회할 때에는 밀러드 리드(Millard Reed) 목사님의 지도를 받으며 팀사역과 전문사역을 배웠습니다. 한국에 귀국해서는 김중기 목사님과 더불어 새사람선교회를 섬기며 공동목회를 배웠습니다.

그분들이 제게는 세례 요한과 같은 존재였다는 의미입니다. 그분들은 제게 멘토의 역할을 해주셨습니다. "내가 나 된 것은 하나님의 은혜"(고전 15:10)이지만 그분들의 노고와 사랑에도 많은 빚을 졌습니다.

광야에서 외치는 자의 소리

세례 요한은 어떤 사람이었을까요? 그가 받은 사명은 무엇이었을까

요단 강을 이루는 세 지류 중 가장 중요한 지류인 '단 물줄기'의 근원 | 이곳은 빗물과 헬르몬 산에서 녹아내린 눈으로 인해 연중 수량이 끊어지지 않는다. 이곳에서 시작된 요단 강은 갈릴리 호수를 거쳐 사해까지 흐르게 된다.

요? 마태는 이사야 40장 3절을 제시함으로써, 요한이 구약성경에서 메시아의 길을 예비하리라고 예언된 바로 그 전령임을 밝히고 있습니다. 요한은 광야에서 외치는 자의 소리였습니다.

> 광야에 외치는 자의 소리가 있어 이르되 너희는 주의 길을 준비하라 그가 오실 길을 곧게 하라(마 3:3)

뜻밖에도 하나님의 말씀은 예루살렘 성전이 아니라 유대 광야에서 들립니다. 대제사장이나 율법학자에 의해서가 아니라 야인(野人) 세례 요한에게서 들립니다. 이것은 가히 혁명적인 발상입니다. 그래서 우리는 광야로 나가야 합니다.

이스라엘의 광야는 이집트나 사우디아라비아의 그것과 다릅니다. 이스라엘에서는 광야와 도시가 지근거리에 있습니다. 이스라엘에는 사람이 살 수 없는 광야만 있는 것이 아닙니다. 광야 가운데 도시가 있고 사람 사는 곳 가운데 광야가 있습니다. 광야만 있거나 옥토만 있는 것이 아닙니다. 이런 점에서 우리의 인생과 닮았습니다. 살 만하면 광야가 나오고, 험한 광야 끝에 살 곳이 나타납니다.

세례 요한은 제사장의 아들로서 원하기만 하면 제도권에 속해 평생을 안이하게 살 수도 있었습니다. 하지만 모태로부터 성령의 충만을 입은 그는 안주의 자리를 박차고 광야로 나아가 하나님과 깊은 교제를 나누었습니다. 그렇게 함으로써 오염되지 않은 생생한 하나님의 말씀을 전할 수 있었습니다. 대제사장이나 율법주의자에게는 세례 요한이 별로 달갑지 않았겠지만, 율법적이고 외식적인 성전 예배로 인해 영적 갈급함을 느끼던 많은 사람들에게 그는 영적 갈증을 해갈시켜 주는 소중한 존재였습니다.

예수님보다 6개월 먼저 태어났으니 그 역시 30세의 젊은 나이였지만, 그의 사역이 유대 사회에 미친 영향력은 실로 지대했습니다. 그는 형식적인 제사보다 마음을 찢는 회개와 믿음을 촉구했습니다. 제도적인 종교에 대항하여 가슴으로 파고드는 회개의 말씀을 전했습니다.

세례 요한, 그는 예수님이 평가하신 대로 "여자가 낳은 자 중에 가장 큰 자"였습니다. 세례 요한은 구약 최후이자 최고의 예언자입니다. 하나님에 대하여 굶주렸던 수많은 사람이 광야로 나아와 세례 요한의 설교를 들었습니다.

예루살렘과 온 유대와 요단 강 사방에서 다 그에게 나아와(마 3:5)

수많은 백성이 자기 죄를 자복하고 요단 강에서 세례를 받았습니다. 요한은 광야에서 예수님께 이르는 길을 준비하고 있었습니다. 그러면 세례 요한은 어떻게 주의 길을 준비하였을까요?

회개의 세례

광야는 회개의 장소입니다. 요한의 세례는 회개의 세례였습니다. 성막 물두멍에서 손을 씻는 관행에서 세례가 유래되었지만, 요한의 세례는 단순히 몸을 씻는 것이 아니라 마음과 영혼을 씻는 것이었습니다. 온 유대 지방과 예루살렘 사람들이 다 나아와 자기 죄를 자복했습니다. '자복'은 '동의한다' 혹은 '인정한다'는 뜻으로, 지적받은 잘못을 시인한다는 말입니다. 자기 자신과 타인과 하나님께 범한 잘못을 인정하는 것입니다.

1907년 평양 대부흥 운동도 지도자들의 회개 운동으로 시작되었습니다. 평양 장대현 교회에서 신년사경회를 열었지만 성도들의 반응은 냉랭하기만 했습니다. 그런데 13일째 되는 날 길선주 장로가 갑자기 강단에 올라가 죄를 자백했습니다. "나는 아간과 같은 자입니다. … 나는 일 년 전에 죽은 친구의 유언을 지키지 못하고 돈을 훔쳤습니다."

길선주 장로는 죽음을 앞둔 친구로부터 셈을 할 줄 모르는 아내를 위해 재산을 대신 정리해 달라는 부탁을 받았는데, 100달러 정도의 돈을 훔쳤다고 고백했습니다. 지도자의 갑작스런 자백에 충격을 받은 회중 600명은 새벽 2시까지 남아 회개 기도를 했고, 20여 명이 자신의 죄를 공개적으로 고백했습니다. 이것이 바로 평양 대부흥 운동의 단초였습니다.

사람들은 회개의 과정 없이 은혜로 가는 지름길을 구합니다. 그러나 회개 없는 은혜는 '값싼 은혜'입니다. "먼저 회개해야만 살 수 있다"고 근본적인 치료책을 말해 주어야 합니다. 죄에 대한 지적과 회개가 없다면 그 은혜는 진실로 은혜일 수 없습니다.

언제부터인가 우리는 회개에 대한 메시지를 소홀히 지나치고 있습니다. 그러나 그것은 선지자적인 전통에서 벗어난 것이요 시류에 영합하는 세속화된 종교입니다. 그것은 솜방망이 복음이고, 메시지(message)가 아니라 마사지(massage)입니다. 회개를 전하는 것은 '싫은 소리'가 아니라 참으로 '복된 소식'입니다.

하나님의 가장 큰 은혜는 죄로 말미암아 죽을 수밖에 없었던 우리가 주님의 피 공로로 죄사함을 받고 영생을 얻는 것입니다. 그러므로 죽을 수밖에 없는 자신의 죄를 통회 자백하고 하나님의 큰 은혜를 비는 회개야말로 복음 중의 복음입니다.

렘브란트의 그림 「세례 요한의 설교」는 우리가 복음서를 통해 알고 있는 사실과 상치되어 보이는 장면을 보이고 있습니다. 오른쪽 상단에서는 세례 요한이 열정적으로 설교하고 있습니다. 아마도 "천국이 가까이 왔으니 회개하라"는 메시지일 것입니다. 하지만 주변에 있는 사람들은, 비록 많은 수가 있기는 하지만, 아무도 그의 메시지에 귀를 기울이지 않습니다. 저마다 자기의 일에 관심을 두고 있을 뿐입니다.

「세례 요한의 설교(John the Baptist Preaching)」, 1634, 렘브란트(Harmensz van Rijn Rembrandt), 캔버스에 유화, 62×80cm, 베를린 국립 회화관, 베를린.

세례 요한을 쳐다보는 사람조차 발견하기 힘듭니다. 중앙 하단을 보면 대제사장처럼 보이는 사람이 요한을 찾아왔다가 그냥 발길을 돌리고 있습니다.

복음서는 세례 요한의 영향력이 컸다고 말하고 있지만 지속적인 현상은 아니었을 것입니다. 갈대와 같은 마음을 지닌 사람들은 요한의 반복되는 회개 요청에 염증을 보였을 것입니다. 이것은 회개의 복음을 듣기 싫어하는 타락한 인간 본성을 보여 주는 그림입니다. 그래서 세례 요한이 있는 곳에만 빛이 임하고 나머지는 흑암에 둘러싸여 있습니다. 렘브란트는 하나님이 친히 보내신 사자인 요한의 설교를 듣고서도 돌이키지 않는 유대인의 완악함을 고발합니다.

급기야 유대인들은 요한을 폄하하기 시작합니다. "그는 먹지도 아니하고 마시지도 아니하니, 틀림없이 귀신 들렸도다!"라고 했습니다. 회개를 외치는 사역자는 사람들의 인기를 얻기가 힘듭니다. 세례 요한 역시 지도자들에게 배척을 받았고, 폭력적인 죽음을 당하였습니다. 예수님의 생애와 비슷한 길을 걸었습니다. 결국 참된 사역자는 하나님만 바라보며 사역하는 길밖에 없습니다.

이제 내가 사람들에게 좋게 하랴 하나님께 좋게 하랴 사람들에게 기쁨을 구하랴 내가 지금까지 사람들의 기쁨을 구하였다면 그리스도의 종이 아니니라(갈 1:10)

길을 예비하는 사역

세례 요한은 분명한 목적의식 그리고 건강한 자기정체성을 지니고 살았습니다. 그는 백성들에게 엄청난 영향력을 미쳤습니다. 도저히 하나님 나라에 어울릴 것 같아 보이지 않는 세리와 죄인들까지도 그에게 회개의 길을 물었고, 바리새인들과 제사장들은 그가 메시아가 아닌지를 질문할 정도였습니다. 하지만 그는, 자신이 누구이며 해야 할 일이 무엇인지를 명확히 알고 있었습니다. 자기의 역할과 사명을 정확히 알고 있었습니다.

세례 요한에게는 분명한 사명감과 청지기 의식이 있었습니다. 자신은 그리스도가 아니라 오실 분을 준비하는 자이며, 권능 많으신 그분에 비하면 자신은 아무것도 아니라고 말했습니다.

나는 너희로 회개하게 하기 위하여 물로 세례를 베풀거니와 내 뒤에 오시

는 이는 나보다 능력이 많으시니 나는 그의 신을 들기도 감당하지 못하겠
노라 그는 성령과 불로 너희에게 세례를 베푸실 것이요(마 3:11)

세례 요한은 자신이 아니라 예수님께 집중하였습니다. 요한의 제자
들이 예수님을 시기하자 요한은 "그는 흥하여야 하겠고 나는 쇠하여
야 하리라"고 대답합니다. 그는 사람들의 인기에 연연해하지 않았습
니다. 오직 사람들을 예수님께 인도하는 일에 전념하였고 그렇게 되
자 기뻐했습니다. 이는 우리가 할 사역의 모델입니다. 광야 같은 세상
에서 예수님께로 가는 길을 인도하는 사역입니다.

단순한 삶의 능력

요한은 검소하고 겸손하게 자신이 설교한 대로 살았습니다. 당시 성
행하던 도시의 문화와 물질주의와는 도무지 어울리지 않는 모습입니
다. 심플 라이프(simple life) 곧 복잡하지 않고 단순한 삶입니다. 이동하
기도 쉽고, 유지하기도 쉽고, 거칠 것도 없었습니다.

단순한 삶에서 능력이 나옵니다! 단순한 말에 힘이 실립니다. 치장,
타이틀, 생각이 많으면 움직이기도 힘들고 말도 복잡해집니다. 그러다
보면 능력이 없습니다. 인생의 곁가지들을 전지해야 능력이 나옵니다.

세례 요한은 광야로 나와 생활하고 있습니다. 제사장적인 삶이 아
니라 선지자적인 삶을 살았습니다. 혈통을 잇는 삶(세습)이 아니라 부
름 받은 삶입니다. 요한은 외모에 있어서도 엘리야를 닮았습니다.

요한은 낙타털 옷을 입고 허리에 가죽 띠를 띠고 음식은 메뚜기와 석청이
었더라(마 3:4)

......
「세례 요한(Saint Jean Baptiste)」, 15세기경, 레오나르도 다빈치(Leonardo da Vinci), 패널에 유화,
69×57cm, 루브르 박물관, 파리.

레오나르도 다빈치의 「세례 요한」에서 요한은 벌거벗은 야인의 모습으로 나옵니다. 하지만 만면에 미소가 가득하고 광채가 납니다. 부드러운 옷을 입지도 않았고, 좋은 음식을 먹지도 못했지만 하나님과의 교제로 얼굴에 광채가 나는 것입니다.

하나님과의 만남이 영적 진수성찬입니다. 어둠을 배경으로 그의 빛나는 살이 부각되어 있는데 이는 하나님의 광채를 드러내는 것입니다. 요한이 오른손 검지를 들어 하늘을 가리키는 것은 우리로 하여금 하늘에 계신 하나님만을 주목하라는 표시 같습니다. 하나님만을 바라보는 단순한 삶! 그것이 요한의 삶이었습니다.

겸손한 사역

세례 요한은 겸손하게 하나님이 보내신 일을 하였습니다. 자기를 증거하는 것이 아니라 예수님을 증거하였습니다. 삶의 목적과 중심은 오직 예수님이었습니다. 메시지의 목표도 예수님이었습니다. 예수님께로 가는 길을 준비하는 중간 단계로 자신과 자신의 사역을 자리매김했습니다.

요한과 예수님 사이에는 유사점이 많습니다. 둘 다 광야에서 활동하며, 죄사함의 회개를 이야기하고, 나중에 죽임을 당한다는 것입니다. 그러나 요한은 뒤에 오실 분이 자기와 비교할 수 없는 위대한 분이시라고 증언합니다.

사람들이 그의 세례를 받기 위해서 불원천리하고 찾아올 정도의 사역자였습니다. 하지만 그는 사람들의 시선을 뒤에 오실 분께 돌렸습니다. 자신은 그분의 신발끈 푸는 일도 감당하지 못할 사람이라 말하면서 말입니다. 당시 신발끈을 푸는 일은 종에게나 어울리는 것이었습니다. 그러므로 이 말은 자신이 주님의 종이 되기도 힘든 사람이라는 뜻입니다. 이런 태도가 부름 받은 종의 자세입니다. 이것이 바로 주님을 증거하는 자의 사역입니다.

실상 그의 태도는 합당한 것입니다. 예수님이 가져오실 은혜를 생각하면 말입니다. 요한은 예수님을 "능력이 많으신 분", "성령으로 세례 주시는 분"으로 증거하였습니다.

물 세례와 성령 세례

요한은 자기의 물 세례와 예수님이 주실 성령 세례를 비교해서 말했습니다. 물 세례는 주님이 주실 궁극적인 은혜를 위한 준비 단계의 세례입니다. 반면 주님이 주시는 성령 세례는 내적인 변화, 온전한 변화를 가져오는 것입니다. 하나님의 은혜로 속사람이 새로워지고, 하나님의 능력으로 외적인 표적이 따르는 세례입니다. 성령 세례는 내적 삶의 변화를 가져오며, 예수님과 함께 죽고 예수님과 함께 부활하는 삶을 의미합니다.

여기서 물 세례와 성령 세례의 순서를 짚어 보아야 합니다. 원론적으로 보면, 사역자가 물로 세례를 베풀 때 하나님이 성령으로 세례를 주십니다. 그것은 동시에 일어나기도 하고, 시차가 약간 발생하기도 합니다. 오순절에 베드로의 설교를 듣고 회개한 사람은 물 세례를 받고 성령을 선물로 받았다고 기록되어 있습니다.

반대로 진행되는 경우도 있습니다. 사도행전 10장에서는 고넬료 가족이 베드로의 설교를 듣고 성령을 받았습니다. 이 모습을 본 베드로는 "이 사람들이 우리와 같이 성령을 받았으니 누가 능히 물로 세례 베풂을 금하리요"(행 10:47) 하며 물로 세례를 베풀었습니다.

세례 받으신 예수님

세례 요한의 사역이 절정에 달할 즈음 예수님이 갈릴리로부터 요단 강에 이르셨습니다.

요단 강은 헬르몬 산에서 발원하여 갈릴리 호수를 통과하고 사해 까지 흘러내리는 강입니다. 지금 요단 강에 물이 얼마 없다고 해서 2,000년 전에도 그렇게 작은 강이었을 것이라고 생각해서는 안 됩니다. 지금은 갈릴리 호수 아래에 댐을 막아 수량이 적어진 까닭도 있고 그동안 많은 변천을 거쳐 현재의 모습이 되었기 때문입니다. 지금 답사를 해 보아도 요단 계곡은 깊이와 폭이 대단히 넓습니다. 성경 시대우기에는 물길이 대단했을 것입니다.

여리고 근처 요르단과 이스라엘의 접경을 이루는 요단 강 '카스르 엘 야후드'(Qaser El Yahud)는 예수님이 세례 받으신 곳으로 알려져 있습니다. 이곳은 요르단과 이스라엘 양쪽 모두에서 접근이 가능합니다.

하나님의 아들 예수님이 세례를 받기 위해 오시자 요한은 깜짝 놀랐습니다. 도리어 자신이 예수님께 세례 받기를 청합니다. 하지만 예수님은 강경하게 세례를 베풀라고 말씀하십니다. 그 이유가 무엇일까요? 왜 높으신 예수님이 낮은 자인 요한에게 세례를 받으려고 하셨을까요? 그 궁금증은 저만 가진 것이 아니었습니다. 박완서 작가도 성경을 읽다가, 예수님이 굳이 사양하는 요한으로부터 요단 강에서 세례를 받으시는 대목에서 이상한 느낌이 들었다고 합니다.

이상하지 않습니까. 요한이 '그분은 나보다 훌륭한 분이어서 나는 그분의 신발을 들고 다닐 자격조차 없는 사람이다'라고 말할 정도의 예수라면 요

예수님이 세례 받으신 곳(카스르 엘 야후드Qaser El Yahud)

한이 세례를 주는 것을 보고, 내가 있는데 네가 무슨 자격으로 감히 세례를 베푸느냐고 크게 꾸짖든지, 죄 없는 내가 여기 이렇게 시퍼렇게 살아 있는데 제까짓 게 감히 회개하라고 뭇사람을 꼬셔서 죄를 고백하도록 하다니. 저런 건방지고 고약한 자는 내가 세례를 주어 콧대를 꺾어놔야겠다고 자신을 드러내지 않는 게 참으로 이상했습니다.

이상할 밖에요. 우리는 동네 유지만 돼도 벌써 동사무소에 가면 줄서서 기다리는 대신 누군가가 굽실대며 남보다 일을 먼저 처리해 주기를 바라며… 국회의원 정도만 되면 공항에서 출입국 절차나 세관 검사를 누군가 알아서 보통 사람보다 신속하게 대행해 주기를 바랍니다. 우리는 누구나 티를 내기 위해, 남이 알아주는 것을 즐기기 위해 성공을 꿈꾼다 해도 과언이 아닙니다. 하느님의 아들쯤 되는데도 티를 안 낸다는 건 말도 안 됩니다. …

이제야 알겠습니다. 어떤 계층의 사람과도 입장을 바꿀 수 있는 능력이야말로 하느님의 아들만이 할 수 있는 일이란 것을(박완서, 『옳고도 아름다운 당신』, 18-19쪽).

실제로 오래 전에 민노당 소속 성남시 의원이 자신을 알아보지 못했다고 신고 있던 구두를 벗어 던지고, 창구에 있던 서류뭉치를 집어 던지고, 급기야 창구 안으로 들어가서 자신의 가방도 집어던진 후 동사무소 여직원 머리채를 잡고 폭행한 사건이 있었잖아요. 내가 누구인데, 감히 못 알아보느냐는 것이지요.

박완서 작가의 말처럼 예수님이 한낱 인간에 불과한 요한에게 세례를 받으신 것은 그분의 복종과 겸비를 드러냅니다.

너희 안에 이 마음을 품으라 곧 그리스도 예수의 마음이니 그는 근본 하나님의 본체시나 하나님과 동등됨을 취할 것으로 여기지 아니하시고 오히려 자기를 비워 종의 형체를 가지사 사람들과 같이 되셨고 사람의 모양으로 나타나사 자기를 낮추시고 죽기까지 복종하셨으니 곧 십자가에 죽으심이라(빌 2:5-8)

세례 요한은 결코 교만하게 굴지 않았습니다.

요한이 말려 이르되 내가 당신에게서 세례를 받아야 할 터인데 당신이 내게로 오시나이까(마 3:14)

두 분 공히 자신의 권리를 주장하기보다는 겸손을 보이고 있습니다. "이제 허락하라 우리가 이와 같이 하여 모든 의를 이루는 것이 합당하니라"라는 예수님의 말씀으로 요한은 세례를 베풀었습니다. 세례 요한의 사양보다 예수님의 설득이 강했습니다. 하나님의 목적 아래 서로가 협조하는 모습입니다.

이렇게 하여 세례 요한과 예수님의 사역은 연속성을 이루고, 약속과 성취가 짝을 이룹니다. 한편 예수님이 받으신 세례는 자신의 죄 때문이 아니라 우리의 죄악을 대신하여 받으신 것입니다.

예수님께는 죄가 없습니다. 하지만 그분은 "세상 죄를 지고 가는 하나님의 어린양"이십니다. 세례 받으심도, 십자가의 죽음과 부활도 다 우리를 대신하신 것입니다. 예수님이 자신의 죄 때문에 십자가에 달리신 것이 아닌 것처럼, 세례 역시 그분의 죄를 씻기 위한 것은 아니었습니다. 대속적인 십자가와 마찬가지로 대속적인 세례입니다. 이렇게 함으로써 하나님의 의를 이루십니다.

세 가지 계시 현상

예수님이 요한에게 세례 받으시는 사건을 마태는 더욱 자세히 설명합니다. 세례 요한의 만류에도 불구하고 '하나님의 의'를 이루기 위하여 죄 없으신 예수님이 겸손히 세례를 받으셨다고 설명하고 있습니다(마 3:14-15).

마가는 세례 자체보다는 바로 이어서 일어나는 계시적인 사건에 초점을 두고 있습니다. 즉 성령님의 역사(막 1:10)와 하나님의 역사(막 1:11)가 예수님께 나타납니다. 이로써 성부 성자 성령, 곧 성삼위일체

하나님이 예수님의 사역 초기부터 함께하셨음을 보여 줍니다. 예수님이 세례를 받고 요단 강에서 올라오실 때 하나님의 계시가 시청각적으로 나타납니다. 하늘이 갈라지고 성령이 비둘기같이 임하며 하늘의 음성이 들렸습니다.

■ 하늘이 열리고

하늘의 문이 열렸다는 것은 하늘과의 소통이 가능해졌다는 의미입니다. 하늘이 열리는 것은 계시가 주어지는 신호입니다. 형 에서의 장자권을 도둑질하여 밧단아람으로 도망가던 야곱은 벧엘에서 돌베개를 베고 자다가 하늘이 열리는 꿈을 꾸었습니다. "꿈에 본즉 사닥다리가 땅 위에 서 있는데 그 꼭대기가 하늘에 닿았고 또 본즉 하나님의 사자들이 그 위에서 오르락내리락 하고 … 이에 두려워하여 이르되 두렵도다 이곳이여 이것은 다름 아닌 하나님의 집이요 이는 하늘의 문이로다 하고"(창 28:12, 17).

예수님이 바로 하늘과 땅을 잇는 사닥다리입니다. 에스겔도 소명을 받을 때 하늘이 열리는 환상을 보았고 이때 사명을 받게 되었습니다. 하늘이 열림은 하나님의 계시가 따를 것이라는 의미입니다.

■ 성령이 비둘기같이 내려

성령이 내려오는 것은 하나님이 행동을 개시하셨음을 보여 줍니다. 성령은 성부와 성자를 연결시킵니다. 이는 하늘에서 지상으로, 즉 위에서 하강하는 방식으로 나타납니다. 아래에서 위로 올라가는 방식이 아닙니다. 성령님의 역사가 시각적으로 보여집니다.

시스티나 예배당에 가면 「모세의 생애」와 「예수의 생애」를 그린 각

「예수의 세례(The Baptism of Christ)」, 1482, 피에트로 페루지노(Pietro Perugino), 프레스코화, 350×572cm, 시스티나 예배당, 바티칸.

각 6개의 연작이 있는데, 보티첼리의 그림과 함께 페루지노의 「예수의 세례」(1482년경)를 그린 프레스코화가 있습니다.

위로부터 하늘이 열리고 성부, 성령(비둘기), 성자의 순으로 삼위일체가 일직선상으로 위치합니다. 물이 흘러내리듯 위에서부터 아래로 향하는 방식으로 성령의 역사가 일어나고 있습니다.

비둘기 형체가 암시하는 성령님은 생생하고 살아있는 모습으로 그리고 온유하고 순결한 모습으로 예수님께 임재하셨습니다. 성령님이 비둘기로 묘사된 또 다른 이유는 비둘기의 친근한 이미지 때문일 것입니다. 이제 예수님은 성령의 능력으로 무장하시고 인류 구원의 사역을 시작하십니다.

■ 이는 내 사랑하는 아들이요 내 기뻐하는 자라

마지막으로 하늘로부터 음성이 들렸는데, 이것은 청각적인 현상입니다. "너는 내 사랑하는 아들이라 내가 너를 기뻐하노라"(눅 3:22). 예수 그리스도에 대한 하나님의 선언입니다. 후에 변화산에서도 다시한 번 들립니다. "이는 내 사랑하는 아들이니 너희는 그의 말을 들으라"(막 9:7). 요단 강에서 그리고 변화산에서 예수님은 하나님으로부터 '하나님의 아들'이라는 증거를 듣습니다. 이는 마치 구약에서 왕위를 계승하는 장면과 흡사합니다.

옛날 유대 왕들은 대관식 때 선왕으로부터 "너는 내 아들이라. 오늘 내가 너를 낳았다" 또는 "내가 오늘 너를 택했다"라는 선언을 듣는 것으로 왕위 계승을 공식화하였습니다. 그러므로 이 말씀은 하나님이 예수님을 메시아로 등극시키시는 선언과 같습니다.

우주의 주인이신 하나님의 이같은 선언으로 이제 예수님의 언행은 하나님의 권위와 뜻에 바탕을 둔 것이 됩니다. 그렇기에 세상의 어떤 권력도 어떤 종교지도자도 예수님께 도전하거나 반대할 수 없습니다. 그런 도전은 하나님에 대한 반역으로 간주되어 심판이 있을 뿐입니다.

우리를 향한 하늘의 음성

이 음성은 예수님만을 위한 것이 아닙니다. 이는 우리의 내면에 들리는 하나님의 음성입니다. "너는 내가 사랑하는 자요 내가 기뻐하는 자라." 우리는 주 안에서 참다운 정체성을 찾아야 합니다. 그런데 애석하게도 우리는 하늘과 내면에서 들리는 음성에서 정체성을 찾지 않고 다른 곳에서 들리는 소리에 귀를 기울이기 일쑤입니다.

우리는 하나님의 음성 대신 세상의 소리를 들으려고 합니다. 아니 우리 귀에는 세상 소리가 더 크게 들립니다. "내가 하는 일이 곧 나다", "남들이 나에 대해 하는 말이 나다", "내가 가진 것이 나다"라고 생각하고 거기에 엄청난 에너지를 쓰고 있습니다.

사탄의 시험이 바로 이런 종류였습니다. 존재가 아닌 소유에서 자신을 확인하라는 것입니다. 그래서인지 사람들은 지식을 더하고, 권력을 더하고, 명예를 더하고, 물질을 더하고, 향락을 더하지만, 결국은 죄와 유혹뿐이요 참된 안식이 없습니다. 이런 현상은 믿는 자에게서도 나타납니다.

인생의 가장 큰 유혹은 자기 거부, 곧 자신의 참 존재를 회의하는 것입니다. 내가 무가치하고 사랑받지 못하는 존재라고 생각하게 되면, 세상의 성공과 인기와 권세를 추구할 수밖에 없습니다. 수단 가치가 목적 가치가 됩니다. 그러므로 우리에게는 "너는 내 사랑하는 자요 내가 기뻐하는 자라"는 음성이 꼭 필요합니다. 예수님이 들으셨던 그 선언을 우리도 매일 들어야 합니다. 그럴 때 참 자유를 얻을 수 있습니다.

하나님은 '나의 무엇'이 아닌 '내 존재 자체'를 받아주십니다. 그 음성을 듣기 위해 내가 성취해야 할 것은 아무것도 없습니다. 그냥 믿음으로 예수 그리스도를 받아들이면 됩니다.

영접하는 자 곧 그 이름을 믿는 자들에게는 하나님의 자녀가 되는 권세를 주셨으니 이는 혈통으로나 육정으로나 사람의 뜻으로 나지 아니하고 오직 하나님께로부터 난 자들이니라(요 1:12-13)

예수님의 공생애는 요단 강에서 세례 요한의 세례를 받는 것으로 시작되었습니다. 세례 요한은 예수님의 길을 곧게 하라고 보내심을 받은 자입니다. 우리 역시 주님이 역사하실 수 있도록 먼저 보내심을 받은 자입니다. 요한을 본받아 우리도 단순한 삶, 겸손한 삶, 청지기의 삶을 살아야 합니다.

예수님은 하나님의 아들이면서도 하나님의 의를 이루기 위해 세례를 받고 사역을 준비하셨습니다. 성령을 받고 하늘의 음성을 통해 자신의 신분을 확인하셨습니다. 우리도 먼저 회개하고 성령을 받고 하늘의 음성을 들어야 합니다. 이런 준비가 있을 때에만 길고 거친 사역의 길에도 요동치거나 흔들리지 않고 굳세게 걸을 수 있습니다.

지중해

아스글론

아스돗

브엘세바

기드

아리마대

벧세메스

헤브론

엔게디

소가바

엠마오 기럇여아림

예루살렘 ▲감람산

베다니 내

베들레헴 후 글란

벳홀론

벧엘

아이

시험산 ▲

여리고

세례터(가스칼렐 아훔드)

요단강

느보산 ▲

사해

03

시험산
Mt. Temptation

기록되었으되

누가복음 4:1-13

예수님은 요한의 세례를 받은 후 성령에 이끌리어 40일 동안 시험을 받으셨습니다. 예수님이 시험을 받으셨다 하여 '시험산'(Mount Temptation)이라고 불리는 이곳의 지명은 정확하게 언급되지는 않지만, 신약학자들은 현재의 여리고 뒤에 있는 커다란 사막처럼 생긴 민둥산이 그곳이 아닌가 추정합니다.

십자군은 이 산을 콰란타나 산(Mount Qarantana)이라고 불렀는데 이는 '사십의 산'이란 뜻입니다. 콰란타나 산은 도보나 케이블카로 오를 수 있게 되어 있습니다. 유대 광야 지역에 위치한 곳이라 천연 동굴이 많이 분포되어 있습니다.

이스라엘 방문 때에 이 산을 오른 적이 있습니다. 예수님이 시험 받으시는 동안 이런 동굴 가운데 한 곳에서 기도하셨을 것을 생각하니 감개무량했습니다. 산 중턱에는 그리스 정교회에서 세운 수도원이 하

시험산(좌)과 그리스 정교회 수도원(우)

나 있습니다. 제가 방문한 때는 개방 시간에서 한 시간이나 지난 오후 4시였습니다. 문 앞에 개방 시간이 적혀 있었지만 다시 오기 힘든 곳이라는 생각에 용기를 갖고 문을 두드렸습니다. "문을 두드리라 그리하면 너희에게 열릴 것이니"라는 정신으로 문을 두드렸더니 관리인이 나왔습니다. 한국에서 왔다는 말을 듣고 관리인이 문을 열어 주었습니다.

수도원 건물의 돔은 예수님이 앉으셨다는 바위를 기념하기 위한 것이었습니다. 또한 많은 동굴 채플과 개인 기도실이 있었습니다. 이 척박한 곳에서 예수님은 마귀의 시험을 이기고 물질과 권력과 명예로부터의 자유를 얻으셨을 것입니다. 인생 누구나 쉽게 걸려 넘어지는 장애물들을 말입니다.

예수님을 뒤따르는 우리는 예수님이 어떤 길을 가셨는지 유념해서 살피고 우리의 모범으로 삼아야 합니다. 요한에게 세례를 받으신 예수님은 공생애를 시작하기 전에 먼저 광야로 가셨습니다.

> 예수께서 성령의 충만함을 입어 요단 강에서 돌아오사 광야에서 사십 일
> 동안 성령에게 이끌리시며 마귀에게 시험을 받으시더라(눅 4:1-2)

예수님이 시험을 받으신 사건은 공관복음 모두에 기록되어 있습니다. 마태복음 4장 1-11절과 누가복음 4장 1-13절에는 자세히 소개되어 있고, 마가복음 1장 12-13절에는 간단하게 설명되어 있습니다. 시험 사건에는 예수님, 사탄뿐 아니라 성령님, 천사, 들짐승 그리고 광야가 나와 있습니다. 예수님의 시험 사건은 영적 세계뿐 아니라 인간과 동물, 자연계가 어우러져 있는 우주적인 사건입니다.

세례를 받고 요단 강에서 올라와 기도하실 때 하늘이 열리며 비둘기 같은 성령이 예수님께 임했습니다. 성령 충만을 입은 예수님은 곧바로 광야에서 시험을 받으십니다. 마가는 성령이 예수님을 광야로 '몰아냈다'고 표현한 반면, 마태와 누가는 예수님이 성령의 '이끌림'을 받았다고 기록했습니다.

광야의 연단

여하튼 예수님은 성령에 의해서 광야로 보내진 것입니다. 성령의 이끌림을 받으시는 예수님이 마귀의 시험을 이길 것은 불을 보듯 당연합니다. 여기 사탄은 시험하지만, 하나님은 이 일을 통해 인성을 입으신 예수님을 훈련하십니다.

성경의 위대한 인물들은 모두 광야의 시험과 같은 연단을 받았습

니다. 모세도 광야에서 시험을 받았고, 바울도 아라비아 사막에서 그러했습니다. 그러므로 연단을 위한 광야를 거부해서는 안 됩니다.

그러므로 너희가 이제 여러 가지 시험으로 말미암아 잠깐 근심하게 되지 않을 수 없으나 오히려 크게 기뻐하는도다 너희 믿음의 확실함은 불로 연단하여도 없어질 금보다 더 귀하여 예수 그리스도께서 나타나실 때에 칭찬과 영광과 존귀를 얻게 할 것이니라(벧전 1:6-7)

내 형제들아, 너희가 여러 가지 시험을 당하거든 온전히 기쁘게 여기라 이는 너희 믿음의 시련이 인내를 만들어 내는 줄 너희가 앎이라(약 1:2-3)

시험을 참는 자는 복이 있나니 이는 시련을 견디어 낸 자가 주께서 자기를 사랑하는 자들에게 약속하신 생명의 면류관을 얻을 것이기 때문이라 (약 1:12)

그가 시험을 받아 고난을 당하셨은즉 시험 받는 자들을 능히 도우실 수 있느니라(히 2:18)

우리에게 있는 대제사장은 우리의 연약함을 동정하지 못하실 이가 아니요 모든 일에 우리와 똑같이 시험을 받으신 이로되 죄는 없으시니라 (히 4:15)

우리는 욕심이나 죄 때문에 시험을 받곤 하지만, 예수님이 받으신 시험은 인류를 향한 구속 계획에 대한 문제였습니다. 그것도 금식하

「광야에 계신 예수(Christ in the Wilderness)」, 1498–1554, 브레시아(Moretto Da Brescia), 캔버스에 유화, 45.7×55.2cm, 메트로폴리탄 미술관, 뉴욕.

시며 사십 일을 밤낮으로 주리신 후 시험을 받으셨습니다.

브레시아의 그림에서 사십 일 동안 시험을 받으신 예수님은 외로움 가운데 계십니다. 그런데 그분 주위에는 많은 짐승들이 몰려 있습니다. 모두 예수님을 향해 머리를 숙였습니다. 타락 이전 아담의 상황을 재현하는 것 같습니다. 예수님은 마지막 아담이 되시기 때문입니다.

예수님의 뒤편으로 천사가 보이지만 그들은 예수님의 금식 기간과 시험 받는 중에 개입하지 않습니다. 모든 시험은 예수님이 홀로 감당하셔야 했습니다. 예수님 앞에 있는 수사슴은 가장 의미심장합니다. 사슴은 하나님을 향한 열망을 상징합니다. 또한 중세의 동물학에 따르면 사슴들은 옹달샘에서 많은 물을 마셨기 때문에 독사의 독에도 면역이 되어 있다고 전해집니다. 예수님이 홀로 계시지만 마귀의 시험을 능히 이겨내실 것을 암시합니다.

사탄의 시험

예수님을 시험하는 자는 사탄입니다. 사탄을 과도하게 생각하는 것도 잘못이지만 너무 무시하는 것도 잘못입니다. 신자들 중에는 사탄의 존재를 믿지 않는 사람이 많이 있습니다. 그런데 사탄은 바로 그것을 원하고 있습니다. 하나님은 모세에게 "나는 스스로 있는 자"(I am who I am) 하셨는데, 사탄은 "나는 존재하지 않는다"(I am who I am not)고 말합니다.

사탄은 자기 정체를 숨기고 은밀하게 활동합니다. 그러나 예수님은 영안으로 사탄의 이러한 움직임을 정확하게 포착하셨습니다. 베드로가 예수님의 십자가를 만류할 때도 베드로 속에서 역사하는 사탄의 실체를 목도하시고 "사탄아 물러가라"고 꾸짖으셨습니다.

사탄은 예수님을 시험합니다. 그 시험의 목적은 하나입니다. 십자가를 지지 않는 지름길로 가라는 것입니다. 결국 하나님이 계획하신 십자가를 지지 않도록 유혹하는 일입니다.

하나님 나라로 갈 수 있는, 십자가 없는 지름길이 과연 있을까요? 요사이 우리 사회의 많은 문제들은 사람들이 십자가 없는 지름길을 찾기 때문입니다. 노력 없이 성공을 바라고, 땀 흘리지 않고 열매를 바라고, 공부하지 않고 좋은 성적을 바라고, 일하지 않고 일확천금을 바랍니다. 그래서 사기, 도둑질, 부정행위, 뇌물수수, 이권청탁 등의 범죄가 난무하고 있습니다.

공관복음서는 이 기사를 복음서 서두에 기록함으로써 예수님의 전 생애에 걸쳐 전개될 유혹과 시험의 내용을 미리 보여 주고 있습니다. 더구나 누가는 예수님이 이 시험에서 이기신 후 마귀가 "얼마 동안 떠나니라"(눅 4:13)고 기록하고 있습니다. 이것은 다시 찾아올 사탄의 공세에 대한 복선(伏線)입니다. 이러한 시험이 예수님의 공생애 전반에 걸쳐서 모양을 바꾸어 계속 찾아올 것을 암시하고 있습니다.

베드로를 통해 십자가를 만류하고(마 16:22-23), 사람들을 통해 왕으로 삼으려 하고, 심지어 십자가에 달렸을 때도 "만일 하나님의 아들이라면 십자가에서 내려오라 그리하면 믿겠노라"(마 27:40, 42)고 했습니다.

그러나 예수님은 십자가의 죽음을 통하여 하나님의 구원 역사를 완성하셨습니다. 예수님의 길에는 하나님의 역사뿐 아니라 사탄의 역사도 거듭되었지만 예수님이 계속 승리하셨습니다.

한번 전투에서 승리했다고 싸움이 모두 끝난 것이 아님을 유념해야 합니다. 시험하는 자는 물러갔다가 다시 찾아옵니다. 우리의 영적 싸움은 우리의 호흡이 멈출 때까지 계속됩니다. 유혹은 모양을 달리하여 계속 찾아듭니다. 그러므로 영적 싸움의 승리자가 되기 위해 늘 깨어 기도하면서 하나님의 전신갑주로 무장해야 합니다.

시험에서 승리하려면

이런 시험은 우리에게도 끊임없이 찾아옵니다. 우리도 시험에서 합격하려면 이미 출제된 시험 유형을 한번 살펴볼 필요가 있습니다.

첫 번째 시험

■ 시험의 통로

사탄은 시장하신 예수님을 찾아와 옆에 있는 둥글고 검은 돌덩이를 가리키며 "네가 만일 하나님의 아들이어든 이 돌들에게 명하여 떡이 되게 하라"(눅 4:3)고 했습니다. 사탄은 약하게 보이는 것을 이용합니다. 사십 일 동안 금식하여 시장한 틈을 시험의 소재로 삼는 것입니다. 당신에게 주로 시험이 오는 통로는 어디입니까? 약점처럼 보이는 것입니다. 그것을 조심해야 합니다.

"네가 만일 하나님의 아들이어든." 사탄은 먼저 자존심을 건드립니다. 다른 모든 것은 참지만 자존심 건드리는 것은 못 참는다는 사람이 있는데, 정말 시험에 넘어지기 쉬운 사람입니다.

사실 예수님은 하나님의 아들이십니다. 그러나 하나님의 아들이라고 해서 돌을 떡으로 만들라는 법은 없습니다. 돌을 떡으로 만들지 않는다고 해서 하나님의 아들이 안 되는 것도 아닙니다. 사탄은 이상한 등식을 만들어 놓고 있습니다. 이상한 논리입니다. '돌을 떡으로 만들 때에만 하나님의 아들이라고 인정해 줄 수 있다.'

사탄은 항상 이렇게 잘못된 가정(假定)을 세워 놓고 우리를 유혹합니다. 돌이 떡이 되는 것과 예수님이 하나님의 아들 되는 것이 무슨 관련이 있습니까? 아무 관련이 없습니다. 그런데도 우리는 허영심과 불분명한 자기 정체성으로 인해 이런 시험에 종종 넘어집니다.

우리가 큰 업적을 세우거나 탁월한 사람이 되어야 하나님의 자녀가 되는 것이 아닙니다. 우리는 있는 모습 이대로 하나님의 사랑받는 자녀이며 하나님이 기뻐하시는 자입니다. 예수님은 돌을 떡으로 만들지 않아도 언제나 하나님의 아들입니다. 사탄의 속임수에 말려들지 맙시다. 사탄은 일방적이고 자의적인 논리를 세워 놓고, 하나님의 아들이기를 포기하든지 돌을 떡으로 만들든지 양자택일을 하라고 요구하고 있습니다.

제게는 그것이 시험거리가 되지 않습니다. 저는 죽었다 깨어나도 돌을 떡으로 만들 수가 없기 때문입니다. 이것이 예수님께 유혹이 되는 이유는 그분이 돌을 떡으로 만들 수 있는 능력과 자격을 갖춘 분이시기 때문입니다. 사탄도 그것을 알고 있었습니다. 그러나 예수님은 신적인 권능을 그렇게 사용하지 않으셨습니다.

■ 할 수 있지만 하지 않는 윤리

사탄의 시험이 안고 있는 독소는 무엇입니까? 하나님이 주신 능력을 자신의 목적을 위해 이기적으로 사용하라는 것입니다. 결국 이 시험의 본질은 은사나 능력을 이기적인 목적을 위해 사용하라는 것입니다. '당신의 필요를 채우고, 다른 사람들의 필요도 채워 주라.'

만일 무엇이든지 원하는 대로 할 수 있는 능력이 있다면, 그것은 우리에게도 큰 유혹이 될 것입니다. 로토에 1등 당첨이 되면, 주식에 대박이 나면, 일확천금하면, 가난한 사람을 구제하고 교회에 헌금하고 남들에게 봉사하겠다고 할 것입니다. 그러한 힘을 이용하면 물질뿐 아니라 권력, 관심, 명예 등 모든 것을 독점할 수도 있습니다. 그러나 이것은 다름 아닌 공(公)의 사유화(私有化)입니다.

우리는 지금도 이런 유혹을 받고 있습니다. 이런 유혹을 이기기 위해서는 '할 수 있지만 하지 않는 결단'이 필요합니다. 모든 분야에서 '할 수 있지만 하지 않는 윤리'가 더욱 필요한 시대입니다. 바울은 "모든 것이 내게 가하나 다 유익한 것이 아니요"(고전 6:12)라고 했습니다. 자신이 할 수 있는 권리를 가졌지만 그리스도와 복음을 위하여 그 권한을 내려놓겠다고 선언했습니다(고전 9:12). 하나님 나라를 위하여, 그리스도를 위하여 자발적으로 내려놓는 것입니다.

현대 사회에는 과학기술적으로 가능해도 허용할 수 없는 것이 많습니다. 인간복제, 배아줄기세포 연구, 유전자 조작 등이 그러합니다. 할 수만 있으면 하는 것(욕심), 할 수 없는 것을 하려고 하는 것(교만), 해서는 안 되는 것을 하는 것(범죄), 해야 하는 것을 하지 않는 것(태만)은 모두 잘못입니다.

예수님은 할 수 있지만 하지 않으셨고(겸손), 하지 않아도 되지만 하셨습니다(헌신). 고통의 잔을 피할 수 있으셨지만, "내 뜻대로 마옵시고 오직 아버지의 원대로 되기를 원하나이다"라고 겟세마네 기도를 드리셨습니다.

첫 번째 시험의 내용을 당대의 문화적인 코드로 고찰해 보면 물질문명을 자랑하던 헬라적 유혹입니다. 물질지향의 길입니다. 헤롯 왕 같은 자들이 이런 유혹에 취약합니다. 십자가 없는 경제적인 지름길을 제시하는 것입니다. 당시 가난한 민중에게 우선 필요한 것은 빵입니다. 사람들에게는 뭐니뭐니 해도 머니(money)가 최고입니다.

땅에 굴러다니는 그 흔한 돌들로 빵을 만들어 백성들에게 준다면 사람들을 모으고 그들에게 추앙을 받고 자연히 그들의 왕으로 군림할 수 있을 것입니다. 경제적인 메시아가 될 것입니다. 십자가를 지지 않아도 됩니다. '예수 Co.'의 CEO가 될 것입니다. 그러나 예수님은 십자가 대신 떡집을 만들지 않으셨습니다.

일본의 성자로 추앙받는 우찌무라 간조의 이야기입니다. 젊은 시절 그는 선교를 위해 어느 어촌에 갔습니다. 그런데 아무리 전도해도 말씀을 들으러 나오는 사람이 없었습니다. 그들은 매일 일해야 겨우 먹고살 정도로 궁핍한 생활을 하고 있었기 때문에 말씀을 배울 여유가 없었던 것입니다. 그래서 그들의 생활을 먼저 향상시켜야 되겠다고 생각한 우찌무라 간조는 고기를 잡는 새로운 방법과 첨단 장비를 들여와서 어민들을 계몽하였고 결국 그들은 가난에서 벗어나 점점 여유를 누리게 되었습니다. 그런데 이제 그들이 말씀을 배우러 나올 것이라는 예상은 완전히 빗나갔습니다. 사람들은 물질적인 여유가 생기자 도박과 방종에 빠져들기 시작했습니다. 그래서 우찌무라 간조는 자신의 자선 사업이 "환자의 질병을 치유하기보다는 증상만을 제거하고 무감각하게 만드는 결과"를 가져왔다고 회고하였습니다.

물론 예수님도 가난한 민중에게 광야에서 먹을 것을 공급하셨지만 그것으로 그들을 인도하지는 않으셨습니다. 그것이 십자가의 길을 대신하지 않았습니다. 세상이 주는 물은 마셔도 다시 목마르고, 세상이 주는 떡은 먹어도 다시 배고프지만, 자신은 영원한 생수, 영원한 생명의 떡을 준다고 하셨습니다.

■ 시험을 이기는 길: 기록되었으되

사탄의 시험에 대해 예수님은 "기록되었으되"(눅 4:4, 8, 12)라는 말씀으로 반박하십니다. 사실 예수님은 다른 권위에 의존하지 않고 자신의 말씀만으로도 얼마든지 사탄을 대적할 수 있는 분이십니다. 태초부터 하나님과 함께 계셨던 말씀이시기 때문입니다. 그런데도 "기록되었으되"라고 하시면서 구약의 말씀(신 8:3, 6:13, 6:16)으로 반박하셨습니다. 이것은 우리에게 어떻게 시험을 이길 수 있는가에 대한 모본을 보여 주시는 것입니다. 우리 역시 예수님처럼 "기록되었으되"라고 말할 수 있어야 합니다.

교회학교에서 하는 놀이 중 '가라사대 게임'이 있습니다. 이 게임의 규칙은 상대방이 말 중에 '가라사대'가 들어갈 때만 그 말에 따라야한다는 것입니다. 이것은 우리에게 시사하는 바가 큽니다. 오직 하나님의 말씀대로만 행동해야 합니다.

■ 오직 말씀으로만

영적 싸움에서 "성령의 검 곧 하나님의 말씀을 가지라"(엡 6:17)고 했는데, 말씀이 공격 무기입니다. 말씀이 힘입니다. 환난과 시험이 엄습해 올 때, 자신의 생각이나 경험에 의해서가 아니라 하나님의 말씀으로 이겨야 합니다. 그러기 위해서는 말씀을 잘 알아야 합니다. 또 말씀을 암송하고 있는 것이 중요합니다. 말씀으로만 시험을 이길 수 있습니다.

"사람이 떡으로만 살 것이 아니요 하나님의 입으로부터 나오는 모든 말씀으로 살 것이라"(마 4:4). '떡이 아니라 말씀'이라고 양자택일을 이야기한 것이 아닙니다. 떡으로만 사는 것이 아니라 말씀이 함께해야 한다는 것입니다. 아니 말씀대로의 삶이 떡을 구하는 삶보다 우선이요 인생의 본분이라는 사실을 지적한 것입니다. 그런데 우리는 이러한 시험에서 종종 넘어지고 있습니다. 우리는 물질 때문에 유혹을 많이 받습니다. 가룟 유다가 대표적인 사람입니다. 아담과 아간도 이 시험에 넘어지고 말았습니다.

두 번째 시험

실패한 사탄은 이제 두 번째 시험을 합니다. 누가는 마태가 기록한 시험 중 두 번째와 세 번째 시험의 순서를 바꾸었습니다.

> 마귀가 또 예수를 이끌고 올라가서 순식간에 천하 만국을 보이며 이르되
> 이 모든 권위와 그 영광을 내가 네게 주리라 이것은 내게 넘겨준 것이므로
> 내가 원하는 자에게 주노라 그러므로 네가 만일 내게 절하면 다 네 것이
> 되리라(눅 4:5-7)

어떻게 이 세상이 사탄의 것입니까? 정말 주제넘은 발언입니다. 두 번째 시험의 문화적인 맥락은 로마적입니다. 이는 정치적인 지름길을 의미하고 있습니다. 이러한 시험에 걸려 넘어진 자가 빌라도입니다. 그는 자신의 정치적인 야망 때문에 압력에 굴복하였습니다. 진리를 못박고 악에 무릎을 꿇었습니다. 세상의 많은 사람들이 아부하고 비굴하게 무릎을 꿇고 그 대신 권력을 얻습니다.

■ 타협의 유혹

마귀는 세상에서 성공하려면 타협의 길을 걸으라고 합니다. 세상에서의 성공이 목적이라면 이러한 유혹에서 벗어나기 어렵습니다. 선거철이면 이런 사람들이 넘쳐납니다. 악마에게 무릎을 꿇더라도 표를 얻으려고 혈안인 사람들을 보십시오. 권력 지향의 길, 로마적 유혹입니다. 권력을 얻기 위해 양심도, 신의도, 신앙도 파는 경우가 많습니다.

누가는 '절하다'라고 할 때 부정과거동사를 사용하는데, 이는 '한 번의 절'을 의미합니다. 계속해서 절할 필요도 없고 딱 한 번만 마귀에게

절하면 모든 것을 주겠다는 말입니다. 참으로 매혹적입니다. 세상과 적당히 타협하라는 유혹입니다. 선과 악의 공존을 위한 협상입니다.

아무도 보는 사람이 없는데, 한 번만 무릎을 꿇으면 십자가를 지는 일도 없고 권력과 영화를 한 세상 누릴 수 있다는 것입니다. '예수여, 당신은 너무 순진합니다. 당신은 권력의 힘을 모릅니까? 그것만 가지면 사람들도 모여들고 얼마든지 하고 싶은 일을 할 수 있습니다. 다른 사람들은 그것을 얻기 위해 별 짓을 다하는데, 내가 통째로 당신에게 넘겨줄 테니 나와 동업합시다. 한 번만 융통성을 발휘해 보세요.'

세상과 같아져서 세상을 변화시키자는 유혹입니다. 그러나 예수님은 결코 악과 타협하여서는 악을 격파할 수 없다는 사실을 잘 알고 계셨습니다. 기독교가 세상의 수준까지 내려가서는 결코 세상을 변화시킬 수 없습니다. 이러한 유혹을 거부하는 것은 불가불 십자가를 의미합니다. 그러나 궁극적인 승리는 이 십자가에 있습니다.

하나님의 나라는 이 부패한 세상의 연장이 아닙니다. 옛 세상과는 질적으로 다른 새 하늘과 새 땅의 나라입니다. 예수님은 이 부패한 세상에서 십자가가 세워질 땅과 죄수의 홍포와 가시관 그리고 남의 무덤 한 평밖에 차지하지 못하셨지만 영원한 그 나라의 주인이 되셨습니다. 이와 반대로 이 세상에서는 부요했지만 그 나라에서는 한 평의 유업도 얻지 못할 자가 있습니다.

예수께서 대답하여 이르시되 기록된 바 주 너의 하나님께 경배하고 다만 그를 섬기라 하였느니라(눅 4:8)

■ 오직 주만 섬기라

예수님의 말씀은 단호합니다. 양자택일입니다. 세상도 사탄도 겸하지 말고, 오직 주만 섬기라는 것입니다. 마태복음에는 "사탄아 물러가라" (마 4:10)는 명령도 나옵니다. 주도 섬기고 세상도 섬기라는 것은 사탄의 말입니다. 일고의 가치가 없습니다.

세 번째 시험

세 번째이자 마지막으로 사탄은 예수님을 예루살렘 성전 꼭대기에 세웠습니다. 영적인 세계는 이렇게 시간과 공간을 초월하는 일들이 순식간에 일어납니다. 순간이동이 일어납니다.

> 네가 만일 하나님의 아들이어든 여기서 뛰어내리라 기록되었으되 하나님이 너를 위하여 그 사자들을 명하사 너를 지키게 하시리라 하였고 또한 그들이 손으로 너를 받들어 네 발이 돌에 부딪치지 않게 하시리라 하였느니라(눅 4:9-11)

사탄은 시편 91편 11, 12절 말씀을 인용하면서 예수님을 시험하고 있습니다. 셰익스피어는 『베니스의 상인』에서 "사탄도 자기의 목적을 위하여 성서를 인용한다"고 했는데, 정말 가관입니다. 그러므로 성경을 인용한다고 믿음이 좋은 것으로 간주해서는 안 됩니다.

좋은 믿음이란 말씀을 많이 알고 인용하는 것이 아니라, 한 말씀이라도 바로 알고 자신에게 적용하여 사는 것입니다. 인용만 하지 말고 적용해야 합니다. 적용하지 않고 인용만 하는 것은 '하나님을 시험하는' 행위입니다.

인용과 적용은 다른 것입니다. 사탄처럼 입술로만 인용하는 말씀 속에는 힘이 없습니다. 말씀이 내면화될 때 하나님의 능력이 나타납니다. 그러므로 무슨 의도로 말씀을 인용하고 있는지 주목해야 합니다. 성경을 가장 비성경적으로 인용하는 자들이 이단입니다. 그들의 인용은 지극히 자의적입니다.

시스티나 예배당 천장에 있는 보티첼리의 프레스코화는 「모세의 시험」 맞은편에 자리잡고 있고 「그리스도의 유혹」이라고 명명됩니다. 예수님이 받으신 세 번의 시험이 그림 상단의 좌측, 중간, 우측에 한꺼번에 표현되어 있습니다.

그림의 왼쪽 상단에는 은둔자의 모습을 한 사탄이 사십 일 동안 금식하여 주리신 예수님께 와서 돌을 떡으로 만들라고 요구합니다. 중앙 상단 부분에는 사탄이 예수님을 예루살렘 성전의 높은 곳에 데리고 가서 몸을 던져 하나님의 아들됨을 인정받으라고 유혹합니다. 그림의 상단 우측에는 사탄이 예수님을 데리고 높은 산에 올라 지상의 아름다움과 권능을 보여 주고 있습니다. 사탄은 하나님을 거부하고 자신에게 절하면 모든 권능과 영광을 주겠노라고 말하고 있습니다. 참고로 그림의 전면은 예수님께 고침 받은 한센병환자가 예루살렘 성전에 찾아와 정결의식을 행하고 제사장으로부터 '정결하다'는 선언을 받고 있는 장면입니다. 천하만국을 보이며 예수님을 유혹하는 상단 오른편에는 천사들이 나아와 예수님을 수종들고 있습니다.

하나님의 방식 vs 세상의 방식
하나님처럼 되고 싶다는 생각은 인간 근원에 놓여 있는 왜곡된 욕망

「그리스도의 유혹(Temptations of Christ)」, 1480–1482, 보티첼리(Sandro Botticelli), 프레스코화,
345.5×555cm, 시스티나 예배당, 바티칸.

입니다. 그것은 최초의 인간 아담과 하와에게 찾아왔던 시험이기도
합니다.

　인간은 하나님이 만드신 인간이 되기를 거부합니다. 이것이 죄의
본질입니다. 죄는 다른 사람들보다 우월해지고 하나님과 동등해지기
를 원합니다. 사탄은 하나님과 종교적인 거래를 하고 눈에 띄는 영광
을 탐하라고 우리를 유혹합니다. 사탄은 예수님께 성전 꼭대기에서
뛰어내려 중력의 법칙을 바꾸는 이적을 보이라고 유혹합니다. 영웅적
으로 자신을 과시하라고 유혹합니다. 하지만 예수님은 과시용 종교
쇼 비즈니스를 가차 없이 꾸짖으십니다.

■ 시험의 본질

세상은 우리에게 자신을 과시하라고 유혹합니다. 거짓교사들은 교만한 태도로 보란 듯이 하나님의 자리에 자아를 올려놓습니다. 이 시험의 본질은 하나님이 성전 꼭대기에서 추락하는 예수님을 받아주실 능력이 있느냐 없느냐, 그것을 예수님이 확신하느냐 그렇지 않느냐에 있지 않습니다. 하나님이 원하시는 방식이냐 사람들이 원하는 방식이냐입니다. 사탄은 세상의 방식으로 하라는 것입니다. 친절하게 방법까지 가르쳐 줍니다. 대단한 시나리오입니다.

"당신은 너무 순진합니다. 당신은 사람의 심리를 모릅니다. 인기 얻는 방법을 모릅니다. 저기 많은 사람들이 보이지요? 이 성전 꼭대기에서 몸을 날려 보세요. 당신이 땅에 부딪쳐 죽을 것이라고 사람들이 놀라 비명을 지를 때, 맵시 있게 땅에 안착을 해 보세요. 그러면 저들은 환호성을 지르고 난리가 날 것입니다. 기다리던 메시아가 왔다고 난리를 칠 것입니다. 당신은 금방 뜨게 됩니다. 구태여 삼 년 후, 십자가의 형틀과 채찍, 고문, 조롱을 받고 십자가의 그 고난을 받을 필요가 있습니까? 당신은 하나님의 사랑받는 아들입니다. 나는 당신의 능력을 알고 있습니다. 다른 사람들도 당신의 능력을 알 수 있도록 초자연적인 일을 하십시오. 그러면 세상이 당신을 떠받들 것입니다."

당시 유대주의 사회에서 인기 있는 종교적인 시험입니다. 히브리적 유혹입니다. 가야바, 안나스, 이단들, 자기를 포장하고 광고하는 종교인들이 가는 길입니다. 대제사장이나 거짓 선지자들은 위선과 과장과 허위 선전과 권모술수로 인기를 탐하고 적당히 눈속임을 하는 경우가 많았습니다. 그래서 이 세대는 악한 세대라 표적을 구한다고 누가복음 11장 29절은 말합니다. 하지만 하나님의 길은 사람들을 기쁘게 만드는 것, 그들로부터 인정과 존경을 받는 것이 아닙니다.

> 유대인은 표적을 구하고 헬라인은 지혜를 찾으나 우리는 십자가에 못박힌 그리스도를 전하니 유대인에게는 거리끼는 것이요 이방인에게는 미련한 것이로되 오직 부르심을 받은 자들에게는 유대인이나 헬라인이나 그리스도는 하나님의 능력이요 하나님의 지혜니라(고전 1:22-24)

■ 표적과 기사에 근거한 신앙

저는 사실 치유의 능력을 갖고 싶습니다. 사람들을 이끌 수 있는 초월적인 능력도 가지고 싶습니다. 그러나 표적과 기사에만 의존된 신앙은 참된 신앙이 아닙니다. 기적과 기사에 근거한 표적 신앙은 하나님의 영광을 나타내기보다 자신을 드러내고 결국은 타락할 위험이 있습니다.

물론 예수님은 병자들을 긍휼히 여기셔서 기적적으로 병을 고치는 이적을 행하셨습니다. 하지만 그 이적에 자신을 의탁하지 않으셨습니다. 소문이 나지 않도록 하셨습니다. 예수님은 이적을 행하는 이가 아니라 십자가를 지는 이로 자신을 드러내셨습니다. 그렇기 때문에 십자가 처형의 순간 "만일 하나님의 아들이어든 십자가에서 내려오라 그리하면 믿겠노라"(마 27:40, 42) 할 때에도 이적 대신 십자가의 길을 가셨습니다.

엔토 슈사쿠는 『침묵』이라는 소설에서 "왜 신자들이 고통 받는 상황에서 하나님은 기적적으로 신자들을 돕지 않으시는가?"라는 질문을 제기합니다. 예수님의 답변은 다음과 같습니다. "진실로 내가 십자가 위에서만 많은 사람을 내게 나오게 하리라. 나는 표적으로가 아니라 피와 사랑으로 구원을 주리라. 내 형제들이 옥에 갇힐 때 저들을 위하여 반드시 기적적으로 옥문을 열지는 않을 것이다. 저들이 설사 총살대에 세워진다 하더라도 나는 반드시 집행을 기적적으로 정지시키지는 않을 것이다. 나의 선교사들이 여러 가지 모욕을 받고 약탈과 능욕을 받더라도…. 내가 나의 십자가 고난에서 저들을 끝까지 사랑한 것처럼 저들은 나에게 충성할 것이요 나를 신앙할 것이요 나의 뒤를 따를 것이다."

예수님은 "주 너의 하나님을 시험하지 말라"(눅 4:12)고 사탄을 물리치셨고, 이에 사탄은 쫓겨갔습니다.

십자가로 모든 시험을 이기신 예수님

요약하자면 예수님의 세 가지 시험은 당시 세 가지 사회적 배경을 반영하고 있습니다. 첫째, 헬라적 시험으로 물질에 관한 것, 둘째 로마적 시험으로 권력에 관한 것, 셋째 유대적 시험으로 종교에 관한 것입니다.

■ 소유 지향의 삶과 존재 지향의 삶

이것은 다름 아닌 세상을 지배하는 사탄의 원리입니다. 지금도 사탄은 이런 시대 풍조를 사용해서 성도를 교묘히 꾀고 있습니다.

에리히 프롬에 의하면, 예수님 시험 사건에서 예수님과 사탄은 정반대되는 두 가지 원리의 대표자로 나타납니다. 사탄은 소유의 대표자로 물질적 소유와 이적과 자연과 인간을 지배하는 권력의 대표자입니다. 예수님은 섬김과 나눔과 돌봄과 희생을 베푸는 존재의 대표자입니다. 그렇다면 결국 이 시험의 요체는 바로 이것입니다. 소유 지향의 삶을 살 것인가, 존재 지향의 삶을 살 것인가?

아담은 에덴에서 육신의 정욕과 안목의 정욕과 이생의 자랑 때문에 시험에 걸려 넘어졌습니다. 그러나 둘째 아담이신 예수님은 육신적, 정신적, 영적 시험을 잘 물리치셨습니다. 당시의 전 세계였던 헬라와 로마와 유대에 걸쳐 경제적, 정치적, 종교적 지름길에 대한 유혹을 십자가로 이기셨습니다.

광야, 산 위, 그리고 성전 꼭대기에서 벌어진 이 시험은 우리에게 위대한 진리를 전해 줍니다. 십자가 없는 지름길은 없다는 것입니다. 기존의 정치, 경제, 종교에 대항하는 새로운 정치, 경제, 종교관을 제시합니다. 십자가를 통한 부활은 경제, 정치, 종교에 새로운 질서를 부여합니다. 자본주의는 소유 양태의 삶을 부추기지만 존재 양식의 삶으로 변화되지 않으면 퇴락하고 말 것입니다.

십자가의 길

십자가 없는 지름길은 없습니다. 십자가 없는 부활도 없습니다. 주님이 가르치시고 보여 주시고 남기신 길은 십자가의 길입니다. 왜 예수님 당신도 어렵게 지신 십자가를 우리에게 지고 따르라고 하실까요? 그 길 외에는 부활로 가는 길이 없기 때문입니다.

어느 분이 꿈을 꾸었는데 사람들이 저마다 십자가를 지고 긴 행렬을 지어 걸어가는 것이었습니다. 어디로 가느냐고 물어보니 천국에 가는 길인데 행렬 맨 앞에는 예수님이 계시다는 것입니다. 같이 가고 싶으면 저기 보이는 창고에 가서 십자가를 가지고 따라오라고 했습니다.

창고에는 쇠, 나무, 플라스틱, 종이 등 다양한 재질로 된 십자가가 있었습니다. 큰 것도 있고 작은 것도 있었습니다. 먼 길을 가게 될지도 모르니 가볍고 휴대하기 쉬운 십자가를 하나 골랐습니다. 그리고 큰 십자가를 힘에 겹도록 지고 가는 사람들을 보면서 '저 사람은 왜 이리 요령이 없나, 같은 십자가인데 굳이 무겁고 큰 것을 지고 가나' 했답니다. 그런데 한참을 가다 보니 이쪽에서 저쪽으로 골이 깊은 절벽이 나왔습니다. 앞선 사람들은 그 큰 십자가를 양쪽에 걸쳐놓더니 그 위로 기어 건넌 다음 십자가를 지고 계속 갔습니다. 그런데 이 사람은 너무나 작고 가벼운 십자가를 가지고 있어서 도무지 건너지 못하고 점점 멀어지는 행렬을 바라보며 울다가 잠이 깨었다는 이야기입니다.

예수님처럼 우리도 이런 시험을 당할 때가 많습니다. 여러 가지 다른 모양으로 오지만 결국은 십자가 없는 지름길을 그럴 듯하게 꾸민 것들입니다. 말씀으로 이러한 유혹들을 물리치고 하나님이 원하시는 일을 해야 합니다. 십자가 없는 지름길을 구해서는 안 됩니다. 무겁다고 불평하지 말고 기쁨으로 감당해야 합니다.

시험에서 승리하신 예수님의 모습을 마태복음 4장 11절에는 "마귀는 예수를 떠나고 천사들이 나와서 수종드니라"고 했고, 마가복음 1절 13절에는 "들짐승과 함께 계시니 천사들이 수종들더라"고 했습니다. 이것은 이사야가 65장 25절에 예언한 대로 "어린 양과 이리가 함께 뛰논다"는 새 하늘과 새 땅의 하늘나라입니다.

시험을 이기면 하나님 나라가 펼쳐집니다. 온갖 유혹에도 불구하고 하나님의 뜻을 행하시는 예수님의 삶은 이미 천국인 것입니다. 천국의 현재성은 하나님의 통치가 임하고 있는 것입니다. 이것이 오늘 우리가 누릴 천국의 모습입니다.

04

나사렛
Nazareth

은혜의 해를 전파하라
누가복음 4:16-30

천사 가브리엘에 의해서 수태고지를 받은 마리아의 가정과 요셉의 가정은 나사렛에 이웃하여 살고 있었습니다.

여섯째 달에 천사 가브리엘이 하나님의 보내심을 받아 갈릴리 나사렛이란 동네에 가서(눅 1:26)

같은 동네에 사는 사람들이 정혼한 것입니다. 호적하러 갔던 부부가 아기 예수를 데리고 애굽으로 피난 갔다가 다시 돌아온 곳도 바로 이곳입니다. "주의 율법을 따라 모든 일을 마치고 갈릴리로 돌아가 본 동네 나사렛에 이르니라"(눅 2:39).

그런데 요셉과 마리아의 고향은 나사렛이 아닙니다. 요셉의 고향은

수태고지 교회   요셉 기념 교회

베들레헴이고, 마리아의 고향은 예루살렘 베데스다 근처, 곧 지금은 '마리아의 어머니 안나 기념 교회'(Church of St. Anne)로 알려진 곳입니다. 그런데 어떤 이유에서인지 그들은 나사렛으로 이주하여 그곳에서 만났습니다.

일설에 따르면 나사렛은 '네쩨'(netzer)라는 단어에서 나온 말로 '싹' 혹은 '순'을 뜻하며, 주전 8세기부터 2세기까지는 사람이 거주하지 않은 폐허였습니다. 유대 독립 왕조를 창건한 하스몬 가(家)의 활동으로 나사렛에 정착한 사람들은 바벨론 포로에서 귀환한 다윗 가문의 자손들이었습니다. 나사렛은 다윗 가문의 씨족 사회를 이루었습니다.

1세기의 나사렛은 작은 농촌 사회였습니다. 주민은 150명 정도이고 최고로 많았을 때도 400명 정도를 넘지 않았습니다. 대부분 농사를 지었고, 소규모 목축을 하는 목자, 바구니를 만드는 수공업자들,

마리아 우물   나사렛 회당

목수와 가죽을 다듬는 사람들이 있었습니다. 그래서 고고학적으로도 나사렛에서는 중대한 건축물은 발굴되지 않고 다만 올리브 기름틀, 포도주틀, 물구덩이, 곡식 저장고, 맷돌 같은 농기구와 생활용품이 발굴될 뿐입니다.

아들은 아버지의 직업을 이어받았기 때문에 예수님도 아버지 요셉과 함께 목수 일을 했을 것입니다. 예수님은 가난하고 평범하고 주목받지 못하는 나사렛에서 성장하셨습니다. 그만큼 나사렛에서 예수님의 출현은 안팎으로 놀라운 일이었습니다.

나사렛에서의 선포

누가에 따르면 예수님은 요단 강에서의 세례와 시험산에서의 시험 이후 고향 나사렛으로 돌아오셨습니다. 다른 공관복음서들은 예수님이 가버나움에서 많은 활약을 하신 뒤 고향으로 가셨다고 말하지만, 누가는 나사렛 장면을 의도적으로 앞으로 배치합니다. 나사렛 장면에서 예수님 사역의 본질과 성격을 가늠해 볼 수 있는 중대한 선언이 있었기 때문입니다.

예수님의 고향 방문은 단순히 친지들의 안부를 묻기 위한 것이 아니라, 자기 자신을 통하여 하나님의 말씀을 전하며 하나님 나라에 이르는 길을 가르치고, 하나님의 능력을 나타내기 위함이었습니다.

한편, 예수님은 어렸을 때부터 안식일에 규칙적으로 회당에 가셨습니다. "예수께서 그 자라나신 곳 나사렛에 이르러 안식일에 늘 하시던 대로 회당에 들어가사 성경을 읽으려고 서시매"(눅 4:16). 이는 예수님이 완전한 유대인으로 사셨음을 보여 주고 있습니다.

■ 하나님의 아들, 아담의 자손

예수님은 '영원' 가운데 계시다가 인간의 '시간' 속으로 들어오셨습니다. '하나님의 아들'이신 예수님은 또한 '아담의 자손'으로 나타나 인류의 운명을 공유하고 그것을 바꾸기 위해서 인류와 깊이 연대하셨습니다. 예수님의 족보가 최초의 사람 아담에게까지 이어지는 이유입니다 (눅 3:23-38). 그분은 최초의 아담과 같은 조건으로 나신 마지막 아담이 되십니다. 또한 예수님은 할례자들의 수종자가 되기 위해서 완전한 유대인으로 사셨습니다.

유대인 성인 남성은 누구든지 회당에서 성경을 읽고 말씀을 전할수 있었습니다. 아마도 그날 회당장이 예수님을 보고 말씀을 청한 모양입니다. 예수님께 전달된 성경 두루마리는 이사야였습니다. 예수님이 요청하신 것인지 하나님의 섭리 가운데 그렇게 된 것인지 알 수 없지만, 이 성경 본문은 예수님의 처음 설교가 되면서 예수님 사역의 본질이 됩니다. 선택된 본문은 이사야 61장 1절 이하입니다.

> 주의 성령이 내게 임하셨으니 이는 가난한 자에게 복음을 전하게 하시려고 내게 기름을 부으시고 나를 보내사 포로 된 자에게 자유를, 눈먼 자에게 다시 보게 함을 전파하며 눌린 자를 자유롭게 하고 주의 은혜의 해를 전파하게 하려 하심이라(눅 4:18-19)

이사야 61장은 본래 바벨론 포로에서 귀환하여 유다 땅에 살고 있는 백성들에게 주어진 위로의 메시지였습니다. 유대인들은 포로지에서 고국으로 돌아가기면 하면 영광의 날들이 기다리고 있을 것이라고 생각했습니다. 그래서 많은 사람들이 안정된 환경을 떠나 고국으로 돌아갔습니다. 수많은 역경을 극복하고 성전을 재건하기도 했습니다. 하지만 그들이 포로기에 들었던 예언자들의 위대한 예언, 영광의 날은 속히 오지 않았습니다. 만국의 보화가 몰려들고 만민이 야곱의 하나님의 성전으로 몰려드는 그런 날은 오지 않았습니다. 도리어 귀환자들이 경험한 것은 흉년, 기근, 가난, 궁핍, 사회적 불안과 무질서 등이었습니다.

이렇게 곤경과 슬픔으로 좌절에 빠진 유대인에게 주어진 위로의 메시지가 바로 이 말씀이었습니다. 그것은 언젠가 한 사람이 여호와 하나님의 영을 받고 희년을 선포하게 될 것이라는 내용입니다.

■ **희년이 임하였다!**

희년이란 어떤 의미가 있는 것일까요? 안식일 제도를 명하신 하나님

「예수의 나사렛 설교(Christ Preaching in Nazareth)」, 14세기경, 두치오(Duccio di Buoninsegna), 프레스코화, 비소키 데카니 수도원, 코소보.

은 피조물에게 안식을 허락하셨습니다. 칠 년마다 면제년을 둠으로써 땅도 쉬고 빚도 탕감받게 했습니다. 하지만 개인적인 능력 차이로 생기는 빈익빈 부익부 현상은 면제년만으로 해결되지 않았습니다. 따라서 하나님은 오십 년마다 희년을 두게 하셨습니다.

희년은 '양 뿔'을 불어 전국에 공포하는 기쁨의 해라고 해서 '주빌리'(Jubilee)라고 부릅니다. 희년에는 흉년과 가난으로 인해 팔았던 토지가 원상회복됩니다. 종으로 팔려갔던 자도 사랑하는 가족 품으로 자유롭게 돌아갑니다. 자유와 해방의 해입니다. 또한 모든 채무가 종식되는 해입니다. 하나님은 희년을 주심으로써, 그분의 백성이 그 어떤 존재에도 매이지 않고 오직 자유의 몸으로 스스로 하나님의 종이 되어 기쁨으로 섬기도록 하셨습니다.

애굽에서 종살이하던 백성에게 자유를 주시고, 처음 가나안에 들어갈 때의 평등하고 자유로운 모습으로 회복시키는 것이 희년의 목표입니다. 그러나 애석하게도 유대 역사상 완벽하게 희년이 준수된 기록은 보이지 않습니다. 인간의 욕심과 탐욕이 이 제도의 시행을 막은 것입니다. 결국 이 희년 규정은 역사의 끝에 메시아의 등장과 함께 성취될 종말론적 사건이 된 것입니다.

예수님은 이런 배경을 지닌 본문을 읽으셨습니다. 그러고 나서 그 말씀이 "오늘 너희 귀에 응했다" 즉 성취되었다고 공포하셨습니다. 자신이 이사야에 예언된 그 메시아로서, 여호와의 영으로 기름 부음 받고 보내심을 받은 자라고 선포하신 것입니다.

예수님의 사명 선언문

이것은 예수님의 사명 선언문입니다. 예수님은 희년의 기쁜 소식을 전하는 자입니다. "주의 성령으로, 가난한 자에게 복음을, 포로 된 자에게 자유를, 눈먼 자에게 다시 보게 함을, 눌린 자에게 자유를 주시는 은혜의 해를 전파하는 것"입니다

■ 희년의 은혜

가난한 자, 포로된 자, 눈먼 자, 눌린 자는 사회적 약자이자 은혜를 갈망하는 자입니다. '은혜의 해'는 이들에게 모든 것이 회복되고 치유되고 온전해지는 희년의 은혜를 의미합니다. 사실은 예수님이 은혜의 해이며 구약의 희년입니다. 예수님은 가난한 유대인뿐만 아니라 멸시와 배척을 당하던 사마리아인, 한센병환자, 귀신 들린 자, 세리, 이방

인, 멸시 받는 여자들을 돌보셨습니다. 지금으로 말하면 극빈자, 노숙자, 실직자, 한부모, 미혼모, 수감자, 북한이탈주민, 장애우, 이주노동자 같이 어렵고 소외된 사람들의 문제를 해결해 주시겠다는 선포입니다. 이사야 61장 2절 하반절에 나오는 '하나님의 보복의 날'은 여기에서 생략되어 있습니다. 그것은 예수님의 초림보다는 재림에 해당되기 때문입니다.

예수님은 이와 같이 사명 선언을 초기부터 분명히 하심으로써 좌우 어디로도 치우치지 않고 자신이 걸어야 할 길을 굳건히 가실 수 있었습니다. 세례 요한이 광야에서 메시아의 길을 예비한다는 분명한 목적을 가지고 살았듯이, 예수님도 사역 시작부터 사명을 분명히 하시고 그 목적이 이끄는 삶을 사셨습니다.

■ 삶을 이끄는 나침반

교회도 회사도 개인도 사명을 분명히 해야 합니다. 우리 교회의 사명은 '사람을 세우고, 세상을 구하는' 교회입니다. 전인적인 돌봄 목회가 저의 사명입니다. 당신의 사명은 무엇입니까? 지금 그 사명대로 살고 있습니까? 사명이 분명해야 목적에 맞는 삶을 살 수 있습니다. 지금 바로 각자의 사명을 생각해 보고, 간단한 문장으로 써 봅시다. 사명선언이야말로 우리 삶을 이끌어 가는 나침반입니다.

나사렛 사람들의 반응

희년의 선포자로서 자신의 사명을 밝히시는 예수님의 설교가 이어졌습니다. 말씀은 들은 나사렛 사람들은 모두 깜짝 놀랐습니다.

그들이 다 그를 증언하고 그 입으로 나오는 바 은혜로운 말을 놀랍게 여겨 (눅 4:22)

'증언했다'는 것은 칭찬했다는 의미입니다. 분명 예수님의 입에서 나오는 메시지는 은혜로운 메시지였습니다. 이사야 61장 내용 자체가 하나님의 은혜를 대변하는 본문이기도 했지만 예수님이 천상적인 지혜와 권능으로 말씀을 전하시니 그 은혜는 무엇과도 비할 데 없는 것이었습니다.

믿음은 들음에서 나며, 들음은 그리스도의 말씀으로 말미암는다고 했습니다. 예수님의 말씀을 들었으니 예수님을 믿어야 할 순서입니다. 그런데 나사렛 사람들은 그렇게 하지 않았습니다. 예수님에 대한 현재의 경험과 과거의 지식 사이에서 괴리가 발생하였습니다. 그들은 자신이 아는 대로 예수님을 규정하려 했습니다. 그들은 과거 시간과 외적 조건에 의해서 예수님을 규정하려 했습니다.

"지혜와 권능이 어찌됨이냐?" "마리아의 아들 목수가 아니냐?" "야고보와 요셉과 유다와 시몬의 형제가 아니냐?" "그 누이들이 우리와 함께 여기 있지 아니하냐?" 이런 선입견 때문에 한 발짝도 앞으로 나가지 못합니다. 그 결과 지금까지 칭송하던 예수님의 가르침을 폄하합니다.

기존에 가지고 있던 알량한 지식이 예수님께 나아가는 길을 막고 믿지 못하도록 방해하였습니다. 기존의 선입관과 편견, 고정관념이 예수님에 대한 새로운 인식과 하나님 나라에 대한 희망을 퇴색시키고 있습니다.

이렇게 과거에서 현재로 나오지 못하는 사람에게는 미래도 없습니다. 특히 그들은 서로 "이 사람이 어디서 이렇게 많은 것을 배우고 듣고 얻어 왔는가" 하고 수군거렸습니다. 왜냐하면 그들이 알기로 예수님은 고향에 있을 때에 어떤 특별한 교육을 받은 적이 없기 때문입니다. 마치 예수님이 마귀와 거래하여 불법적인 지식을 받은 것처럼 매도하고 있는 분위기입니다. 그러나 그들이 몰랐던 것은 이 모든 것이 하나님으로부터 왔다는 사실입니다. 그들은 외모로 판단했고, 편견에서 벗어나지 못했고, 과거에 사로잡혀 있었습니다.

■ 예수님을 거부하는 마음

사실 예수님을 인정하지 않으려는 완악한 마음의 근저에는 시기심이 크게 작용했을 것입니다. 속담에 "사촌이 땅을 사면 배가 아프다"는 말이 있습니다. 요사이는 "배고픈 것은 참아도 배 아픈 것은 못 참는다"고 하기도 합니다.

예수님이 좀 높아지는가 싶으니까, 이제는 비아냥거리며 질투심에 불타서 무엇인가 흠을 찾고 무시하려고 합니다. 요즘도 사람이 훌륭해 보이면 뒤에서 출신이 어떻다느니 옛날에는 어떠했다느니 하며 끌어내리려고 혈안입니다. "부모가 보잘것없다, 시골 출신이다, 일가친척도 시원치 않다, 명문학교도 못 나왔다…"

사실 예수님에 대한 이들의 정보는 정확합니다. 그들도 알다시피 요셉이 일찍 죽었기 때문에 예수님은 모친과 동생들을 부양하며 지냈습니다. 마가복음에 따르면, 그들은 예수님을 부를 때 요셉의 아들이라 하지 않고 "마리아의 아들"이라 했습니다(막 6:3). 아무리 아버지 요셉이 먼저 세상을 떠났다고 하더라도 그렇게 말하는 것은 홀어머니의 자식이라는 모욕적인 언사입니다. 그때 아마도 예수님의 형제들이

「성 요셉과 소년 예수(Christ in the Carpenter's Shop)」, 1645, 조르주 드 라 투르(Georges de La Tour), 캔버스에 유채화, 137×102cm, 루브르 박물관, 파리.

나사렛에 모두 함께 살고 있었던 것 같습니다. 예수님은 동생들이 장성할 때까지 목수 일을 하며 그들의 생활을 책임지셨을 것입니다.

당시 목수는 단순히 나무로 무엇을 만드는 정도가 아니라 배를 수리하고, 집을 짓고, 회당을 짓고, 낡은 곳을 보수하고, 가구들을 만들었습니다. 아마도 동네 사람들의 일을 도맡아 해왔을 것입니다. 추정에 의하면 당시 나사렛은 30여 세대 150여 명이 사는 조그만 마을이었다고 합니다. 동네 사람들 중에는 예수님이 직접 만든 집이나 가구를 사용하는 사람이 많았을 것입니다.

그런데 어느날 목수 일을 그만두고 집을 나갔던 예수님이 이제 랍비의 모습으로 돌아왔으니 정말 놀라웠을 것입니다. 오늘날로 보면 이과 전공이던 이가 문과로 갑자기 전공을 바꾸고 도시에 가서 무엇인가를 성취하고 금의환향한 격입니다. 말없이 성실하게 한 가정의 가장으로 살림을 꾸려 오던 예수님이 능력 있고 지혜 있고 권세 있게 하나님의 말씀을 선포하는 것에 모두 놀랐습니다.

조르주 드 라 투르의 그림 「성 요셉과 소년 예수」에는, 촛불로 어둠을 밝히며 아버지를 돕는 소년 예수와 허리를 굽혀 묵묵히 목수 일을 하는 요셉의 모습이 그려져 있습니다. 어린 예수가 들고 있는 빛은 그가 이 세상의 빛이라는 사실을 보여 주는 듯합니다. 아들을 바라보는 요셉의 눈빛에는 비장함이 묻어 있습니다. 그가 나무에 구멍을 뚫으며 만들고 있는 것은 다름 아닌 십자가입니다. 예수님의 시선은 어딘가 먼 곳을 향하고 있습니다.

예수님의 지혜와 권능에 내심 놀랐지만 고향 사람들은 애써 태연한 모습을 보입니다. 예수님이 마리아의 아들 목수라는 사실과 함께 동생들의 이름을 나열하며 예수님도 우리와 매한가지 보통사람에 불과하다고 무시하려 합니다. 주님이 그들에게 무엇을 요구하거나 그들 위에 군림하려 하신 것도 아닌데 그들은 주님을 배척하기 시작했습니다.

나사렛 사람들은 자신들이 이미 예수님에 대해 어느 누구보다 잘 알고 있다고 생각했습니다. 그래서 그들은 구경만 하고 믿지는 않았습니다. 더 깊은 의미를 알아보려고도 하지 않았습니다. 특별한 것을 기대하지 않았습니다. 다른 동네에서는 예수님께 병자들을 데려와 고침을 받으려 했지만 나사렛에서는 그런 시도도 없었습니다.

부분적으로 아는 위험

나사렛 사람들의 정보는 어느 정도 정확했습니다. 그러나 사실 이들은 육체로만 예수님을 알았지 하나님의 아들 되신 참 예수님은 알지 못했습니다. 고향 사람들은 예수님을 잘 압니다. 그런데 아는 것이 자신에게 도움이 되지 않습니다. 아는 것이 병이 될 때가 있습니다. 왜 아는 것이 유익이 되지 못하고 오히려 병이 될까요? 부분적으로 알면서 전체를 아는 것으로 착각하기 때문입니다.

선입견이나 편견은 새로운 것을 받아들이는 데 장애가 되는 경우가 많습니다. 많은 사람들이 예수님을 안다고, 성경에 대하여 안다고 생각합니다. 하지만 실상 그들은 육체대로 세상적으로 예수님을 이해했을 뿐이지, 신앙상의 예수, 생명의 말씀에 대해서는 문외한인 것을 종종 보게 됩니다. 이것은 참 본질을 모르는 것이므로 사실 모르는 것입니다.

예수님은 마리아의 아들이었습니다. 그러나 그분은 그 이상이십니다. 예수님은 나사렛의 가난한 목수였습니다. 그러나 그분은 그 이상이십니다. 그분은 성령으로 잉태하여 우리의 구원을 위하여 오신 하나님의 아들이십니다. 예수님이 누구신가에 대한 탐구에서 고향 사람들은 '요셉의 아들'에서 한 발자국도 더 나가지 못합니다. 과거의 틀에 갇혀서 새로운 것을 보지 못한 것입니다. 이것은 과거의 포로입니다.

저는 이런 면에서 답답함을 느낄 때가 많습니다. 가까운 사이일수록 예의를 지키고 격려와 인정과 존중을 보여야 합니다. 자기 자녀, 자기 가족이 귀한 줄을 모르면서 어떻게 남을 위하겠습니까?

자기가 다니는 교회를 귀하게 여기고 소개할 수 있어야 합니다. 그렇지 못하면 가장 가까운 사람들이 가장 먼 사람이 됩니다. 우리 안에 소중한 것이 있고, 우리 교회 교인들 가운데 귀한 분들이 있는데, 그만한 가치를 부여하지 않을 때가 너무 많습니다. 한번 나가서 찾아보세요. 이렇게 좋은 분들이 어디에 또 있습니까? 안다는 이유로, 내부에 있다는 이유로 역차별을 하는 경우가 많습니다. 열린 마음이 중요합니다. 새로운 가능성을 볼 수 있는 눈이 필요합니다. '나는 당신을 기대합니다.' '나는 언제나 당신에 대한 나의 생각을 바꿀 준비가 되어 있습니다.' '당신은 변화될 수 있습니다.'

진리를 향해 열린 마음

이런 면에서 인식론적인 환대가 중요합니다. 마음으로 대접을 하는 것입니다. 진리를 향하여 열린 마음을 갖는 것입니다. 마음을 열면 새로운 기회, 새로운 관계, 새로운 인식, 새로운 역사가 시작됩니다.

나다나엘이 그런 사람이었습니다. 그도 예수님에 대해 처음 들었을 때는 편견을 보였습니다. "나사렛에서 무슨 선한 것이 날 수 있느냐?" (요 1:46). 그러나 그가 빌립의 말을 듣고 예수님께 나아갔습니다. 그리고 예수님을 만나 대화를 나눈 다음에는 새로운 고백을 하게 됩니다. "랍비여, 당신은 하나님의 아들이시요 당신은 이스라엘의 임금이로소이다"(요 1:49).

이것이 진실한 구도자의 태도입니다. 이전에 예수님에 대해 어떻게 생각했느냐는 문제가 아닙니다. 이제라도 마음문을 열고 예수님의 말씀과 행동을 보고 잘못 알았던 것이 있으면 고쳐야 합니다.

예수님은 하나님 나라를 건설하는 영적인 목수이셨습니다. 모든 선과 악을 재고, 구부러진 것을 똑바로 펴게 하는 심판의 자와 먹줄, 우리의 감정과 욕망을 억제하는 원을 그리는 컴퍼스, 툭 삐져나와 쓸모없는 곁가지들을 잘라내는 도끼, 진리를 깊이 박아 전체의 일부가 되게 하는 쇠망치, 울퉁불퉁하여 거칠고 고르지 않은 인격을 매끈하게 다듬는 대패, 주인이 원하는 모양으로 아름답게 만들기 위한 톱과 끌을 사용하여, 그분은 망가진 가구들을 수리하는 것처럼 상처받은 영혼들을 고치시고 집을 짓듯 천국을 건설하시는 영적 목수이셨습니다.

하나님이 돌보시는 사람

자신을 배척하는 동네 사람들을 보면서 예수님은 어떤 마음이 드셨을까요? 섭섭함이었을까요? 가버나움 사람들은 예수님이 그곳을 떠나시지 못하게 붙잡았습니다. 그런데 고향 사람들은 전혀 그렇지 않았습니다. 외경에 보면 "예언자는 고향에서 대접받지 못하고, 의사는 아는 사람을 고치지 못한다"(도마 31)는 말이 나옵니다. 너무 친숙하다 보니 그를 믿지 않고 신뢰하지 않는다는 말입니다. "의사여 너 자신을 고치라"는 말이 그것을 보여 줍니다. 결국 예수님은 선지자가 자기 고향에서는 환영받지 못함을 말씀하시면서 참 선지자가 겪었던 슬픔을 공감하고 있음을 드러내십니다.

예수님을 향한 고향 사람들의 태도는 머지않은 장래에 유대인의 태도가 될 것입니다. 유대인들은 자기의 왕을 알아보지 못하고 배척하게 될 것입니다. 누가의 후속작인 사도행전은 이 불편한 진실을 드러내고 있습니다. 왕이 자기 땅에 와서 구원하려 했지만 자기 백성은 그를 알지도 못하고 그를 영접하지도 않는다는 것입니다. 결국 하나님의 구원의 선물은 이방인을 향하게 될 것입니다.

구약에도 하나님의 선민에게 보내심을 받은 선지자가 유다의 경계를 넘어 이방 땅으로 들어가서 그곳에서 이방인에게 은혜를 끼친 이야기가 있습니다.

엘리야 시대에 극심한 흉년이 있었는데 이스라엘에 수많은 과부가 있었지만 불신앙으로 한 과부도 구원받지 못하고 오히려 이방 여자 사렙다 과부만 믿음으로 구원을 받았습니다. 엘리사 시대에 수많은 한센병환자가 이스라엘에 있었지만 그들의 불신앙 때문에 고침 받지 못하고 오히려 이방 사람 나아만이 믿음으로 고침을 받았습니다. 지금도 이스라엘은 예수님을 믿지 않고 유대교로 남아 있고, 저들에게 이방인인 우리는 믿음으로 그리스도인이 되었습니다.

하나님은 어느 민족에 속한 사람인지를 따지지 않고 그분을 경외하고 사랑하는 자를 돌보십니다. 자신의 선지자를 그런 사람에게 보내십니다.

엘리야가 그릿 시내에서 유대를 지나 이방 땅인 북쪽 사르밧(현재의 레바논)까지 갈 때 얼마나 큰 기대를 하고 갔겠습니까? 하나님이 그 먼 길을 보내실 때는, 그릿 시내에서 삼 년 반 동안 고생한 엘리야를 위

추락산(좌)과 추락산 정상(우) | 누가는 회당에서 예수님의 설교를 듣고 격분한 나사렛 사람들이 예수님을 밀쳐 떨어뜨려 죽이려 한 낭떠러지를 언급하고 있다. "그 동네가 건설된 산 낭떠러지"(눅 4:29). 많은 사람들이 나사렛에서 남쪽으로 2킬로미터 지점에 있는 추락산(Mount of Precipice)을 그곳이라고 추정한다. 혹은 '도약산'(Mount of Leap)이라고 한다.

로하려고 믿음도 좋고 먹을 것도 풍부한 집으로 보내실 것이라는 기대가 왜 없었겠습니까? 그런데 사르밧에서 만난 과부는 너무나 가난해서 남은 양식을 그날 먹고 죽을 수밖에 없는 처지였습니다. 유대의 어떤 사람도 그 과부보다는 형편이 나았을 텐데, 굳이 그 멀리까지 엘리야를 보내신 까닭은 무엇이었을까요?

유대에 그만한 믿음이 있는 사람이 없었기 때문입니다. 또 한편으로 그 과부의 믿음과 기도가 엘리야를 그곳까지 인도했습니다. 그녀의 기도가 엘리야를 끌어당긴 것입니다. 결국 엘리야의 필요는 그 과부를 통해 채워지고, 과부의 필요는 엘리야를 통해 채워집니다. 엘리야의 기도와 과부의 기도가 서로 만난 것입니다. 하나님은 이렇게 기도의 짝을 맞추십니다. 가깝다는 것이 유리하기는 하지만 그것을 감사하게 활용하지 않으면 은혜를 못 받습니다.

엘리사의 경우도 마찬가지입니다. 이스라엘에도 많은 한센병환자가 있었지만 치유를 받은 것은 수리아(아람) 군대장관 나아만뿐입니다. 더욱이 아람은 이스라엘과 적대 관계에 있던 이방 나라였습니다. 두 사건은 선지자와 이방인이라는 공통점이 있습니다.

사도 바울은 사역 초기에 민족을 향한 열정과 사랑으로 복음을 전했지만 그들의 불신이 명확해지자, 복음을 들고 직접 이방인에게로 나아가겠다는 선포를 합니다. "그런즉 하나님의 이 구원이 이방인에게로 보내어진 줄 알라 그들은 그것을 들으리라"(행 28:28). 그것이 사도행전의 결말 부분입니다.

예수님을 배척하는 사람들

나사렛 사람들은 예수님이 그들을 겨냥하여 책망하고 있을 뿐만 아니라, 민족의 자존심을 짓밟고 선민의 특권조차 부정한다고 격분하였습니다. 그들은 예수님을 죽이려는 마음을 품고 나사렛이 건설된 낭떠러지로 데려갔지만 그분을 밀쳐 떨어뜨릴 수는 없었습니다. 아직 예수님의 죽음의 때가 오지 않았기 때문입니다.

이렇게 나사렛 사람들은 예수님을 배척했습니다. 하나님의 아들로서 하나님의 은혜와 진리를 가져오셨음에도 모든 사람이 예수님을 환영하고 지지하지는 않았다는 것을 알 수 있습니다. 예수님은 많은 배척을 당하셨습니다. 심지어 예수님은 제자 중 한 사람에 의해서 배신을 당하셨습니다.

이렇게 예수님의 사역에는 환영도 있었으나 배척도 있었습니다. 이러한 사실은 많은 사역자들에게 위로가 됩니다. 주님이 배척당하신 것은 그분의 사역 실패가 아니라 나사렛 배척자들의 실패입니다. "배척한지라"(막 6:3)의 원문은 '그 안에서 걸려 넘어졌다'의 의미입니다. 그들이 넘어진 것입니다.

예수님은 고향 사람들에게 걸림돌이 되셨습니다. 예수님이 디딤돌(stepping stone)이 아니라 걸림돌(stumbling block)이 된 것입니다. 은혜가 도리어 저주가 되었습니다.

우리는 복음을 뿌리고 심을 때 열매까지 거두어 먹으려고 생각하지 말아야 합니다. 세상이 우리의 성공과 실패를 판정해 주지 않습니다. 오직 하나님이 심판하실 것입니다. 정성으로 열심을 다하여 뿌리십시오. 그리고 결과는 하나님께 맡기십시오. 열매를 거두지 못한 것은 실패가 아닙니다. 심지 않은 것이 실패입니다. 예수님은 나사렛에서 배척을 받으셨지만 중단 없이 하나님의 일을 계속하십니다.

불신앙의 공간

다른 복음서를 보면 예수님은 나사렛에서 역사하실 수가 없었다고 합니다. 소수의 병자들에게 안수하여 낫게 하셨을 뿐입니다. 주님이 싫어서 안 하신 것이 아니라 하실 수가 없었습니다. 능력이 없어서가 아닙니다. 하나님께는 불가능이 없습니다. 예수님 역시 하나님의 아들로서 우리가 이미 살펴보았듯이 가는 곳마다 큰 역사를 일으키셨습니다. 그런데 나사렛에서는 역사하실 수가 없었습니다. 무엇이 하나님의 역사에 제동을 걸었습니까? 불신앙입니다.

하나님의 능력이 불신앙의 공간에서는 제한될 수 있습니다. 여기에 믿음과 권능의 관계가 나옵니다. 믿음은 권능과 기적의 선결 조건입니다. 불신앙의 공간에서는 기적이 일어날 수 없습니다. 교회 안에서도 교인들의 불신앙 때문에 하나님의 능력이 제한되거나 늦어집니다.

주님은 우리의 마음문을 거듭거듭 두드리십니다. 하지만 세게 두드리시는 경우는 있지만 결코 문을 부수고 쳐들어오지는 않으십니다. 불신앙의 공간에는 들어오지 않으십니다. 그분을 받아들이지 않는 삶에는 들어가지도 거하지도 않으실 것입니다. 아우구스티누스는 "신앙이란 뚜껑을 벗겨 놓은 그릇과도 같다"고 했습니다. 뚜껑을 닫아 놓은 그릇에는 비가 억수로 온다 해도 물 한 방울 담기지 않습니다.

나사렛 기사를 통해 우리는 예수님의 사명 선언을 보게 됩니다. 분명한 목표를 가지고 자기 정체성을 명확히 하심으로써 예수님은 좌우로 치우침 없이 하나님의 정도를 걸어가실 수 있었습니다. 이와 같이 우리도 내면의 음성을 듣고 하나님이 우리 각자에게 주시는 사명을 받아야 합니다. 이것이야말로 짧은 인생 동안 우리의 생명을 낭비하지 않고 효율적으로 사용할 수 있는 비결입니다.

권세 많으신 예수님도 고향 땅에서는 인정받지 못하고 배척당하셨습니다. 나사렛 사람들의 물질주의와 불신앙 외에도 교만과 위선과 시기와 미움이 예수님을 배척했습니다.

우리는 예수님을 잘 알고 있다고 생각합니다. 부분적으로 알면서 다 아는 것처럼 생각합니다. 하나님의 사랑, 은혜, 구원, 성령님, 예수님, 성경, 교회 생활을 다 안다고 생각합니다. 익숙함의 편견입니다. 교만과 위선입니다.

우리도 때때로 나사렛 사람처럼 예수님을 배척합니다. 내 지식과 경험, 선입견으로 하나님의 말씀을 차단하고 있습니다. 마음을 열고 귀를 기울이지 않습니다. 매사에 부정적이고 비판적입니다. 마음속에 있는 이런 것들 때문에 예수님을 밀어내고 있는 것입니다. 예수님에 대해서, 말씀에 대하여, 마음의 문을 활짝 열어야 합니다. 그럴 때 우리는 예수님이 가져오시는 천상의 복을 받게 될 것입니다. 예수님으로 인해서 실족하지 아니하고 올바르게 서는 자에게 복이 있습니다.

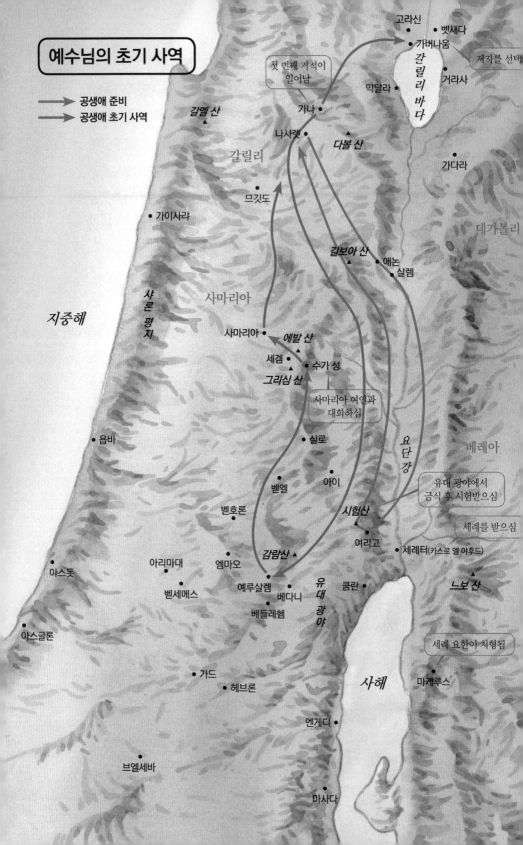

05

가나
Cana

항아리에 물을 채우라
요한복음 2:1-11

어떤 남자가 해외여행을 하고 귀국하는 길에 고급 포도주를 몰래 들여오다가 세관원에게 적발되고 말았습니다. 세관원이 그 남자에게 해명을 요구했습니다. "성지순례를 다녀오는 길인데, 갈릴리에서 생수를 담아 온 것입니다." "생수라구요? 포도주잖아요!" 그러자 남자는 신앙심 가득한 눈빛으로 말했습니다. "맙소사! 그새 예수님이 변화시키셨군요."

옥스퍼드 대학교의 어떤 강좌에서 교수가 다음과 같은 문제를 출제했다고 합니다. "물이 포도주로 변한 영적 의미를 서술하라." 시인 바이런의 답변입니다. "물이 그 주인을 만나자 얼굴이 붉어졌도다."

요한복음에는 모두 일곱 가지 표적이 나오는데, 그 중 첫 번째 표적이 가나의 혼인 잔치에서 예수님이 물을 포도주로 만드신 사건입니

나다나엘 기념 교회   가나 혼인 잔치 기념 교회

다. 성삼위 하나님은 가정과 결혼을 축복하는 분이십니다. 창세기에 보면 여호와 하나님이 사람이 독처하는 것이 좋지 못하다고 아담과 하와를 짝지어 주시는 기사가 나옵니다. 요한복음은 예수님이 가나 혼인 잔치에 참석하여 축복하시고 이적으로 도와주시는 장면을 기록 하고 있습니다. "모든 사람은 결혼을 귀히 여기고 침소를 더럽히지 않 게 하라"(히 13:4).

갈릴리 가나의 혼인 잔치

예수님의 공생애 초기에 갈릴리 가나에서 결혼 잔치가 벌어졌습니다. 가나는 헬라어로 '갈대'라는 뜻입니다. 예수님의 고향 나사렛에서 북 동 방향으로 7킬로미터 정도 떨어진 곳입니다. 예수님의 이적 때문 인지 많은 사람들이 가나 혼인 잔치 교회에서 결혼식을 올리고 싶 어 합니다. 이곳에서 사제의 축복 기도를 받고 싶어 하고, 이미 결혼한 부부도 다시 한 번 여기에서 결혼식을 올리고 싶어 합니다.

'가나 혼인 잔치 기념 교회'를 찾아가다 보면 직전에 이곳 출신 제자인 '나다나엘 기념 교회'를 볼 수 있고, 가나는 예수님이 왕의 신하를 고쳐 주셨던 곳이기도 합니다(요 4:46).

필자가 가나 혼인 잔치 기념 교회에서 교우의 결혼식을 집례하는 장면(2011년 2월)

세례 요한의 세례를 받으신 예수님은 갈릴리의 가나로 오셨습니다. 어머니 마리아도 이미 초대를 받아 도착하였고, 예수님과 초기 제자들도 초청을 받았습니다. 아마도 마리아가 혼주의 가정과 관계 있었던 것으로 보입니다. 그렇다면 예수님도 초대를 받을 자격이 있었을 것입니다. 이유가 어찌 되었든 예수님을 초대한 것은 잘한 일이었습니다. 예수님으로 인해 곤경을 벗어나고 오히려 더 복된 잔치를 벌일 수 있게 되었기 때문입니다.

이와 같이 우리 삶에 예수님을 초대하는 일은 복된 일입니다. 가정에, 잔치에 예수님을 초대하세요. 예수님이 개입하시면 수지맞게 되어 있습니다. 초대 받아 오신 예수님은 그들의 문제를 해결해 주셨고, 칭찬도 받게 하셨습니다. 그러나 어디까지나 혼인 잔치의 주인공은 신랑 신부입니다. 아마 마리아는 잔치 준비를 도와주고 있었고, 예수님과 제자들은 잔치 당일에 도착했을 것입니다.

기쁨과 즐거움을 주시는 하나님

성경에서는 하나님 나라를 소개하면서 혼인 잔치 또는 즐거운 잔치로 말하고 있습니다. 잔치에 가면 음식이 있고, 음악이 있고, 기쁨이 있고, 흥이 납니다. 이처럼 신앙생활은 즐겁고 풍요로운 잔치와 같습니다. 신앙생활은 잔치하는 생활입니다.

특히 요한복음은 혼인 잔치로 시작하여 부활하신 예수님과 제자들이 함께 식사하는 것으로 끝납니다. 하나님은 우리에게 순전한 즐거움을 주십니다. 교회가 건전한 놀이 문화를 만들어야 합니다. 그렇지 못하면 사이비 쾌락이 판칩니다. 제임스 휴스턴은 "하나님과 가까이 동행하는 그리스도인들에게 삶이란 축제와 같다"고 말했습니다.

C. S. 루이스의 『스크루테이프의 편지』에서, 스크루테이프는 부하 귀신에게 이렇게 말합니다. "건강하고 정상적인 쾌락, 참된 만족을 주는 쾌락을 상대할 때 우리가 적진인 하나님의 땅에 서 있다는 사실을 잊어서는 안 된다. 물론 우리는 쾌락으로 많은 영혼을 무너뜨렸지만 그래도 쾌락은 우리가 만들어낸 것이 아니라 하나님이 만드신 것이다."

쾌락 자체를 혐오하는 염세적인 태도가 참된 경건이라고 생각하는 경도된 견해는 교정되어야 합니다. 쾌락이 잘못된 것이 아니라, 오용되고 남용되는 쾌락이 죄입니다. 기쁨과 즐거움은 결코 정죄 받을 일이 아닙니다.

주께서 생명의 길을 내게 보이시리니 주의 앞에는 충만한 기쁨이 있고 주의 오른쪽에는 영원한 즐거움이 있나이다(시 16:11)

누구에게 요청할 것인가?

그런데 문제가 생겼습니다. 잔치가 한창인데 포도주가 떨어진 것입니다. 이것은 상식적으로 이해가 되지 않는 일입니다. 중동에서는 결혼 잔치가 대략 일주일 이상 계속되는 마을 축제였기 때문에 음식을 풍성하게 준비하는 습관이 있었고, 포도주는 가장 중요한 음식 가운데 하나였습니다. 제한된 인원만이 초대를 받는 결혼 잔치라 음식이 부족할 이유가 없습니다. 물론 드물지만 예상 밖으로 손님이 많이 왔거나 그 집안이 가난해서 풍성하게 준비하지 못한 상황일 수도 있습니다.

저도 성금요일 성찬식을 진행하다가 신자들이 예상보다 많이 오는 바람에 떡이 부족하여 당황했던 경험이 있습니다. 정말 등골이 오싹했습니다. 혼인 잔치를 하다가 음식의 알맹이가 빠지게 되니 너무 당혹스러웠을 것입니다. 혼인 잔치의 위기입니다. 손님은 많은데 음식이 바닥났습니다. 잔치의 김이 빠집니다. 낭패입니다. 이와 같이 우리 인생에서도 핵심이 빠져버릴 때가 있습니다. 우리가 준비한 것이 한계를 드러낼 때가 있습니다. 이런 문제가 발생했을 때 누구를 찾아갑니까? 오직 예수님밖에 없습니다.

급한 나머지 마리아가 나서게 되었습니다. 예수님께 가서 "저들에게 포도주가 없다"고 전한 것입니다. 이는 단순히 정보의 전달이 아니라 요청으로 읽어야 합니다. 마리아에게는 예수님이라면 분명 해결할 수 있을 것이라는 믿음이 있었기 때문입니다. 마리아는 아들을 믿었습니다.

그런데 예수님은 "나와 무슨 상관이 있나이까 내 때가 아직 이르지 아니하였나이다"(4절)라고 냉담한 반응을 보이십니다. 마리아는 예수님과 논쟁을 벌이지 않습니다. 대신 마리아는 하인들에게 말합니다. 그들에게 포도주를 만드는 구체적인 방법을 제시하는 것이 아닙니다. 무슨 계획이 있는 것도 아닙니다. 그냥 하인들에게 예수님이 시키시는 대로 순종하라고 당부합니다.

> 너희에게 무슨 말씀을 하시든지 그대로 하라(요 2:5)

더 큰 믿음을 찾으시는 예수님

마리아는 예수님의 말씀에 실망하지 않고 하인들에게 예수님이 무엇을 말씀하시든지 순종하라고 하였습니다. 상식적으로 이해가 되지 않더라도 순종하라는 뜻입니다. 마리아는 예수님의 말씀에 더 큰 믿음과 순종으로 응답하였습니다. 예수님의 말씀은 겉보기에는 거절로 보이지만 실상 거절이 아닙니다.

수로보니게 여인에게 "자녀의 떡을 취하여 개들에게 던짐이 마땅하지 아니하니라"고 말씀하셨던 것과 같습니다. 이는 그 여인의 믿음을 보고자 하신 말씀이었습니다. 거절이 아니라 더 큰 믿음을 요구하시는 것입니다. 예수님께 더 강한 믿음을 보이십시오.

여기서 '관계'와 '때'라는 말씀도 중요합니다. "여자여, 나와 무슨 상관이 있나이까? 내 때가 아직 이르지 아니하였나이다." 예수님의 말씀을 액면 그대로 받아들이자면, 하나님의 역사가 일어나기 위해서는 하나님과 우리, 예수님과 우리가 선한 관계 안에 있어야 하고, 또한 때가 맞아야 한다는 것입니다. 관계가 선결 조건입니다. 친밀한 관계, 믿음과 순종의 관계를 맺어야 합니다. 하나님의 '때'도 필수적입니다.

하나님의 때에 역사가 일어납니다.

그런데 가나의 혼인 잔치에서는 아직 때가 이르지 못했지만 하나님의 역사를 맛보게 하셨습니다. 그 '때'가 아직 아니지만 마리아의 간청 때문이었습니다. 천국잔치를 앞당겨 맛보는 것입니다. 마리아의 믿음 때문에 예수님의 일정이 앞당겨집니다. 하나님의 일정을 좀 앞당기고 싶으십니까? 마리아처럼 하십시오. 하인들처럼 하십시오.

이적을 얻는 비밀

어머니 마리아의 간청, 하인들의 기대하는 눈빛이 결국 예수님을 움직이게 했습니다.

> 상전의 손을 바라보는 종들의 눈같이, 여주인의 손을 바라보는 여종의 눈같이 우리의 눈이 여호와 우리 하나님을 바라보며 우리에게 은혜 베풀어 주시기를 기다리나이다(시 123:2)

예수님은 유대인의 정결 예식을 위해 놓여 있던 돌항아리 여섯에 물을 채우라고 하인들에게 명하십니다. 하인들은 예수님의 말씀에 순종합니다. 모든 항아리의 아귀까지 물이 차자 예수님이 다시 "이제는 떠서 연회장에게 갖다 주라"(8절)고 명하십니다. 역시 하인들은 순종합니다. 여기 이적의 비밀이 있습니다. 그것은 순종입니다. 예수님의 말씀에 그대로 순종하는 것입니다.

가나 혼인 잔치는 순종의 이적입니다. 포도주가 떨어진 것은 하인들도 아는 바요, 그것을 해결하기 위해서 마리아가 나섰다는 것도 알고 있습니다. 하지만 항아리에 채운 물을 떠다 주라니요? 물을 요청한 것도 아닌데 왜 물을 떠다 주겠습니까? '왜 물을 떠다 주느냐?', '왜 시키지도 않은 일을 하느냐?'고 지청구를 들을 일입니다. 하지만 하인들은 전혀 개의치 않고 예수님의 말씀에 순종했습니다. 이것이 하나님의 역사를 맛본 원동력입니다. 단순한 믿음과 순전한 순종입니다.

존 비비어는 "하나님 나라는 왕국이지 민주주의 국가가 아니다"라고 했습니다. 하나님 나라는 왕과 왕의 뜻이 다스리는 곳입니다. 개개인의 의견과 다수결로 유지되는 나라가 아닙니다. 민주주의에서는 자신의 의견을 주장하는 것이 중요하지만, 하나님의 나라에서는 순종이 핵심입니다.

인류 최초의 죄는 무엇입니까? 간음? 살인? 도둑질? 우상숭배? 아닙니다. 불순종입니다. 불순종이 모든 죄를 낳는 씨앗이 되었습니다. 아담과 하와가 하나님의 말씀에 불순종한 것입니다. 선악과 자체의 문제가 아니라 말씀에 대한 불순종이 원죄의 본체입니다. 이스라엘이 젖과 꿀이 흐르는 땅을 지척에 두고도 들어가지 못하고 광야에서 사십 년 동안 방황한 것도 불순종 때문이었습니다.

그래서 로마서에서는 구원의 개요를 아담의 불순종과 예수님의 순종이라는 대결 구도로 설명합니다.

한 사람이 순종하지 아니함으로 많은 사람이 죄인 된 것 같이 한 사람이 순종하심으로 많은 사람이 의인이 되리라(롬 5:19)

믿음과 순종

순종은 믿음의 결과입니다. 믿음은 순종으로 표현됩니다. 순종은 믿음으로 통합니다. 믿음과 순종은 불가분의 관계입니다. 말씀을 믿기 때문에 순종합니다. 나아만 장군이 한센병에서 치유를 받은 것은 엘리사 선지자의 말에 순종했기 때문입니다. 물론 지혜롭고 현명하고 충성스러운 부하들이 순종하라고 조언을 해주었지만 말입니다. 사렙다 과부의 양식이 떨어지지 않은 것은 엘리야 선지자의 말대로 먼저 떡을 만들어 하나님의 사자를 대접했기 때문입니다. "먼저 나를 위하여 떡을 만들라!"

베드로가 밤이 새도록 고기를 잡지 못하다가 그물이 찢어지고 배가 가라앉을 정도로 많은 물고기를 잡게 된 것은 "말씀에 의지하여 그물을 내렸기" 때문입니다. 백부장의 종이 치유 받은 것은 백부장의 절대적 믿음과 순종 때문이었습니다. "내 아래에도 군사가 있으니 이더러 가라 하면 가고 오라 하면 오고, 내 종더러 하라 하면 하나이다"(마 8:9).

순종의 크기와 기대의 크기

하인들은 예수님의 말씀에 순종하여 그들이 방금 전에 항아리에 채운 '바로 그 물'을 떠서 연회장에게 갖다 주었습니다. 그 물을 받아 마신 연회장의 얼굴에 갑자기 희색이 돌기 시작합니다. 그러고는 신랑을 불러 칭찬을 아끼지 않습니다. 물이 포도주로 바뀐 것입니다. 주일학교 학생들이 많이 부르는 노래 중에 "예수님이 말씀하시니"라는 노래가 있습니다.

1. 예수님이 말씀하시니 물이 변하여 포도주 됐네(×2)

   (후렴) 예수님 예수님 나에게도 말씀하셔서

   새롭게 새롭게 변화시켜 주소서.
2. 예수님이 말씀하시니 바디매오가 눈을 떴다네(×2)
3. 예수님이 말씀하시니 죽은 나사로가 살아났다네(×2)
4. 예수님이 말씀하시니 거친 바다가 잠잠해졌네(×2)

　　예수님은 권세가 무한하고 전능한 분이십니다. 물로 포도주가 되게 하시고, 눈먼 소경의 눈을 뜨게 하시고, 죽은 자를 살리시며, 거친 바다도 잠잠하게 하십니다. 사람, 질병, 귀신, 자연, 그 어떤 대상에 대해서도 절대적인 권세를 가지고 변화시킬 수 있는 권능의 주님이십니다.

　　우리 인간은 작은 일을 하지만 주님은 그것을 통해 큰 기적과 변화를 이루십니다. 하인들은 물을 준비했을 뿐인데 포도주가 되고, 우리는 기도해 주었을 뿐인데 병에서 치유가 되고, 손을 잡아 주었을 뿐인데 힘을 얻고, 그냥 들어주었을 뿐인데 마음이 풀리고, 같이 눈물을 흘렸을 뿐인데 새사람이 되었습니다. 우리의 진심어린 순종이 하나님의 능력으로 어떤 변화를 만들지는 아무도 모릅니다.

　　순종의 크기, 준비한 것의 크기가 하나님이 역사하시는 크기가 됩니다. 하인들은 예수님의 말씀에 따라 항아리에 물을 채우되 아귀까지 채웠습니다. 넘치도록 가득 채운 것입니다. 그날 얻게 된 포도주의 양은 그들이 갖다 부은 물의 양만큼입니다.

　　누구든지 준비한 만큼, 순종한 만큼 받게 됩니다. 많이 준비하면 많이 받고, 많이 순종하면 많이 받습니다. 엘리사가 선지자 생도의

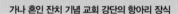
가나 혼인 잔치 기념 교회 강단의 항아리 장식　　당시의 것으로 추정되는 돌항아리

과부에게 "그릇을 빌리라"고 했을 때에도 빌려온 그릇이 다 차자 기름이 그쳤습니다. 하나님을 향한 기대의 크기가 관건입니다. 우리는 하나님을 향해 마음과 입을 넓게 열어야 합니다. 그러면 하나님이 풍성하게 채워 주십니다.

변화의 이적

예수님이 항아리의 물을 포도주로 변화시키신 것은 구약을 신약으로 변화시킨 권능이기도 합니다. 항아리 여섯 개는 유대인의 율법을 상징합니다. 게다가 돌로 만들어져서 광야에서 모세가 반석을 쳐서 물이 나오게 한 것을 연상하게 합니다. 그 항아리는 정결예식 곧 식사 전후에 손과 발을 씻기 위해 물을 받아 두는 것입니다. 하지만 이것으로는 외적인 더러움을 씻을 뿐입니다.

주님은 그것을 포도주로 바꾸셨습니다. 포도주는 곧 예수님과 예수님의 보혈을 상징합니다. 그 포도주는 우리의 영혼과 양심을 깨끗하게 해줍니다. 예수님은 우리 내면의 죄를 씻기십니다. 포도주는 유대교의 옛 방식을 뛰어넘는 예수 그리스도의 새 언약입니다. 예수님은 율법을 복음으로 변화시켜 주셨습니다.

그러므로 가나 혼인 잔치는 변화의 이적입니다. 우리는 '변화'라는 것에 주목하여 이 표적을 보아야 합니다. 이 변화는 전적이며 놀라운 것입니다. 가치 없는 것에서 가치 있는 것으로의 질적인 변화입니다. 이 변화에는 하나님이 역사하신 것만이 아니라 마리아의 기도, 하인들의 순종, 예수님의 말씀이 함께 있었습니다. 한마디로 신인합동(神人合同)의 역사입니다. 그리고 사람들이 준비하고 기대했던 것보다 훨씬 뛰어난 것을 주셨습니다.

예수님은 우리의 실망을 기쁨으로 바꾸십니다.
예수님은 맹물 같은 우리를 값진 포도주로 바꾸십니다.
예수님은 텅 빈 우리의 삶을 풍성한 것으로 바꾸십니다.
예수님은 실패를 승리로 바꾸십니다.

'어느 순간에 물이 포도주로 변했을까?'를 생각해 보았습니다. '항아리에 물을 부었을 때? 물이 통에 있을 때? 물을 떠서 연회장에게 가져다 줄 때? 아니면 마실 때?' 언제라고 생각하십니까? 저도 모릅니다. 그러나 언제인지는 모르지만 변화는 분명합니다. 변화는 우리가 알지 못하는 사이에도 일어납니다.

하인들이 떠다 준 포도주를 맛보고는 연회장이 놀라 감탄합니다. 하지만 그 포도주가 어디서 왔는지 몰랐습니다.

연회장이 물로 된 포도주를 맛보고도 어디서 났는지 알지 못하되 물 떠온 하인들은 알더라(9절)

연회장이 모르는 것을 하인들은 알고 있습니다. 연회장도 모르는 것을 어떻게 하인들이 알겠습니까? 하인들이 그 지시를 받고 일을 했기 때문입니다.

순종하는 사람만이 그 비밀을 압니다. 하인들은 말씀의 현장에 있었고, 예수님께 순종을 하였기 때문에 압니다. 직접 몸을 움직여 일한 사람만이 압니다. 예수님과 마리아 그리고 하인, 이들만 그 신기한 포도주의 내력을 압니다. 이것은 변화와 축복의 이야기입니다. 여기에는 예수님의 인간적인 면모가 드러나 있습니다. 어머니와 결혼하는 가정에 대한 배려, 더하여 하나님의 유머가 들어가 있습니다.

예수님이 제공하신 포도주는 과연 어느 정도 수준이었을까요? 잔치를 준비한 사람도 나름대로 최고의 포도주를 제공했지만 예수님이 나중에 주신 것보다는 못했습니다. 질적으로도 떨어지고, 양적으로도 한정되었습니다. 그러나 예수님이 나중에 주신 것은 질적으로나 양적으로 탁월했습니다. 이와 같이 예수님이 개입하시면 빛깔, 맛, 향기, 가치가 올라갑니다.

종종 신문을 보면 술집에서 물을 섞은 가짜 양주를 팔았다는 기사가 나옵니다. 처음에는 진품을 내놓다가, 손님이 취한 후에는 가짜 양주를 내놓고 바가지를 씌웁니다. 실제로 결혼 잔치에서도 초반에는 좋은 포도주를 내놓다가 하객들이 취하여 미각과 후각이 떨어지게 되면 그때 질 낮은 술을 내놓곤 한다고 연회장도 실토했습니다. 이것은 인간 사회에서 다반사로 일어나는 일입니다.

그런데 예수님의 이적은 반대입니다. 술을 거나하게 마신 사람들이 마시고도 '좋은 포도주'라고 느낄 정도라면 그 참맛은 과연 얼마나 탁월하겠습니까? 예수님의 개입으로 인해, 가나의 혼인 잔치는 점점 더 좋아지게 되었습니다. 처음 것보다 나중 것이 더 좋습니다. 좋은 친구, 좋은 아내, 좋은 배우자가 시간이 지날수록 더 좋아지듯이 말입니다.

반면, 귀신의 역사는 점점 나빠집니다. 돌아온 귀신 이야기가 이것을 입증합니다. 자신이 돌아올 뿐 아니라 더 악한 귀신 일곱을 데리고 들어와 그 사람의 형편을 처음보다 더 나빠지게 합니다. 사탄은 자기가 줄 수 있는 최고의 것을 먼저 주고 나중에는 형편없이 만듭니다. 용두사미가 되게 합니다. 속이고 취한 음식을 먹는 것과 같습니다. "속이고 취한 음식물은 사람에게 맛이 좋은 듯하나 후에는 그의 입에 모래가 가득하게 되리라"(잠 20:17). 죄악도 마찬가지입니다. 처음은 좋은데 나중은 참담합니다. 죄악의 낙은 잠시뿐입니다(히 11:25). 점차 수렁에 빠져 죽음에 이르게 합니다.

사탄이 주는 최고의 달콤함은 처음뿐입니다. 그것은 점점 더 쓰게 변합니다. 인생도 마찬가지입니다. 하나님을 알지 못하는 인생은 경이로움으로 시작하여 비전과 열정을 불태운다 해도 중년에 지치기 시작하고, 점점 약해지고 허무해지고 고통스럽게 쓸쓸한 황혼을 맞이하게 됩니다.

그러나 예수님과 함께하면 점점 더 나아집니다. 나중이 더 좋습니다. 마지막에는 놀라운 천국으로 갑니다. 신앙생활은 잔치하는 생활이며 날마다 더 나아지는 생활입니다. 예수님이 나다나엘에게 "이보다 더 큰 일을 보리라"(요 1:50)고 예고하신 대로입니다.

놀라운 포도주를 맛본 연회장은 즉시 신랑을 불러 극찬합니다. 최상의 포도주를 이제야 내놓는다고 말입니다. 신랑은 이유도 모른 채 칭찬을 받았고, 연회는 큰 기쁨이 충만해졌습니다. 신랑신부의 기쁨, 하객들의 기쁨, 그것을 보는 마리아의 기쁨, 예수님의 기쁨이 충만했습니다. 예수님이 이적을 베푸셨으나 칭찬은 신랑이 다 받았습니다. 자칫 큰 혼란과 낭패로 끝날 잔치가 큰 기쁨으로 마무리되었습니다.

주님을 만나 온전히 변화되는 삶

예수님은 사람들을 풍요롭게 하기 위해서 자신은 가난하게 사셨습니다. 마리아가 예루살렘 성전에 가서 산모 정결 의식을 행할 때 가난한 자를 위한 특별 규정에 따라 비둘기 두 마리를 번제물과 속죄제물로 삼았는데, 이는 예수님의 가정이 가난했음을 보여 줍니다.

혼인 잔치에서 마리아는 몸으로 봉사했고, 예수님은 포도주로 부조를 하신 셈입니다. 어쨌든 예수님은 혼인을 귀하게 여기시고 맨 처음 표적으로 축복하셨습니다. 가나의 혼인 잔치는 "그의 영광을 나타내시매 제자들이 그를 믿으니라"(11절)는 말로 결론을 맺고 있습니다.

표적은 물질적으로 도와주고, 육체적으로 회복시켜 줄 뿐만 아니라, 하나님의 영광을 드러내어 다른 사람들로 하여금 믿음을 갖게 하는 수단이 됩니다. 이 이적을 본 제자들도 예수님을 믿게 되었습니다. 예수님이 말씀하실 때 물이 변하여 포도주가 된 것처럼, 우리의 인생이 주님을 만나면 온전히 변화됩니다.

유대교에서 혼인 잔치는 종말과 구원을 상징하며 포도주는 종말의 기쁨과 삶의 완성을 의미합니다. 예수님의 오심으로 하나님 나라가

「가나의 혼인 잔치(The Marriage at Cana)」, 1304~1306, 지오토(Giotto di Bondone), 프레스코화, 스크로베니 예배당, 파두아.

동텄고 천국의 혼인 잔치가 시작되었다는 의미입니다. 예수님이 신랑으로 오셨으니 함께 기뻐해야 한다는 것입니다.

초기 르네상스 시대 화가인 지오토의 그림은 다소 거칠게 느껴집니다. 등장 인물들의 얼굴은 동일한 높이에 배치되어 있고, 인물들의 의상과 얼굴도 단순합니다. 해부학적 지식이 없던 지오토의 인물 묘사는 기괴하고 투박하며 우스꽝스럽습니다. 신적 후광(halo)을 지닌 인물이 세 명 보이는데 예수님과 그의 모친 마리아와 요한입니다.

그림 중앙에는 신랑 신부가 있습니다. 그림이 담고 있는 의미의 중심은 오른편의 돌 항아리와 왼쪽의 예수님입니다. 대개 결례용 항아리는 홀이 아니라 다른 방이나 문간방에 놓이지만 한 화폭에 담기 위하여 이렇게 처리했을 것입니다. 돌 항아리는 여섯 개이며, 한 여종이 예수님의 지시를 받고 있고, 다른 여종은 항아리에 물을 채우고 있습니다. 뚱뚱한 연회장은 물로 된 포도주를 맛보고 있습니다.

예수님은 물로 포도주를 만들 수 있는 분이십니다. 개인적으로는 포도주보다 생수를 더 좋아하는 사람이 있을지 모르겠지만, 여기서는 포도주의 신학적 의미를 생각해야 합니다. 밋밋한 우리 인생을 향기 나는 인생으로 바꾸고, 무미건조한 우리 인생을 기쁨과 환희, 완성된 삶으로 바꾸는 것입니다. 예수님의 그 권능과 은혜의 풍성함을 생각해야 합니다. 물론 그분의 십자가 고통과 희생이 있었기에 가능했지만 말입니다. 옛 언약 대신 새 언약을 주시고, 율법의 멍에에서 자유를 주신 예수님, 그분이 구약의 은혜를 능가하는 은혜를 주신 것입니다.

> 율법은 모세로 말미암아 주어진 것이요 은혜와 진리는 예수 그리스도로 말미암아 온 것이라(요 1:17)

예수님은 구약의 은혜를 새롭게 하셨습니다.

베네치아를 대표하는 마지막 화가 베로네세가 그린 「가나의 혼인 잔치」를 살펴보십시오. 이는 아름다운 색체와 수많은 인물이 등장하는 대작으로, 루브르 박물관에 소장된 작품 가운데 가장 큰 그림에 속합니다. 하지만 그 유명한 레오나르도 다빈치의 「모나리자」 맞은편에 걸려 있어서 상대적으로 관심을 적게 받는 작품입니다.

「가나의 혼인 잔치(The Wedding at Cana)」, 1563, 파울로 베로네세(Paolo Veronese), 캔버스에 유채화, 666×990cm, 루브르 박물관, 파리.

이 그림에는 백삼십 명에 달하는 인물이 등장합니다. 원래 베니스에 있는 조르조 마조레(San Giorgio Maggiore) 교회 베네딕트 수도사들의 식당에 걸려 있던 베네치아풍의 그림인데, 나폴레옹이 이태리를 침공했을 때 약탈했다고 합니다(1798년).

흥미롭게도 그림 중앙에 마리아와 예수님이 있습니다. 주위에 제자들이 있고 신랑신부는 왼쪽 맨 끝에 있습니다. 마치 천국 잔치를 보여주는 것 같습니다. 하객들 중에는 베네치아 상류층의 화려한 복장을 한 사람, 이국적인 터번을 쓴 사람, 심지어 동양인도 보입니다. 당시의 실세였던 왕자들, 프란시스 1세, 신성제국의 황제 찰스 5세, 슬레이만 대제 같은 사람들이 그려져 있습니다.

베네치아 화파를 이끄는 대표적인 화가인 베로네세, 티치아노,

틴토레토, 바사노는 음악을 연주하는 4인조 악사로 등장하고 있는데, 화가 베로네세는 흰 옷을 입고 비올라를 연주하는 사람이라고 합니다.

오른쪽에 있는 물통에 물을 붓자 포도주가 되고 그것을 지켜보는 사람이 놀라는 표정을 짓고 있습니다. 예수님 뒤에는 고기를 자르는 모습이 나오는데, 이는 포도주와 함께 예수님의 십자가를 예시하고 있습니다. 예수님의 첫 이적이 포도주를 만드신 것이고, 마지막 만찬에서 포도주를 나누시는 것은 예수님의 보혈을 상징합니다.

갈릴리에서의 사역

지중해

갈멜 산

이스르엘 평원

파루의 아둘람 동굴 산성

예수님의 고향

믈을 포도주로 만드심

나인

나사렛

십포리

가나

다볼 산

변모 하심

갈릴리

막달라 마리아의 고향

막달라

디베랴

엔게디

요단 강

갈릴리 바다

가르침과 교치심

산상수훈을 하신 곳

베드사이다

게네사렛

게네사렛 평원

가버나움

고라신

예수님 사역의 분기지

시몬, 안드레, 요한, 야고보의 태어릴 부르심

무리를 먹이심

벳새다

아르논 강

폭풍을 잔잔하게 하심

거라사

귀신들린 사람을 고치심

호수 위에서 제자들에게 나타나심

06

게네사렛 호수
Lakeside of Gennesaret

네가 사람을 취하리라

누가복음 5:1-11

복음 사역의 시작

이사야 9장에 따르면 갈릴리는 '이방의 갈릴리', '사망의 그늘진 땅'이라고 불립니다. 북왕국 이스라엘의 멸망(주전 722년) 이후 그곳에 이방인들이 들어와 혈통과 종교가 혼합되었습니다. 그런데 이곳이 영화롭게 되며 빛이 비칠 것이라고 이사야는 예언했습니다. 그 예언의 성취로 빛과 생명 되신 예수님이 예루살렘이 아니라 갈릴리에서 복음 사역을 시작하셨습니다! 이방의 땅이자 죽음의 땅이었던 갈릴리가 예수님으로 인하여 영화로운 땅, 세상의 빛이 되었습니다. 예수님 사역 이전에는 유대인들에게조차 생소했던 갈릴리가 예수님 사역 이후에는 예루살렘의 지배층은 물론 세상이 주시하는 곳이 되었습니다.

갈릴리 지역은 팔레스타인의 가장 북쪽에 있는 지방으로, 지중해에서 요단 강까지 동서로 비스듬히 뻗어 있는 넓은 지대입니다. 동쪽 경계는 요단 강과 갈릴리 호수의 서안, 서쪽은 지중해, 남쪽은 이스르엘 평야, 북쪽은 레바논 산맥의 남쪽 지맥을 포함하는 산줄기입니다. 갈릴리 지역은 비교적 비옥해서 갈릴리 호수 주변으로 북동쪽의 벳새다 평원, 북서쪽의 게네사렛 평원, 남쪽의 이스르엘 평원이 펼쳐져 있습니다. 특히 이스르엘 평야는 팔레스타인에서 제일 비옥한 곳으로서, 이곳에서 생산되는 곡물이 각지에 공급되고 있을 정도입니다. 그래서인지 이 평원을 차지하기 위한 전쟁이 역사를 통해 끊이지 않았습니다.

갈릴리 지역의 핵심은 역시 '갈릴리 호수'입니다. 그런데 염수가 아닌 담수가 있는 이곳을 왜 '바다'라고 부르는지 질문하시는 분들이 많습니다. 이것은 히브리어의 어법 때문입니다. 바다로 번역되는 히브리어 '얌'은 많은 양의 물이 모여 있는 곳을 의미합니다. 그래서 지중해, 홍해, 사해, 갈릴리 호수를 구별하지 않고 모두 '바다'라고 부릅니다. 심지어 성전 물두멍도 놋 바다(왕상 7:23)라고 표현하지 않습니까!

갈릴리 바다는 여러 가지 명칭으로 불립니다. 성경에는 네 가지 이름이 언급되어 있습니다. '갈릴리 바다'가 가장 널리 불리는 이름이지만, 구약에는 '긴네렛 바다'라고도 불렸습니다. 갈릴리 호수가 하프 모양을 하고 있어서 히브리어 '키노르'라는 말에서 왔습니다.

'디베랴 바다'라는 이름은 서쪽 해안에 헤롯 안티파스에 의해 건설된 '티베리아스'라는 도시가 있기 때문입니다. '게네사렛 바다'라고 부르는 것도 북서쪽 게네사렛 평원에서 연유된 이름입니다. 게네사렛은 '풍족하다'는 뜻의 '게네'와 '정원'이란 뜻의 '사렛'이 합쳐져 '풍요의 정

갈릴리 호수

원'이란 의미입니다. 이렇게 바다를 둘러싸고 있는 중요한 지역 이름과 연관되어 호명되었습니다.

갈릴리 바다는 남북 21km, 동서 8(좁은곳)-12km(넓은곳), 전체 둘레 55km, 전체 면적 165km² 크기입니다. 해수면은 지중해보다 210m 낮습니다. 수심이 제일 깊은 곳은 49m, 전체 저수량은 45억 6,200만 km³로, 이스라엘 전 국토에 송수관을 타고 물이 전달됩니다. 현재 이스라엘뿐 아니라 요르단에도 물을 공급합니다.

갈릴리 바다는 300m가 넘는 가파른 산지에 둘러싸여 깊은 분지 속의 바다 같은 지형을 이루고 있습니다. 산지의 급경사는 주변에서 불어오는 바람을 갑작스러운 돌풍으로 바꾸기도 해서 평소에는 잔잔

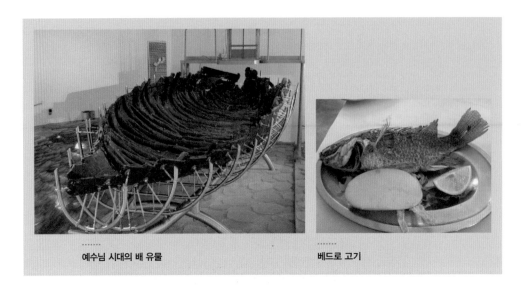

예수님 시대의 배 유물　　　　　　베드로 고기

하다가 풍랑이 일면 노도(怒濤)가 일어나는 무서운 바다가 됩니다.

갈릴리 지역의 평원에서는 농업을 주로 하지만 갈릴리 바다에는 많은 종류의 물고기가 있어서 어업이 성행합니다. 1986년 믹달(막달라) 개펄에서 예수님 당시의 것으로 추정되는 목선이 발견되어 화제를 불러일으킨 적이 있습니다. 참나무로 만들어진 이 배는 길이 8.2m, 너비 2.3m, 높이 1.25m 크기이며, 기노사르 키부츠에 가면 볼 수 있습니다.

예수님 당시 갈릴리 주변에는 50만 명 정도가 살았습니다. 이는 높은 수준의 문명을 지녔던 헬라와 로마 시대의 번영을 보여 줍니다. 지금도 가버나움, 티베리아, 타브가, 고라신, 아르벨, 벳새다, 수시타, 엘하마, 가다라 유적지를 돌아볼 수 있습니다.

요세푸스는 갈릴리 호수에 대해서 이렇게 기록합니다. "갈릴리 호수에는 천연적인 풍부함과 아름다움이 있다. 호수의 물은 맑고 순하며 모두 22종류의 물고기가 살고 있다. 호수 주변에는 각종 과일나무가 자라는데 호두나무, 종려나무, 감람나무, 포도나무, 무화과나무 등이 연중 열 달 동안 열매를 맺고 있다. 갈릴리의 땅은 비옥하여 노는 땅이 없으며 천하의 게으름뱅이라도 이곳에 오면 경작하고 싶은 마음이 들 정도이다."

복음 사역의 중심지

예수님의 사역은 갈릴리 호수를 중심으로 한 주변 지역에서 광범위하게 이루어졌습니다. 갈릴리 바다를 여러 인접한 도시와 마을로 이동하는 통로로 삼으셨습니다. 풍랑을 잠잠하게 하셨던 갈릴리 바다, 갈릴리 사역 본부였던 가버나움, 오병이어의 이적이 있었던 타브가(Tabgha), 돼지떼가 몰사한 쿠르씨(Kursi), 베드로의 신앙고백이 있었던 가이사랴 빌립보, 부활 후 제자들을 만나셨던 디베랴 등 복음서의 명소들이 이곳에 즐비합니다.

예수님 당시 갈릴리 바다에는 항구가 18개였다고 합니다. 제자들 대부분은 갈릴리 출신이었습니다. 베드로, 안드레, 야고보, 요한, 마태 ….

한편, 당시 갈릴리 지역은 어감이 별로 좋지 않은 곳이었습니다. 요세푸스에 의해 열심당의 창시자로 묘사된 유다는 자신을 '갈릴리의 유다'라고 부르고 반란을 일으켰다가 진압되었습니다(주후 6년). 이곳은 반로마, 반헬라 운동의 본산이었습니다. 유대인들에게도 갈릴리는 경멸적인 호칭이었습니다(마 26:69, 요 4:45, 행 1:11). 갈릴리 사람이라는 말은 '바보'라는 의미이기도 했습니다. 그런 곳에서 예수님은 자라셨고, 예수운동을 벌이셨고, 제자들을 택하셨고, 초기 사역을 전개하셨습니다.

누가복음은 특별히 갈릴리 민중의 상황에 관심이 많습니다. 당시 예루살렘과 갈릴리는 많은 면에서 대조를 이루고 있었습니다. 예루살렘은 경제, 정치, 종교, 교육의 중심지로 특권층 사람들이 모여 살던 곳입니다. 갈릴리는 소외된 지역으로 모든 면에서 낙후되었고 유대인 하층민들이 살고 있었습니다. 소작농들, 어부들, 양치기들, 장애인들…. 이들이 모여 있는 곳에서 예수님의 사역이 시작되었다는 것은 특별한 의미가 있습니다.

예수님은 공생애의 대부분을 갈릴리 민중과 함께 보내셨습니다. 예수님의 삼중 사역인 '설교하시고, 가르치시고, 고치시는 사역'은 당시 갈릴리 상황과 무관하지 않습니다. 그들은 종교적, 교육적, 의료적 혜택으로부터 소외된 사람들이었습니다.

예루살렘에서 종교, 정치 지도자들에 의해 고난을 받으신 예수님의 마지막 일주일 수난 사건을 생각해 보십시오. 예수님의 사역에서 갈릴리와 예루살렘은 극명하게 대조되고 있습니다. 부활하신 후 제자들에게 갈릴리에서 만나자고 하신 것은 이런 면에서 특별한 뜻을 가지고 있습니다. 예수님의 사역은 밑바닥부터 시작된 것인데, 갈릴리가 선택된 것도 그런 맥락일 것입니다. 예수님의 마음이 그곳에 있었습니다. 우리도 그렇게 낮은 곳을 향해 내려가야 예수님을 만날 수 있습니다.

삶의 현장으로 찾아오시는 예수님

사람들은 아침 일찍부터 예수님의 말씀을 듣기 위해 게네사렛 호수가에 모여들었습니다. 이때 시몬(베드로)과 동료들은 밤새 고기 한 마리 잡지 못하고 허탈하게 그물을 씻고 있었습니다. 예수님은 설 곳을 찾으시다가 어부의 배를 잠시 빌려, 그 배 위에서 뭍에 앉은 사람들을 향하여 말씀을 가르치셨습니다. 배가 강단이 되고 병풍처럼 둘린 호숫가는 회중석이 된 것입니다.

이렇게 예수님은 일상에서 말씀을 가르치셨습니다. 예수님은 삶의 현장으로 오십니다. 예배와 일이 별개가 아닙니다. 배 위에서 가르치셨으니 마태복음 5장의 산상수훈과 대비되게 선상수훈(船上垂訓)이라고 부를 수도 있을 것입니다. 그런데 유감스럽게도 예수님의 설교 내용이 무엇인지 기록되어 있지 않습니다. 분명 주옥 같은 말씀을 하셨을 텐데…. 잃어버린 복음입니다.

누가는 예수님의 설교 말씀보다 그 이후에 벌어진 일을 소상히 기록하고 있습니다. 그때나 지금이나 우리의 관심은 비슷한 것 같습니다. 말씀보다는 이적에 관심이 많습니다. 예배 후 2부 순서에 관심이 많습니다. 아쉽지만 말씀이 만들어낸 결과를 통해서라도 말씀을 깨달아 알 수 있는 계기가 되었으면 좋겠습니다.

같은 어부, 같은 배, 같은 그물 그러나 다른 결과

물고기가 풍부한 게네사렛 호수, 좋은 배와 그물 그리고 오랜 경험과 숙련된 기술을 가지고 있는 좋은 동료들, 거기에다 열심까지 있으니 실패할 이유가 없습니다. 그런데 밤이 새도록 최선을 다했지만 물고기를 하나도 잡지 못했습니다. 우리는 종종 우리의 최선으로도 실패하는 한계 상황에 부딪힙니다.

요즘 회사 면접에서 "최선을 다하겠다"는 답변은 감동을 못준다고 합니다. 누군들 적당히 눈가림만 하고 싶겠습니까? 문제는 최선을 다

해도 안 된다는 것입니다. 아마 이들은 이제까지는 운이 좋게도 평탄하게 살아왔는지 모릅니다. 그러나 세상에는 내가 통제할 수 없는 변수가 너무 많습니다.

"밤새 일했지만 그물이 텅 비었습니다." 30년 이상 어부로 살아온 시몬이 한계 상황을 만난 것입니다. 건강, 물질, 능력이 한계를 드러내고 박탈감, 무의미성, 불확실성에 사로잡히는 때가 찾아온 것입니다. '그동안 내가 한 일이 무엇인가?' '도대체 내가 갖고 있는 능력이 무엇인가?' '겨우 이것밖에 안 되나?' 자기가 한없이 작아지는 느낌입니다. 애석하게도 오늘날 이런 소리를 주변에서 자주 듣게 됩니다. 결혼생활에서, 인간관계에서, 직장생활에서, 사업에서….

실패 이후에 찾아오는 진정한 성공

그런데 진정한 성공은 실패 이후에 찾아옵니다. 실패의 순간에 성공이 시작됩니다. 이것은 단순히 '좋다'를 넘어 '위대함'으로(from good to great) 갑니다. 실패는 우리의 눈을 열어 보게 하고, 귀를 열어 듣게 합니다. 어려운 순간에 눈이 열려 하나님이 보이고, 귀가 열려 하나님의 말씀이 들립니다. 이것이야말로 실패가 주는 유익입니다.

실패가 원통한 것이 아닙니다. 실패에서 배우지 못하기 때문에 원통하고, 또 다시 똑같은 실패를 반복하기 때문에 원통한 것입니다. 신영복 교수는 "성공은 지위를 높여 주지만, 실패는 그릇을 키워 준다"고 말했습니다. 성공만 하는 인생도 없고, 실패만 하는 인생도 없습니다. 인생은 성공과 실패의 과정을 통하여 만들어지는 것입니다. 있는 것에 감사하고 없는 것은 은혜로 여겨야 하는 이유입니다.

예수님의 부재와 임재

똑같은 호수, 똑같은 배, 똑같은 그물, 똑같은 사람, 똑같은 기술이 엄청나게 다른 결과를 가져왔습니다. 단 한 번의 그물질로 그물이 찢어질 정도로 물고기가 잡혔습니다. 많은 물고기들로 인해 두 배가 물에 잠길 지경이 되었습니다. 무엇이 이렇게 다른 결과를 만들었습니까? 이전과 지금의 차이는 무엇입니까? 두 번의 그물질에는 분명히 다른 점이 있습니다. 무엇이 달랐습니까? 예수님의 부재와 예수님의 임재라는 차이입니다.

우리들이 밤이 새도록 수고하였으되(눅 5:5)

예수님 없이 우리끼리 수고하는 것은 헛된 그물질을 하는 것입니다. 사람들은 하나님께 위로 받기 원하면서도 하나님이 자신의 인생에 개입하시는 것은 원하지 않습니다. 예수님은 실패의 자리에 반드시 오십니다. 실패의 자리에 예수님을 초청해 보십시오. 예수님이 그들과 함께하시자, 이전과는 판이하게 다른 결과가 나왔습니다. 이번에는 예수님을 모시고 나갔기 때문입니다.

만선의 시작점

나의 배에 예수님을 모셔들이는 것, 이것이 만선(滿船)의 시작점입니다. 배는 당신의 인생이며 가정이며 사업입니다. 시몬과 동료들은 예수님을 모시고 물에 나아갔고, 예수님의 지시에 순종했습니다.

예수님은 언제, 어디에서, 어떻게 그물을 내려야 할지를 지시하셨습니다. 목수 예수님이, 물고기 잡을 때도 아닌데, 깊은 곳으로 가서 그

「고기잡이의 기적(The Miraculous Draught of Fishes)」, 1515, 라파엘로(Sanzio Raffaello), 태피스트리, 320×390cm, 빅토리아 앤 앨버트 미술관, 런던.

물을 내리라고 하십니다. 세 가지가 다 이치에 맞지 않습니다.

어부도 아닌 사람이, 대낮이라 물고기도 없을 텐데, 낮은 곳도 아닌 깊은 곳에 가서 그물을 내리라니! 정말 말이 되지 않습니다. 숙련된 어부라면 한 번도 이렇게 해 보지 않았을 것입니다. 그런데 여기에 해답이 있습니다.

정말 일이 잘되지 않을 때는 이제까지 해 보지 않은 방법을 한 번 살펴보아야 합니다. 사방이 벽으로 막혀 있을 때에는 눈을 들어 위를 보아야 합니다. 앞뒤 좌우만 살피지 말고 위를 바라보아야 합니다.

지금 시몬 베드로는 자신들의 경험과 지식과 익숙한 것을 따르다가 벽에 부딪혔습니다. 이때 예수님의 말씀에 의지하여 다시 시도해 보았습니다. 설교를 들었기 때문에 어느 정도 예수님에 대한 믿음이 생겼던 것 같습니다. 물고기 잡는 기존의 방법과는 무관하게 보이는 예수님의 말씀에 따랐을 때 놀라운 결과가 나타났습니다. 베드로에게는 그야말로 패러다임이 바뀌는 경험이었습니다. 역발상입니다. 익숙한 것과의 결별로 새 역사를 체험할 수 있습니다.

하나님의 지시를 받아들이십시오. "깊은 곳에 그물을 던져라." 말씀의 우위성을 인정하십시오. 하나님은 영적인 일이나 교회에서 하는 사역에만 관여하시는 분이 아닙니다. 그분은 호수에서 물고기 잡는 일에도 관여하십니다. 예수님이 함께하시고, 우리가 말씀에 의지하여 행동할 때 놀라운 결과가 나타납니다. 다른 결과를 원하십니까? 예수님을 초대하십시오. 그리고 그분의 말씀에 따라 행동하십시오. 이전에 시도하지 않았던 방법을 한 번 과감하게 도입해 보십시오.

라파엘로는 누가의 기록에 따라 시몬 베드로의 회심 장면을 그리고 있습니다. 왼쪽 배에는 시몬 베드로와 그의 형제 안드레가, 오른쪽 배에는 세베대와 두 아들 야고보와 요한이 타고 있습니다. 그림은 실제의 배보다 작게 그려졌습니다.

"깊은 데로 가서 그물을 내려 고기를 잡으라"는 예수님의 말씀에 따라 그물을 내리자 놀라운 일이 벌어졌습니다. 잡은 고기가 많아 그물이 찢어질 지경이었습니다. 심지어 도와주러 온 배에까지 물고기가 꽉 차서 가라앉기 시작한 것입니다. 라파엘로가 화면의 앞쪽과 위쪽에 새들을 그려 놓은 것은 많은 고기를 잡았음을 보여 주기 위한 장치입니다.

갑자기 베드로가 예수님을 '주'(퀴리오스)라 고백하면서 예수님 앞에 엎드려 죄인인 자신을 떠나 달라고 고백합니다. 신성을 경험한 인간이 보이는 일반적인 현상입니다. 안드레도 깜짝 놀라 주님께 달려오고 있습니다. 한편 오른쪽 배에 탄 세베대와 그의 아들들은 여전히 물고기잡이에 열중하고 있습니다. 라파엘로는 이를 통해 성과 속의 극명한 대비를 보여 주고자 했을 것입니다. 세상적인 것과 거룩한 것의 대비를 보여 주려는 것입니다. 이 그림에 등장하는 네 명(베드로, 안드레, 야고보, 요한)은 예수님의 부르심에 순종하여 모든 것을 버리고 예수님을 따르게 됩니다.

만선보다 귀한 고백

모든 어부는 만선의 꿈을 꾸며 출항합니다. 그들이 생각하는 성공은 물고기를 많이 잡는 것이요, 그들이 생각하는 실패는 물고기를 잡지 못하는 것입니다. 성공과 실패는 곧 세상적인 재물이나 명성과 직결됩니다. 성공했을 때는 세상에서 떵떵거리면서 살고 호의호식하는 것으로 결론이 납니다. 실패하게 되면 패가망신하고 좌절과 절망 가운데 비참하게 살아가게 됩니다. 이것이 바로 세속적이고 통속적인 결말입니다.

하지만 시몬 베드로의 이야기는 두 배가 잠길 만큼 물고기를 많이 잡았다는 놀라운 성공과 그 이후에 잘 먹고 잘 살았다는 통속적인 결말로 끝나지 않습니다. 그러면 흥부전이나 심청전 같은 옛이야기와 다를 바가 없습니다.

'빈 그물이나 채워 주고 그냥 가세요'라고 말하지 마십시오. 그것은 끝이 아닙니다. 예수님께 여기까지만 인도해 달라는 사람들이 있습니다. 그 이상을 원하지는 않습니다. 그런데 여기서 끝나면 기복종교입니다. 기독교는 단순히 더 많은 재물과 건강을 빌어 주는 종교가 아닙니다.

진짜 이야기의 시작

어떤 점에서는 이제부터 진짜 이야기가 시작됩니다. 믿음의 이야기는 실패에서 성공으로, 하지만 궁극적으로는 믿음의 고백으로 나아갑니다. 그리고 고백한 자에게 주님은 사명을 부여하셔서 하나님의 일꾼이 되게 하십니다. 다시 말해 베드로의 이야기는 실패에서 성공으로, 그리고 고백으로, 마지막으로 사명으로 흘러갑니다.

사실 베드로에게 물고기를 잡지 못한 것이 실패가 아닙니다. 죄인된 자신을 알지 못했던 것, 구주이신 주님을 알지 못했던 것이 그의 실패였습니다. 기적적인 고기잡이가 성공이 아니라 자기 자신을 알게 되고, 주님을 알게 된 것이 진정한 성공입니다. 그래서 베드로의 고백은 만선보다 귀합니다.

주여 나를 떠나소서 나는 죄인이로소이다(눅 5:8)

자신이 죄인이라는 사실을 깨닫는 것이 참으로 귀하지만 거기에서 끝나면 절망입니다. 예수님이 주님이시라는 사실을 동시에 깨달아야 소망이 생깁니다. 예수님에 대한 베드로의 인식은 목수에서 선생으로 마침내 주님으로 고백하기에 이르렀습니다.

그런데 가만히 생각해 보세요. 물고기 많이 잡고 이 무슨 뚱딴지 같은 소리입니까? 상식적으로 이런 경우에는 무엇이라고 해야 말이 됩니까? 저 같으면 '50 대 50으로 동업합시다.' 별로 달가워하지 않는 표정이면 좀 더 써서 '당신이 60을 가지세요, 제가 40을 먹을게요' 하고 협상(deal)하려 하지 않았을까요? 아마도 벼락부자의 꿈이 시몬 베드로의 가슴 속에서 꿈틀댔을 것입니다. 하지만 베드로는 자신의 죄성을 고백하고 예수님의 무릎 아래에 엎드렸습니다. 왜 그랬을까요? 저는 이런 것이 궁금합니다.

믿음으로 이끄는 체험

이것은 앞에 들은 설교에 대한 반응입니다. 알고 보면 이 고백은 선상수훈을 듣고 바로 했어야 되는 것인데, 이제 나오는 것입니다. 그때는 완전히 이해하지 못하다가 물고기 잡는 사건을 통하여 깨달음에 도달하게 된 것입니다. '이 될 것 같지 않은 것도 말씀대로 되는 것을 보니, 아까 이야기한 것도 사실이겠구나!' 이런 생각에 도달한 것입니다.

성경 말씀도 다 알아야 믿어지는 것이 아닙니다. 사소한 말씀 한 마디라도 일상에서 체험을 하게 되면, 그 체험이 끄나풀이 되어 믿음으로 인도하는 것입니다. 그러므로 말씀은 실생활에 적용해야 그 능력을 체험하게 됩니다. 체험은 고백을 낳습니다. 예수님이 선상수훈에서 무슨 말씀을 하셨는지 이제 짐작할 수 있게 되었습니다. 예수님은 그들의 죄를 지적하셨을 것이고, 당신이 그 죄를 사할 권세를 가지고 오셨다고 말씀하셨을 것입니다.

그래서 이들은 예수님이 목수의 아들 혹은 훌륭한 선생님 가운데 하나가 아니라, 바로 주님이시라는 것을 깨닫게 됩니다. 바다 밑을 훤히 아시는 주님은 내 마음도 훤히 아시리란 생각이 들었을 것입니다. 그래서 당장에 자신이 죄인임을 고백하게 된 것입니다. 예수님에 대한 참된 깨달음은 만선보다 귀한 수확이었습니다.

사람을 낚는 어부로 부르심

이 고백 이후 베드로는 한층 업그레이드된 삶을 살게 됩니다. 인생의 전환점이 옵니다. 물고기 잡는 삶에서 사람을 취하는 삶으로 말입니다. 물고기를 잡는 생활은 살아있는 물고기를 잡아 죽이지만, 사람을 취하는 생활은 죽어가는 사람을 취하여 살리는 일입니다. 이것이 예수님이 그들을 찾으신 진정한 목적입니다. 그날 잡은 많은 물고기는 예수님이 베드로를 낚기 위해 던지신 미끼에 불과합니다.

죽은 생선을 헤아리는 삶은 당신을 향한 하나님의 뜻이 아닙니다. 어부는 살아있는 물고기를 잡아 죽여서 식탁에 올리지만 사람 낚는 어부는 죽어가는 자들을 건져 생명을 얻게 합니다. 순종할 때, 다른 사람의 배까지 채워 주는 풍요의 복을 받게 됩니다.

이는 앞으로 펼쳐질 새로운 인생의 예고편입니다. 이 부르심이 얼마나 마음을 설레게 했으면 밤새 아니 평생 추구하던 물고기를 비롯하여 직업, 배, 가족까지 버려두고 예수님을 따랐겠습니까?

주님을 따르기 위해 모든 안전장치를 버리게 될 때가 있습니다. 이렇게 모든 것을 걸 만한 일을 우리 모두가 발견했으면 좋겠습니다. 그것이 사명입니다. 인생의 실패도 승리도 다 이것을 위한 것입니다.

실패에서 고백으로, 고백에서 사명으로 옮겨 가는 사이클은 베드로의 일상생활에만 찾아온 것이 아닙니다. 요한복음 21장에는 디베랴 바닷가에서 베드로가 부활하신 예수님을 만나는 마지막 장면이 나옵니다. 이때 베드로는 신앙생활의 실패를 경험하고 있었습니다. 그것도 밤새 물고기를 잡지 못하는 것으로 나타납니다. 예수님은 다시 한 번 풍어의 이적을 통하여, 실패에서 사랑 고백으로, 고백에서 목양 사명으로 이끄십니다.

우리에게도 이 두 가지 사이클이 있습니다. 일상생활의 실패 그리고 신앙생활의 실패입니다. 이것은 자신의 죄에 대한 고백이나 주님에 대한 사랑 고백으로 새로운 시작을 도모할 수 있습니다.

그런데 마치기 전에 비밀 한 가지를 알려드리겠습니다. 실상 기적은 오늘 아침이 아니라 어제 저녁에 일어났습니다. 제 질문에 답해 보세요. 어부가 물고기를 잡는 것이 기적입니까? 밤새 한 마리도 못 잡는 것이 기적입니까? 사람들은 아침에 엄청난 물고기를 잡은 것만 기적이라고 하는데, 사실은 어부들이 밤새 물고기를 하나도 못 잡은 것이 기적입니다.

실패의 기적

성공만 기적이 아닙니다. 실패한 것도 기적입니다. 사실 베드로는 물고기 잡는 맛에 인생이 어떻게 가는지를 모르고 있었습니다. 사람들은 무리를 지어 예수님 말씀을 들으러 다니는데 베드로는 물고기만 잡고 있었습니다. 그대로 두었다간 물고기나 헤아리며 세속적인 일에 파묻혀 평생을 보냈을 것입니다. 예수님은 거들떠보지도 않고 하나님께 돌아오지도 않았을지 모릅니다. 이런 베드로를 보시고 지난밤에 하나님이 개입하신 것입니다.

베드로가 그물을 던질 때 하나님은 밤새 물고기를 쫓고 계셨습니다. 배 위에서도 바빴지만, 물속에서도 바빴습니다. 그러지 않고서야 어떻게 베테랑 어부인 시몬과 그의 동료들이 밤새 한 마리도 못 잡았겠습니까? 물고기의 흐름을 읽고 요한이 신호를 줄 때마다 베드로가 신속히 그물을 내렸지만 하나님은 물고기를 이리저리 순간 이동시키신 것입니다.

이것은 시몬 베드로를 사로잡아 새로운 삶으로 인도하시려는 계획이었습니다. 그렇게 하지 않으셨다면 베드로의 눈에 예수님이 보이고, 그분의 말씀이 들리겠습니까?

우리도 이와 같은 때가 있습니다. 왜 다 잘되다가 최근에 곤두박질을 칩니까? 나만큼 잘하는 사람이 없는데 왜 이 모양입니까? 아직도 모르시겠습니까? 하나님은 우리를 찾아오십니다. 더 나은 삶, 더 풍성하고 복된 삶을 주고자 찾아오십니다. 실패 한가운데로 오십니다. 당신의 고백을 받으시고 당신을 쓰시고자 함입니다.

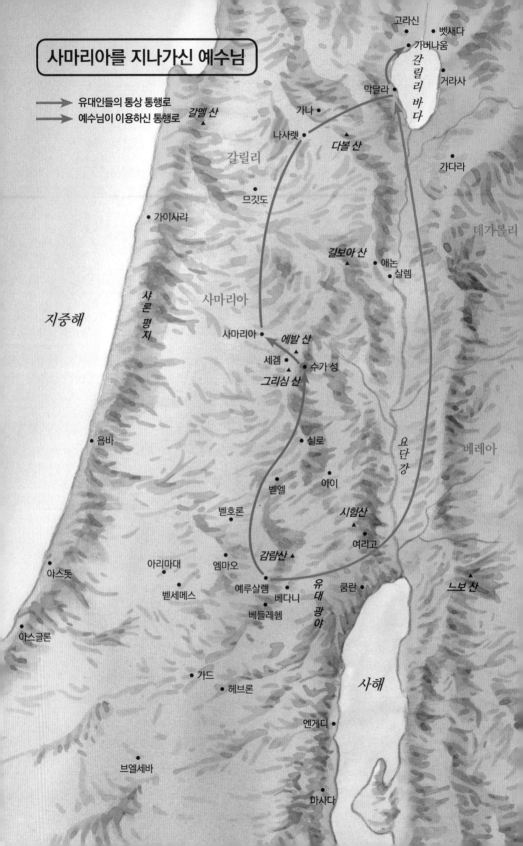

07

사마리아
Samaria

물을 좀 달라
요한복음 4:3-10

복음서에는 지리적 정체성이 분명합니다. 예수님은 주로 갈릴리와 예루살렘을 중심으로 활동하셨고, 사마리아도 가끔 가셨습니다. 사마리아 성읍은 이스라엘 북왕국의 수도였습니다. 오므리 왕(아합 왕의 아버지)은 세멜이라는 사람으로부터 사마리아 산을 사고 그 산 위에 성읍을 건축하였습니다. 이 성읍을 세멜의 이름을 따서 사마리아라고 짓고 디르사로부터 천도했습니다(왕상 16:23-24). 사마리아는 수도였지만 북왕국 이스라엘의 멸망 이후 바벨론과 페르시아 시대에는 지방의 이름이 되었습니다.

사마리아 수가

사마리아 지방의 수가라는 동네에서 벌어진 일입니다. 수가는 그리심 산과 에발 산 기슭에 자리잡고 있는 옛 세겜 근처의 마을입니다. 세겜

사마리아 박물관에서 만난 대제사장

은 아브라함이 갈대아 우르에서 나아와 처음으로 제단을 쌓은 곳이기도 합니다(창 12:6-7). 사마리아 사람들은 아브라함이 이삭을 바친 곳이 예루살렘 모리아가 아니라 그리심 산이라고 주장합니다. 이곳은 모세가 이스라엘 백성에게 복과 저주를 낭독했고(신 11:29-30), 여호수아가 하나님과 언약을 갱신한 장소이기도 합니다(수 8:30-35). 요셉 지파에게 맡겨진 영토의 중심부에 위치하면서, 요셉의 무덤이 있는 곳입니다.

주전 722년 북이스라엘은 앗수르 왕 살만에셀의 공격으로 멸망하고 이스라엘 백성은 포로로 잡혀갔으며, 그 땅에는 다른 민족들이 이주하여 통혼함으로써 인종이 섞이게 되었습니다(왕하 17:3-6, 24). 주전 332년에는 마케도니아의 알렉산더가 다시 이곳을 점령하여 많은 사

그리심 산에서 내려다본 세겜과 맞은편 에발 산

마리아인을 축출하고 자기 국민을 사마리아에 이주시켜 또 한 번 혼
혈이 되어 버렸습니다.

그래서 유대인들은 사마리아를 이방과 동일시하였습니다. 바벨론
에서 귀환하여 예루살렘 성전을 건축할 때도 사마리아인들의 협력을
거절했습니다. 이에 사마리아인들은 앙심을 품고 페르시아 관리에게
뇌물을 주어 예루살렘 성전 건축을 방해하고 그리심 산에 그들만의
성전을 건축하면서 반목은 더욱 심해졌습니다(스 4:1-6).

그리심 산의 성소는 사마리아를 대표하는 곳입니다. 그리심 산 정
상에 가 보니 사마리아 마을이 있고, 현재 700여 명의 사마리아인들
이 살고 있었습니다. 사마리아 사람들은 지금도 4월에 일주일 동안
유월절 제사를 구약 시대와 똑같이 드립니다. 그리심 산에는 제물을

그리심 산 정상에 있는 8각 예배당과 제단

야곱의 우물이 있는 수가 성 기념 교회

잡는 곳과 번제단이 있습니다. 지난번 이스라엘 방문에서는 사마리아의 대제사장을 만나 그들이 드리는 제사에 대한 설명을 들을 수 있었습니다.

사마리아인들은 자신이 요셉, 에브라임, 므낫세, 레위의 후손이라고 말하며, 그들은 다섯 가지를 믿는다고 합니다. 곧 하나님, 모세, 오경, 그리심 산, (심판하실) 메시아입니다. 예수님도 선지자라고 인정하기는 하지만, 모세는 사마리아인을 위해 왔고, 예수는 다른 사람들을 위해 왔다고 말합니다.

그들이 만든 박물관에 들어가 두루마리 성경, 족보, 성물 같은 자료들을 보았습니다. 그들의 상형문자가 세계 모든 문자의 기원이라는 주장도 들었습니다. 그들이 그리심 산에 주거하고 있는 것은 그리심 산이 축복산이기 때문이라고 했습니다. 사실 그곳에는 풀, 나무, 우물, 주거 지역이 밀집되어 있습니다. 맞은편 에발 산은 저주산으로 풀이나 나무가 전혀 없는 불모지와 다름없었습니다.

그리심 산 정상에는 비잔틴 시대에 지었던 8각 예배당 유적이 있습니다. 그 옆에는 이삭을 제물로 드렸다는 제단이 있고, 사마리아 성전 터도 있습니다. 산 아래 현재 나블루스(Nablus)로 불리는 세겜 수가에 가면 예수님이 사마리아 여인을 만나신 기념 교회가 있고, 그 예배당 안에는 야곱의 우물이 있습니다. 깊이가 40미터에 달하는 이 우물은 지금도 물을 길어 내고 있었습니다. 거기에서 가까운 거리에 요셉의 무덤이 있습니다. 아브라함, 이삭, 야곱의 무덤은 헤브론에 있지만, 요셉은 그의 유언에 따라 이스라엘이 애굽으로부터 유해를 가지고 나와 가나안에 정착하면서 요셉 지파에 할당된 땅에 묻은 것입니다.

여인을 찾아가신 예수님

요한복음 3장에는 니고데모가 밤에 예수님을 찾아와서 만납니다. 반면 4장에서는 하나님의 섭리 가운데 예수님이 사마리아 여인을 찾아가 대낮에 그녀를 만나시는 것으로 되어 있습니다. 두 만남은 대조적입니다.

유대인 남성인 니고데모는 산헤드린 의원으로서 신분이 높고, 교육도 많이 받았고, 율법을 철저히 지키는 바리새인이지만, 사마리아 여인은 유대인들에게 멸시를 받는 사마리아 사람인 데다가 심지어 그 사회 속에서도 지탄과 냉대를 당하던 여인입니다. 이름도 알 수 없는 이 여인은 남들의 이목을 피해 다녀야 하는 한 많은 여인입니다.

니고데모는 자신의 인생 절정에서 예수님을 만났고, 사마리아 여인은 인생 막장에서 예수님을 만났습니다. 그러나 누구든 언제든 예수님을 만나면 특별한 일이 생깁니다. 풍부할 때도 비참할 때도 예수님을 만나면 좋은 일이 생깁니다.

■ 편견을 거부하시는 예수님

예수님과 사마리아 여인의 만남은 요한복음에만 기록되어 있습니다. 예수님이 사마리아를 지나셨다는 것도 파격이지만, 여인을 만나 대화를 나누셨다는 것은 가히 충격적입니다. 유대와 갈릴리는 종교적·정서적·종족적으로 결속되어 있던 반면, 유대와 사마리아 사이에는 분쟁이 끊이지 않았습니다. 유대와 사마리아는 서로를 필요로 하면서도 적대적인 상황에서는 양단간에 하나를 선택하도록 강요하였습니다. 두 지역을 번갈아 다닌다는 것은 양쪽 모두에게 배척 받을 일입니다. 여기 아무런 선입견 없이 사마리아로 가시고 더구나 여인과 대화하시는 예수님을 보십시오. 예수님은 사마리아에 대한 편견을 거부하셨습니다. '선한 사마리아인의 비유', 사마리아를 향해 가라는 전도 명령(행 1:8), 사마리아에 성령이 부어진 사건(행 8:4-25) 모두 이런 편견이 없습니다.

"사마리아를 통과하여야 하겠는지라." 이 말씀에는 예수님의 의지가 표면화되어 있습니다. 무슨 다급한 일 때문에 지름길로 간다는 의미가 아닙니다. 신적인 섭리와 전지성 가운데 여인을 만나려는 분명한 목적을 가지고 예수님은 사마리아로 가셨습니다. 그 여인이 사회적으로 대단해서가 아니라 그녀에게 예수님이 필요하기 때문입니다. 예수님은 이런 여인을 찾아가셨습니다.

당시 유대인들은 갈릴리로 갈 때 지름길임에도 불구하고 사마리아로 가로지르는 길을 택하지 않고, 요단 강을 건너 베레아(Perea)를 지나는 우회도로를 택했습니다. 그만큼 유대인들은 사마리아 사람들을 철저히 무시하고 그들과의 접촉을 피하였습니다. 사마리아 사람들을 종교적으로나 인종적으로 멸시하였기 때문에 자연히 사마리아 사람들과는 적대적인 관계에 있었습니다.

그러나 예수님은 사마리아로 가십니다. 사람들의 편견을 넘어 그들을 찾아가시는 하나님의 사랑을 보여 줍니다. 예수님의 의도는 그곳에서 사마리아 여인을 만나는 것입니다.

■ 목마른 이를 찾아가시는 예수님

요한은 예수님과 그 여인의 대화를 길게 서술하고 있습니다. 예수님은 하나님의 선물을 가지고 목마른 사람을 찾아가십니다. 이것이 복음입니다. 하나님이 이 땅에 오신 성육신 정신의 사마리아 버전입니다. 니고데모와 사마리아 여인을 만나는 예수님을 보면 사람을 차별하지 않으시는 모습, 사역의 넓이와 사랑의 깊이를 느낄 수 있습니다.

원래 우물가는 여인들이 만나 교제를 나누고 소식도 전하는 곳입니다. 한가롭고 시원한 시간에 약속이나 한듯 사방에서 모여드는 곳입니다. 그런 곳에 예수님이 앉아 계시고 제자들은 음식을 준비하러 갔습니다. 그런데 정오의 더위에도 불구하고, 사람들의 눈을 피해 한 여인이 우물가로 왔습니다. 누가 보아도 이 여인은 동네 여인네들로부터 따돌림을 당하고 있는 여인입니다. 한편 정오는 예수님이 십자가에 못박혀 죽으신 시간(요 19:14)과도 일치하고 있어서, 요한복음은 예수님이 여인을 만나시는 것과 십자가 사건을 연결시키고 있는 것 같습니다.

영혼의 목마름

예수님이 먼저 말문을 여십니다. 예수님은 사마리아 여인에게 물을 달라고 부탁하셨습니다. 여인은 유대인이 말을 걸자 깜짝 놀랐고 더욱이 자기를 놀리려고 하는지 의심했을 것입니다. 그러나 물을 달라는 예수님의 말씀은 예수님이 무엇을 주실 것인지 예고하는 것입니다. 뜨거운 태양이 작열하는 낮 12시라 예수님은 실제로 피곤하고 목말랐습니다. 무엇 때문에 그러하셨을까요? 여행길에 육체적으로도 그러하셨겠지만 더 크게는 영혼 구원에 대한 목마름이었을 것입니다. 십자가상에서도 예수님은 "내가 목마르다"고 하셨습니다.

이런 목마름은 우리가 해갈시켜 드려야 합니다. 그것은 예수님을 영접하는 것, 예수님을 전하는 것입니다. 예수님은 우리의 목마름을 해결하기 위해 목말라 하십니다. 그 여인도 피곤하고 목마른 것은 마찬가지입니다. 그것은 육체뿐 아니라 영혼의 목마름입니다. 히딩크는 지난 2002년 월드컵 축구경기에서 승리 때마다 기자들에게 "나는 아직도 목마르다"(I am still thirsty)고 말했는데, 그의 목마름은 승리에 대한 것입니다. 예수님의 말씀을 인용한 것입니다.

예수님의 목마름을 해결해 줄 수 있는 사람은 이 여인입니다. 역으로 이 여인의 목마름을 해결해 주실 분도 예수님입니다. 혼자서는 해결이 안 됩니다. 우물가에서 목마른 두 사람이 만났습니다. 그리고 서로의 목마름을 해결해 줍니다. 그러므로 예수님과 우리는 서로 필요한 존재입니다. 목마름은 은유이며, 이 두 사람의 갈망은 패러독스적입니다. 이 두 사람은 서로의 갈망을 채워 줄 수 있는 열쇠를 가지고 있습니다. 그 길을 우물가에서의 대화를 통해 찾아갑니다. 대화는 동문서답처럼 보입니다. 그런데도 대화가 통하고 놀랍게도 결과적으로 일치에 도달합니다.

육신적 욕망을 찾아 떠나는 여정이 영혼을 찾아 떠나는 여정의 중심축을 이룹니다. 육신적 욕망이 없었다면 영혼에 대한 갈망도 알지 못했을 것입니다. 육신적 갈망이 우리의 근원적인 갈망을 일깨워 줍니다. 우리는 목마르면서도 무엇에 목마른지 누가 목마름을 채워줄 수 있는지 모르고 있습니다. 무엇이 우리를 만족시켜 줄지 정말 알지 못합니다. 그래서 내면 깊은 곳의 영적 갈망을 모조품으로 채우려 합니다.

내 백성이 두 가지 악을 행하였나니 곧 그들이 생수의 근원 되는 나를 버린 것과 스스로 웅덩이를 판 것인데 그것은 그 물을 가두지 못할 터진 웅덩이들이니라 (렘 2:13)

'하나님의 선물'과 생수

사마리아 여인은 유대인 남자로 보이는 예수님께 유대인에 대한 편견을 드러냈습니다. "당신은 유대인으로서 어찌하여 사마리아 여자인 나에게 물을 달라 하나이까?"(요 4:9). '왜 내게 말을 거느냐?'는 말입니다. 예수님은 하나님으로부터 오신, 만유보다 크신 분인데 말입니다. 예수님은 이런 여인에게 아쉬움을 피력하십니다.

> 네가 만일 하나님의 선물과 또 네게 물 좀 달라 하는 이가 누구인 줄 알았더라면 네가 그에게 구하였을 것이요 그가 생수를 네게 주었으리라(요 4:10)

사마리아 여인은 '하나님의 선물'과 지금 자기에게 말하는 분이 누구인지 몰랐습니다. 이제 육신의 갈망이 영혼의 갈망으로 이어집니다. 처음에는 예수님이 목마르고 여인이 물을 가지고 있는 것에서 시작했지만, 이제는 그녀가 목마르고 예수님이 물을 가지고 있는 것으로 이동해 갑니다. 즉 육신적 목마름에서 영적 목마름으로 화제가 바뀝니다. 만일 그녀가 알았더라면 그분께 물을 구했을 것이고, 그분이 생수를 주셨을 것입니다.

베로네세의 그림 「예수와 우물가의 사마리아 여인」을 보면, 다른 인물들은 후면 그리고 어둠 속에 가려지고 예수님과 사마리아 여인만 화면 정중앙에서 조명을 받고 있습니다. 두 인물은 좌우대칭 구조를 이루고 있습니다. 예수님은 자신이 메시아임을 알리기 위해서 오른손으로 자신을 가리키고 왼손은 여인에게 생명의 물로 초대하는

「예수와 우물가의 사마리아 여인(Jesus and the Samaritan Woman)」, 1585, 파울로 베로네세(Paolo Veronese), 캔버스에 유화, 143×289cm, 빈 미술사 박물관, 빈.

손짓을 보이고 계십니다.

영혼에 대한 질문

여인의 거듭된 질문은 3장에 나오는 니고데모를 연상시킵니다. 누구나 영혼에 대한 질문이 있습니다. 하지만 배운 자나 못 배운 자 모두 영적인 진리를 받아들이기는 어렵습니다.

물을 길을 두레박도 없고 우물은 깊은데 어떻게 자신에게 생수를 줄 수 있겠느냐고 여인은 예수님께 반문합니다. 그러면서 당신이 야곱보다 크냐고 아이 같은 질문을 늘어놓습니다. 누가 '힘이 더 세냐고 힘겨루기 하는 아이들과 다를 바 없습니다. 여기 예수님은 생수를 메타포(은유)로 쓰고 있다는 사실을 모르고 하는 말입니다.

니고데모에게 말씀하신 '다시 태어남'과 마찬가지로 '생수'도 은유로서 성령님을 의미하고 있습니다. 은유는 본래 'A는 B다'라고 말하지만 사실은 'A는 B가 아니다'도 들어 있습니다. 예를 들어 '당신은 꽃이다'라고 은유로 말하면, 당신은 꽃이 아니지만 꽃이 주는 이미지인 '아름답다' 혹은 '향기롭다'는 의미입니다. 은유에서는 유사성과 차별성을 구별할 줄 알아야 합니다.

성령님과 생수

성령님은 생수와 같이 메마른 심령을 적셔 주고, 영혼의 목마름을 해결해 주지만 생수와 달리 어느 특정한 장소에서 길어야 하거나 고갈되는 것은 아닙니다. 물은 밖에서 안으로 들어가지만 예수님이 주시는 성령은 안에서 밖으로 영원히 솟아납니다. 물은 다시 목마르지만 성령은 영원히 목마르지 않습니다. 그러니 자연 예수님은 야곱보다 크시고, 구약의 종교보다 위대하십니다.

아직도 사마리아 여인은 생수의 은유를 이해하지 못하고 "주여, 그런 물을 내게 주사 목마르지도 않고 또 여기 물 길으러 오지도 않게 하옵소서"라고 부탁합니다. 동문서답으로 답답하기는 하지만, 유대인 남자인 예수님을 "주여"라고 부르고 있는 것은 큰 진전이며, 더구나 예수님께 물을 달라고 요구하는 것은 대단한 진전입니다.

이제 예수님이 사마리아 여인에게 물을 달라고 하여 시작된 대화는 오히려 사마리아 여인이 예수님께 물을 달라는 대화로 바뀝니다. 최소한 지금 마시는 물이 자신의 목마름을 해결해 주지 못한다는 사실을 알고 하는 말입니다. 자신의 목마름을 알고 있는 사람, 그리고 누구에게서 그 목마름이 해결될 것인지 답을 찾는 사람은 복 있는 사람입니다. 진리에서 멀지 않습니다.

네 남편을 불러오라

사마리아 여인이 영원히 목마르지 않는 물을 달라고 요청하는데, 예수님은 "네 남편을 불러오라"는 뜻밖의 말씀을 하십니다. 물을 주시는 것과 남편이 무슨 상관이 있을까요? 전혀 상관 없어 보이는 것으로부터 예수님은 그 여인의 문제를 다루어 주십니다.

예수님은 여인의 목마름이 무엇으로부터 연유되었는가를 잘 아셨기 때문입니다. 문제를 정확히 진단하지 않는다면 제대로 된 치료법이 나오지 못합니다. 예수님은 여인이 숨기고 싶었던 것, 그러면서도 끊임없이 자신을 괴롭히던 것을 끄집어내십니다. 그 여인이 얼마나 놀랐겠습니까?

마음이 답답하여 물을 마시고 마셔도 목이 마른 여인에게 예수님이 왜 목이 마른지 피상적으로 말씀하지 않으십니다. 예수님은 우리가 '그 문제만은 제발 말하고 싶지 않아요'라고 하는 그 대목부터 이야기를 시작하십니다. 그래야 진정한 치유가 가능하기 때문입니다. 그것에 대한 언급 없이는 그 여인이 요구하는 생수를 줄 수 없기 때문입니다. 근원 치료를 해야지 증상만 완화시켜서는 아무 소용이 없습니다.

목마름의 원인

이제 생수와 남편의 관계가 이해되십니까? 예수님은 문제의 본질, 즉 목마름의 원인을 밝히시는 것입니다. 처음 보는 사람이 자신의 가장 아픈 부분을 완전히 드러내니 그 여인이 얼마나 놀랐겠습니까?

복음은 수박 겉핥기가 아닙니다. 메시지(message)는 마사지(massage)가 아닙니다. 생수에 대한 말씀이 이 여인에게 구체적으로 적용되고 있습니다. 예수님은 기분 좋게 비위나 맞추는 적당한 사귐을 거부하십니다. 여인은 남편이 없다는 말로 회피하려 했지만 예수님은 집요하게 파고드십니다. '피하지 말라!' 여인은 처음에는 대화를 회피하려고 하고, 다른 질문으로 도망가려 하고, 책임을 전가하며 화제를 자꾸만 바꿔 갑니다. 자신을 숨기려고 화제를 다른 곳으로 돌리는 것입니다. 여인은 야곱 이야기로, 예배 장소 문제로, 메시아에 대한 일반적인 이야기로 피합니다.

그러나 예수님은 당신의 목마름에 관심을 두십니다. 당신의 방황과 고민에 관심을 두십니다. 종교나 교회나 교리에 대한 것이 아니고 심지어 그녀의 부도덕한 생활보다도 그녀의 근원적인 목마름에 대해 관심을 두십니다. 남편이 다섯이든 여섯이든 그 외부적인 현상보다 내면 깊은 곳에 자리하고 있는 갈망을 말씀하시는 것입니다. 과거에 남편 다섯이 있었고 지금은 남편도 아닌 남자와 살고 있다는 것을 말씀하십니다. 우리는 알 수 없는 그 여인의 사생활을 숫자까지 헤아리며 정확하게 말씀하십니다. 상처를 드러내 치유하고자 하십니다. 여기 깊은 침묵이 있습니다.

성경 본문은 여기에서 많은 이야기를 생략하고 있습니다. 예수님과 여인이 눈길로 대화를 나누었는지 아니면 여인은 울면서 지난 세월을 장황하게 늘어놓고 예수님은 묵묵히 듣고 계셨는지 모르지만 많은 대화 그리고 그 동안의 치유가 있었을 것입니다. 그래서 18절 다음에는 시간이 한참 흘렀을 것입니다. 이어지는 여인의 행동으로 보아 무언의 많은 대화가 있었을 것입니다. 거기에는 여인의 눈물이 있었을 것이고 예수님의 따뜻한 눈길도 있었을 것입니다. 이는 29절에서 사마리아 여인이 "내가 행한 모든 일을 내게 말한 사람을 와서 보라"고 증언한 것을 보아도 알 수 있습니다.

예수님과의 만남이 피상적이 되어서는 안 됩니다. 예수님과 사마리아 여인의 만남은 니고데모와의 만남보다 더 깊이 들어갑니다. 내 마음을 드러내는 만큼 예수님은 더 깊이 들어오시고, 내 삶에는 더욱 구체적인 변화가 일어납니다.

부정한 여인이 아니라 불행한 여인

저도 그 사이에 다시 생각해 보았습니다. 지금까지 이 여인을 행실이 부정한 여인이라고만 생각했습니다. 남편이 다섯 있었고 지금도 다른 사람의 정부 노릇을 하고 있으니 얼마나 부정한 여인입니까? 그런데 그것은 잘못된 생각일 수 있습니다. 그 여인이 남자를 바꿨습니까? 아닙니다. 남자들이 그 여자를 떠났을 것입니다. 그것도 다섯 번씩이나 말입니다. 그 여인은 지금도 연명하기 위해 다른 남자에게 붙어 있는지도 모르겠습니다.

그렇게 보면 그 여인은 여러 사람에게 연거푸 버림을 받은 불행한 여인입니다. 이전에는 행실이 나쁜 사람으로 선입견을 가지고 보았으나 다시 생각해 보니, 행실이 부정한 여인이 아니라 불행한 여인일 수 있겠다는 생각이 듭니다. 당시는 가부장적인 사회였고 여자는 남자를 버릴 수 있는 권한이 없었기 때문입니다.

합당한 예배

목마름에 대한 대화는 예배로 귀결됩니다. 목마름은 예배에서 해소

됩니다. 나의 내면 깊은 곳에 있는, 하나님을 향한 근원적인 목마름은 성령과 진리로 드리는 예배 외에 외부적으로 구하는 어떤 것으로도 해갈될 수 없습니다.

또한 예배는 장소나 형식의 문제가 아닙니다. 사마리아 여인은 예수님을 선지자로 알게 되자 평소에 궁금했던 것을 질문합니다. 유대인과 사마리아인은 서로 사이가 좋지 않았고 하나님을 예배하는 장소에 대해 견해가 달랐습니다. 유대인들은 아브라함이 이삭을 드릴 때 제단으로 삼았던 시온 산에 예루살렘 성전을 지어 놓고 그곳에서 예배를 드렸습니다. 그러나 사마리아인들은 모세의 율법을 가르치고 언약을 갱신한 그리심 산에서 예배를 드리는 것이 옳다고 주장하였습니다. 그곳은 아브라함이 가나안에 들어와서 처음 단을 쌓은 곳으로, 나중에 이삭을 그리심 산 제단에서 드렸다고 주장하기도 합니다.

■ 예배의 장소보다 중요한 예배의 대상

예수님은 예배의 장소보다 더 중요한 것이 예배의 대상이라고 대답하십니다. 예배 대상에 맞는 합당한 방법으로 예배를 드려야 합니다. 곧 누구에게 예배하는지를 분명히 알고 예배를 드려야 합니다. 하나님에 대한 분명한 지식 없이 아무 대상에게나 예배드릴 수는 없습니다. 예배당에 왔다고 해서 모두가 참된 예배를 드리는 것은 아닙니다. 역으로 어느 곳에서든지 하나님을 바로 알고 예배하면 참된 예배가 됩니다.

참된 예배는 장소가 아니라 대상이 결정합니다. 하나님을 향한 예배는 장소를 초월합니다. 직장에서도, 가정에서도, 교회에서처럼 드릴 수 있습니다. 왜냐하면 하나님은 장소를 초월해서 존재하시기 때문입니다. 하나님은 어떤 특정한 장소에 한정된 존재가 아니십니다.

장소나 형식보다 중요한 것이 내용이고 대상입니다.

■ 성령과 진리로 드리는 예배

인격적인 하나님을 섬기기 위해서는 영과 진리로 예배해야 합니다(23, 24절). 사람들은 경건의 모양이나 형식을 갖추는 것에 주안점을 두지만 예수님은 성령과 진리로 예배해야 한다고 하셨습니다. 성령과 진리는 다름 아닌 예수 그리스도이십니다. 그러므로 예배의 중심은 예수 그리스도가 되어야 합니다.

구약의 모든 예배는 성령과 진리로 예배할 날을 고대하였는데, 예수 그리스도의 십자가로 그러한 예배가 가능하게 되었습니다. 그 예배는 우리가 드려야 하는 예배일 뿐 아니라 하나님이 애타게 찾으시는 예배입니다.

형식은 다를 수 있고 장소도 다를 수 있지만, 성령과 진리로 예배하는 것이 중요합니다. 보이는 것보다 보이지 않는 것이 예배의 진정성을 결정합니다. 장소에 대한 저들의 논쟁은 본질을 벗어난 것입니다. 우리는 예배의 대상을 바로 알고 성령과 말씀이 충만한 그리스도 중심적인 예배를 드려야 합니다. 하나님은 그런 예배를 찾으십니다.

소망을 주시는 예수님

사마리아 여인은 분명 메시아에 대한 대망이 있었습니다. 저도 목사로서 이런 생각을 할 때가 많습니다. '내가 지금 이렇게 부족하지만 언젠가는 하나님 마음에 드는 목사가 될거야', '언젠가 하나님의 일을 제대로 할거야' 이런 생각 끝에 '주여 그때가 언제입니까?' 하고 탄식하며 기도하게 됩니다.

우리에게는 완전에 대한 갈망이 있습니다. 이 여인도 비록 지금은 이렇게 형편없이 살고 있지만 언젠가 그분이 오시면 새롭게 살 수 있으리라는 갈망이 있었을 것입니다. 그 갈망이 하나님께 상달되어 예수님의 발길을 그곳으로 돌리게 하였는지도 모릅니다.

갈망이 깊으면 응답이 옵니다. 예수님은 더 이상 은유로 말씀하지 않으시고, 이 여인에게 "내가 그다"라고 자신을 드러내십니다. 여인의 노출에 이어서 예수님의 자기 노출이 이어집니다.

나만 보면 절망이지만 거기에서 나아가 예수님을 보면 소망으로 바뀝니다. 여기 성경 최초로 메시아 비밀(messianic secret)이 드러납니다. 아니 예수님이 이렇게 직접적으로 밝히신 것은 유일합니다.

니고데모에게도 알리지 않으셨던 사실이 여인에게 공개됩니다. 이 비밀은 지혜 있고 권세 있는 자에게는 가려지고 어리석고 천한 사람에게 보입니다. 그 여인은 신학적인 토론이나 예배 형식에 대한 토론에서 설복된 것이 아니라 그녀의 근본적인 자아가 드러나면서 예수님이 드러나고 이것이 죄에 대한 회개와 용서의 체험으로 이어집니다.

여인의 회개와 예수님의 치유가 있었습니다. 여인의 변화 체험이 있었습니다. 니고데모와의 만남에는 변화에 대한 기록이 나오지 않지만 여기에는 완전히 변하여 새 사람이 된 여인의 변화가 나타납니다. 이 여인에게 무슨 변화가 일어났습니까?

인생의 목적을 바꾸는 만남

여인의 극적인 변화는 놀랍습니다. 물을 길러 왔던 사람이 물동이조차 버리고 마을로 돌아갑니다. 사람들의 이목을 피해 왔던 여인이 사람들을 찾아가서 전하고, 감추었던 부끄러운 과거를 스스로 드러냅니다. 물을 길러 왔던 사람이 예수님을 증거하러 갔습니다. 예수님을 만난 후 인생의 방향과 목적이 바뀌었습니다.

왜 물동이를 버려두고 갔을까요? 촌각을 다툴 만큼 급했기 때문일 것입니다. 좋은 소식을 다른 사람에게도 전하고 싶은 마음이 그녀를 재촉했습니다. 또 다른 이유는요? 다른 사람들을 데리고 자기도 다시 올 것이기 때문입니다.

확실히 그 여인은 우물물을 마시지 않고도 해갈된 것입니다. 이제는 주님이 주시는 새로운 가치가 우선인 삶을 살겠다고 결단합니다. 사람을 피해 나왔던 여인이 사람을 찾아갑니다. 자기의 허물 감추기에 급급했던 여인이 죄를 지적하신 예수님을 증언합니다. 자신을 외면하던 사람들에게 찾아가 담대하게 "와서 보라"(29절)고 전도합니다.

여자의 말이 내가 행한 모든 것을 그가 내게 말하였다 증언하므로 그 동네 중에 많은 사마리아인이 예수를 믿는지라 (요 4:39)

여인은 구도자에서 전도자로 그리고 제자로 나아갑니다. 사람들은 표정과 말씨부터 완전히 변화된 여인의 모습에 깜짝 놀랐을 것이고 그 여인이 증언하는 사람을 보기 위해 우물가로 몰려들었습니다. 여인을 변화시킨 분을 만나고 싶었을 것입니다. 그 여인의 변화가 사람들에게 갈증을 일으킨 것입니다.

결국 많은 사마리아인들이 예수님의 말씀을 직접 들었고 믿는 사람들이 더욱 많아졌습니다. 그들은 그 동안 상종도 않던 유대인인 예수님과 제자들에게 그들 마을에 유하시기를 간청하였습니다. 우리의 변화 역시 남들에게 갈증을 불러일으켜 주님을 향하도록 했으면 좋겠습니다. 복음은 이처럼 새로운 변화를 일으킵니다.

> 그 여자에게 말하되 이제 우리가 믿는 것은 네 말로 인함이 아니니 이는 우리가 친히 듣고 그가 참으로 세상의 구주신 줄 앎이라 하였더라(요 4:42)

예수님의 양식

제자들이 먹을 것을 사러 마을로 갔을 때, 예수님은 피곤하여 우물 곁에 앉아 계셨습니다(6절). 그런데 제자들이 음식을 구해 왔을 때 그토록 피곤해 하시던 예수님이 시간이 더 지났음에도 불구하고 이상하게 표정과 행동에 활기가 넘치십니다.

제자들이 음식을 권해도 예수님은 빙그레 웃으시며 "나는 너희들이 모르는 양식이 있다"고 하십니다. 제자들은 의아해서 "누가 잡수실 것을 가져다 드렸는가" 하고 생각했습니다. 예수님은 사마리아 여인과 물을 은유로 하여 생명수에 대한 말씀을 나누셨는데, 이번에는 제자들과 음식을 은유로 하여 생명의 떡에 대해 말씀하십니다. 그런데 못 알아듣기는 사마리아 여인이나 제자들이나 매한가지입니다.

하나님으로만 채워지는 목마름과 배고픔

과연 우리의 목마름과 배고픔은 어디에서 연유된 것입니까? 단순히 먹고 마시지 못해서입니까? 아무것이나 먹고 마시면 채워집니까? 아닙니다. 참된 것을 먹고 마시지 못해서 오는 것입니다. 세상의 어떤 것으로도 채울 수 없는 것입니다. 목마름과 배고픔은 영성을 지향하는 화살표입니다. 하나님으로만 채워지는 목마름과 배고픔입니다. 의에 주리고 목마른 자가 복이 있는 이유는 그 배고픔과 목마름 때문에 하나님을 구하게 되고, 그 배고픔과 목마름을 하나님이 채워 주시기 때문입니다.

"사람이 떡으로만 살 것이 아니요 하나님의 입으로부터 나오는 모든 말씀으로 살 것이라"는 말씀처럼 하나님의 말씀이 양식입니다. 진정한 목마름과 배고픔은 하나님의 일에 대한 목마름과 배고픔입니다.

예수님은 사마리아 여인을 구원하는 일을 통하여 하나님의 뜻을 이루고 하나님의 일을 하게 되니 목마름과 배고픔을 일시에 잊어버리셨습니다. 마시지 않아도 해갈되고 먹지 않아도 배부릅니다. 아마도 보람과 기쁨이 육신의 갈망을 잊게 했을 것입니다.

제가 어릴 때, 음식을 어렵게 장만하여 우리 형제들에게 주시고 당신 드실 것은 없는데도 "나는 안 먹어도 너희들만 보면 배가 부르다" 하시던 어머니 말씀이 생각납니다. 이런 경험이 있습니까? 배고픔도 모르고 일하던 때나 안 먹어도 배부르던 일 말입니다. 예수님은 영혼 구원하기를 그렇게 기뻐하셨습니다. 그분에게는 하나님의 일을 하는 것 자체가 양식이었습니다. 이 비밀 양식을 모르던 제자들은 어리둥절하였습니다. 그들에게 예수님은 무엇이 비밀 양식인지 설명해 주셨습니다. 양식은 하나님의 뜻과 일을 행하는 것이라 하였습니다.

만일 제자들이 마을에서 전도를 하고 왔다면 그들도 배불렀을 것입니다. 우리가 아무리 잘 먹고 마시고 산다 할지라도 하나님의 일을 하지 않으면 인생의 의미가 없습니다. 허전합니다. 하나님의 일을 하는 것이 진정 나의 목마름과 배고픔을 해결해 줍니다. 하나님의 일에 대한 목마름과 배고픔이 있어야 합니다. 하나님의 뜻을 행하며 하나님의 일을 온전히 행하는 것을 제외하면 그 모든 것이 헛것입니다.

08

축복산
Mt. Beatitudes

너희는 먼저 그의 나라와 그의 의를 구하라

마태복음 5:1-7:29

갈릴리 호수 북쪽 타브가 위쪽에 있는 에레모스 산(Mt. Eremos) 언덕에 축복산(Mt. Beatitudes)이 있는데, 이곳에서 예수님이 산상수훈(마 5-7장)을 선포하신 것으로 전해집니다. 산상수훈은 팔복으로 시작하기 때문에 이 산을 '팔복산'이라고 부르기도 합니다.

성경에는 정확하게 지역을 명시하고 있지 않지만 갈릴리 호수가 내려다보이는 전망 좋은 언덕들, 가파르지 않으면서도 넓고 평평하여 많은 사람들이 풀밭에 모여 앉을 수 있는 것을 감안하면 성경의 기사를 설명하기에 이보다 더 적합한 곳은 찾기 힘듭니다. 언덕에는 꽃이 만발하고, 새들이 날아드는 아름다운 호수 구릉 지대입니다.

예수님은 앉은 자세로(마 5:1) 말씀하셨는데, 당시 랍비가 가르칠 때 취하던 전통적인 자세입니다. 산은 위대한 스승들이 가르침을 전하는 장소이며, 높은 곳에서 주어지는 말씀의 권위를 드러냅니다.

....
팔복교회

모세도 시내 산에서 하나님의 말씀을 받았습니다. 1937년 이탈리
아의 건축가 안토니오 바르루치(Antonio Barluzzi)는 갈릴리 호수가 내
려다보이는 곳, 타브가와 가버나움 사이에 팔복교회를 세웠는데, 여
덟 가지 복을 상징하는 팔각형 건물 교회 내부의 각 창문에 팔복이
헬라어로 쓰여 있고 바닥에는 라틴어로 새겨져 있습니다.

위로와 치유의 말씀

예수님의 설교도 주변의 상황과 듣는 사람에 따라 내용이나 표현이
달라집니다. 갈릴리에서 전하신 말씀은 평화로운 전원에서 펼쳐지는

아름다움처럼 온유하면서도 위로와 치유가 있는 따뜻한 말씀입니다. 이것은 예루살렘에서의 논쟁적인 강하고 날카로운 말씀들과는 대비가 됩니다. 산상수훈에는 햇살에 빛나는 갈릴리 호수와 들꽃이 만발한 들판과 그 위를 나는 새들이 보입니다.

겨자꽃

제가 그곳에서 지냈던 3월의 갈릴리 호수 주변은 너무나 아름다웠습니다. 들에는 각종 꽃이 만발하고, 그 가운데 백합화가 지천이었습니다. 갈릴리 호수에는 갈매기가 날고 산에는 철새가 날아다니는데, 갈릴리 주변은 철새들의 서식지요 도래지입니다. 골란 고원과 갈릴리 호수에는 먹이가 많고 물이 풍부하여 철새가 많이 오는데 약 350종류의 새들이 있다고 보고됩니다.

이런 이유로 "공중의 새를 보라 심지도 않고 거두지도 않고 창고에 모아들이지도 아니하되 너희 하늘 아버지께서 기르시나니 너희는 이것들보다 귀하지 아니하냐"(마 6:26)라는 말씀, "너희가 어찌 의복을 위하여 염려하느냐 들의 백합화가 어떻게 자라는가 생각하여 보라 수고도 아니하고 길쌈도 아니하느니라 그러나 내가 너희에게 말하노니 솔로몬의 모든 영광으로도 입은 것이 이 꽃 하나만 같지 못하였느니라 오늘 있다가 내일 아궁이에 던져지는 들풀도 하나님이 이렇게 입히시거든 하물며 너희일까보냐 믿음이 적은 자들아"(마 6:28-30)라고

팔복교회 내부의 모습

팔복교회에서 갈릴리 호수를 바라본 모습

말씀을 하셨고, 이는 청중에게 깊은 감동을 주었을 것입니다.

새로운 성품과 기독교 세계관

산상수훈은 신약 성경에서 가장 긴 예수님의 설교인데, 역사상 가장 위대하고, 가장 많이 인용되고, 가장 많은 영향력을 끼친 말씀입니다. 칸트는 "윤리적 절대 명령의 결정"이라고 했고, 톨스토이는 "문자 그대로 따라야 할 그리스도의 법"이라고 했고, 간디는 자기의 사티아그라하(Satyagraha, 진리 파지把持, 비폭력 저항 운동)를 위한 "영감의 원천"이라고 칭송했습니다.

산상수훈은 새로운 성품과 기독교 세계관에 대한 이야기입니다. "좋은 나무마다 아름다운 열매를 맺고 못된 나무가 나쁜 열매를 맺나니"(7:17). "눈은 몸의 등불이니 그러므로 네 눈이 성하면 온 몸이 밝을 것이요"(6:22). 전체 주제는 좋은 나무가 되고, 밝은 눈을 가지라는 말씀입니다.

너희가 복되다

이 말씀의 최초 청중은 가난하고, 힘없고, 고통받고, 학대당하고, 병들고, 외로운 사람들이었습니다. 그런데 산상수훈의 시작은 이런 사람들이 복되다고 선언합니다(마 5:1-12). 그들을 향하여, 여덟 가지 성품을 지목하면서 예수님은 "너희여, 복되도다(마카리오리)"라고 선언하십니다. 축복으로 시작하십니다.

'팔복'은 언젠가 장래에 복을 받을 것이라는 의미가 아니라 현재 복된 상태에 있고 이미 복을 받았다는 것을 선포하고 확인시키는 것입니다. 이것은 무엇을 가졌기 때문에 누리는 소유의 복이라기보다는 그들이 존재하는 자체의 복, 다른 말로 하면 성품의 복을 말하고 있습니다. 마태복음에는 복된 자만 언급된 반면, 병행 본문인 누가복음에는 화에 대한 말씀도 함께 거론되고 있습니다. 지금 가난한 자, 지금 주린 자, 지금 우는 자들은 복이 있는 반면, 지금 세상에서 부요한 자, 지금 배부른 자, 지금 웃는 자, 지금 칭찬을 받는 자들은 화가 있다고 선포하고 있습니다(눅 6:20-26).

예수님은 이런 힘없고 가난한 갈릴리 민중을 "세상의 소금"(5:13)이요 "세상의 빛"(5:14)이라고 하셨습니다. 비록 이 세상에서는 가난하고 힘이 없고 환난을 당하지만 예수님을 따르는 한 그들은 세상의 부패를 방지하는 소금이요 어둠을 물리칠 빛이라는 선포이며 약속입니다.

로마의 정치가요 웅변가인 키케로는 『카탈리나 탄핵 연설(In Catalinam)』에서 로마를 '온 세상의 빛'이라고 말하였습니다. '샐러리'(소금)는 귀한 것으로 당시 로마 군인 월급이었습니다. 로마가 군사력과 정치력으로 세상을 지배하던 때였기 때문에 이런 미화가 어색해 보이지 않습니다. 하지만 예수님은 세상에서 약한 자를 불러 '세상의 소금과 빛'이 되게 하셨습니다.

형제들아 너희를 부르심을 보라 육체를 따라 지혜로운 자가 많지 아니하며 능한 자가 많지 아니하며 문벌 좋은 자가 많지 아니하도다 그러나 하나님께서 세상의 미련한 것들을 택하사 지혜 있는 자들을 부끄럽게 하려 하시고 세상의 약한 것들을 택하사 강한 것들을 부끄럽게 하려 하시며 하나님께서 세상의 천한 것들과 멸시 받는 것들과 없는 것들을 택하사 있는 것들을 폐하려 하시나니 이는 아무 육체도 하나님 앞에서 자랑하지 못하

게 하려 하심이라(고전 1:26-29)

예수님이 말씀하신 '소금과 빛' 은유는 소수 운동을 위해 마련된 것입니다. 소금과 빛은 그 주위가 자신보다 클 때 제 기능을 발휘합니다. 예수님은 세상을 위한 기대를 소수인 우리에게 거셨습니다. 우리로 하여금 세상에서 '구속적 소수'(redemptive minority)로 살 것을 당부하셨습니다. 그러한 역할을 위해서는 사귐, 섬김, 헌신, 겸손, 선행이 필요합니다.

시내 산과 팔복산

예수님은 곧바로 모세의 율법에 대한 오해와 왜곡을 시정하는 말씀을 주십니다(5:17-48). 모세의 시내 산과 십계명, 그리고 예수님의 팔복산과 산상수훈의 평행성을 주목하며 읽어야 할 것 같습니다. 어찌 보면 율법을 주신 하나님의 원래 뜻에 비추어 모세의 원화를 복원하는 작업을 예수님이 벌이시는 것 같습니다.

내가 율법이나 선지자를 폐하러 온 줄로 생각하지 말라 폐하러 온 것이 아니요 완전하게 하려 함이라(마 5:17)

사실 구약의 십계명을 자세히 연구해 보면 외적 행위를 규제하는 규범이 아니라 마음을 다스리는 규정임을 알 수 있습니다. 십계명의 열쇠는 제1계명과 제10계명에 담겨 있다고 할 수 있습니다. 제1계명은 "너는 나 외에는 다른 신들을 네게 두지 말라"이며 제10계명은 "네 이웃의 집을 탐내지 말라"입니다. 열 개의 계명을 처음과 끝이 이렇게 감싸고 있습니다.

이것은 중요한 의미를 지니고 있습니다. 하나님을 향한 상위 네 개의 계명(1-4계명)의 첫 번째인 제1계명, 이웃을 향한 여섯 개의 계명(5-10계명)의 마지막인 제10계명. 이 두 계명은 모두 마음의 문제를 다루고 있습니다. 다른 신을 섬기는 것, 우상을 제작하는 것, 그분의 이름을 망령되이 일컫는 것, 안식일을 어기는 것은 하나님을 향한 마음이 무너진 결과이기 때문입니다. 한편 살인하고 간음하고 도둑질하고 거짓 증언하는 것 등은 남의 것에 대해서 탐욕을 품을 때 벌어집니다.

따라서 십계명에서 마음과 관련된 것들을 앞과 뒤에 배치함으로써 나머지 계명들을 해석하고 적용할 준거를 제공합니다. 십계명은 마음의 동기와 의도를 중시하고 있습니다.

예수님의 해석: 하나님의 본의에 따라

예수님의 해석은 십계명을 주신 하나님의 본의에 따라 계명을 해석합니다. "옛 사람에게 말한 바 …하였다는 것을 너희가 들었으나 나는 너희에게 말하노니…"라는 예수님의 말씀은 기존의 것을 철폐하고 새로운 율법을 만들려는 것이 아닙니다. 육신적인 살인 이전에 마음으로 미워하고 증오하게 되면 이미 살인한 것과 진배없다는 것, 육체로 이웃의 아내를 범하기 전에 마음으로 음욕을 품으면 이미 범죄했다는 것 등을 구약의 정신을 찾아 드러내신 것입니다.

6장에 나오는 유대교의 3대 덕목인 구제, 기도, 금식에 대해서도 동일합니다. 예수님은 영적 허세를 경계하시면서 그 본질적 취지대로 해야만 3대 경건의 행동이 하나님 앞에 드려지는 것이 된다고 말씀하십니다.

아무리 좋은 행위라도 사람에게 보이기 위해 하면 자기 의를 내세우고 '자기의 상'을 구하는 데 악용될 수 있습니다. 이것은 참된 경건이 아니라 외식입니다. 자기 공로를 내세우는 것입니다. 모든 종교의 타락은 공로주의입니다. 위로부터 내리는 은혜의 방식이 아니라 아래로부터 쌓아올리는 바벨탑입니다. 오직 하나님께 보이며 '하나님이 주시는 상'을 기대해야 합니다. 어떤 행동을 하든 마음으로 하나님을 향할 때 하나님으로부터 주어지는 상이 있습니다.

은혜의 원리

그렇다고 해도 산상수훈에서 제시하는 제자들의 윤리는 너무 고차원적이고 멀게 느껴집니다. 아름다운 교훈이지만, 우리의 연약한 체질과 맞지 않아 보이는 요구들도 많습니다. 왜 그렇게 느껴질까요? 하나님 나라의 윤리를 말씀하시기 때문입니다.

'하나님 나라가 임하면 어떤 모습일까?' 예수님은 바로 이것을 그려 보여 주십니다. 지상의 윤리가 아니라 하나님 나라의 윤리입니다. 마음을 온전히 살피시는 하나님의 다스림을 받는 천국 윤리이기 때문입니다. 윤리학이 추구하는 궁극적인 윤리, 고차원적 윤리입니다. 그렇다고 예수님이 재림하실 때까지, 우리가 영화될 때까지 무턱대고 기다리기만 할 것이 아닙니다. 이 세상에서 실현불가능한 것도 아닙니다. 이미 하나님 나라가 임한 것처럼 살면 됩니다. 아니 하나님 나라는 이미 임하였고, 하나님은 성령을 통해 이런 윤리를 가능하게 해 주셨습니다.

우리는 '공로의 원리'가 아니라 '은혜의 원리'로 살아가야 합니다.

아름다운 행위를 통해 공적을 쌓으려는 것이 아니라, 이미 주신 구원에 감사하고 주신 은혜에 부응하여 살려고 하면 됩니다. 그래서 오른뺨을 치는 자에게 왼편을 돌려댈 수 있고, 속옷을 가지고자 하는 자에게 겉옷까지 주며, 오 리를 가게 하면 십 리를 동행할 수 있는 것입니다(마 5:39-42). 핍박하는 자를 위해 기도하고 원수를 사랑할 수 있습니다. 이것이 바로 바리새인이나 서기관의 의보다 '더 나은 의'입니다(마 5:20). 공로보다 은혜입니다.

세상을 변화시키는 비밀

세상을 바꿀 수 있는 것은 오직 은혜와 사랑과 용서입니다. 하나님이 먼저 베푸신 은혜가 우리를 변화시키며, 우리의 은혜로운 행동이 타인을 변화시킬 수 있습니다.

인도의 위대한 성인이요 힌두교도였던 간디의 비폭력 무저항 정신도 예수님의 가르침에 영향을 받은 것입니다. 이것은 다시 미국의 흑인인권운동가 마틴 루터 킹 목사에게 영향을 미쳤습니다. 간디가 예수님을 찬양한 이유는 그분의 가르침이 훌륭해서뿐만 아니라 실생활에서 그 가르침을 그대로 실천했다는 이유입니다. 간디의 방에는 예수의 초상화가 걸려 있었고, 그 밑에는 "그리스도는 우리의 평화이십니다"(엡 2:14)라는 말씀이 있었습니다.

프라 안젤리코의 「산 위에서 복음을 전하는 예수 그리스도」를 보면, 모세가 십계명을 받은 시내 산처럼 예수님은 척박한 산 위에 좌정해 계시고, 청중은 열두 명의 제자입니다. 예수님은 왼손에 두루마리 같은 성경을 붙드시고, 오른손으로는 하나님 나라를 가리키십니다.

....
「산 위에서 복음을 전하는 예수 그리스도(The Sermon on the Mount)」, 1442, 프라 안젤리코(Fra Angelico), 프레스코화, 산 마르코 대성당, 피렌체.

열두 제자 모두에게 후광이 있는데, 예수님의 것에는 십자가가 그려져 있고, 오른쪽에서 두 번째 제자는 황금빛이 아닌 검정색이라 가룟 유다임을 짐작케 합니다.

하나님 나라를 향한 우선순위

주옥 같은 산상수훈의 말씀은 짧은 시간에 요약하여 말하기가 힘듭니다. 그러나 현실적으로 실천 가능하게 세 가지로 말하자면 "소중한 것 먼저 하기"(First Things First)라고 할 수 있습니다. 양자택일이 아니라 우선순위를 두고 행동하라는 말입니다.

예수님은 성속을 이분법으로 나누어 한 쪽을 버리고 다른 쪽만을 하라고 강요하지 않으십니다. 하나님 나라의 윤리를 이 세상에서도 실천할 수 있도록 우선순위의 문제로 말씀하십니다. 본문에는 "먼저"(마 5:24, 6:33, 7:5)라는 말씀에서 그것이 드러납니다. 배타적이지 않고 '보다'라는 비교급을 사용합니다(마 6:25, 26). 얼마나 친근하면서도 현실적인 말씀입니까?

산상수훈은 개인에게 주시는 말씀 같지만 공동체의 관계성에서 주어지는 말씀입니다. 몸이나 목숨이 물질보다 중요하고 사람이 동물이나 식물보다 중요한 것처럼, 가치의 우선순위에 따라 하나님, 사람, 동물, 물질 순으로 관계를 설명하고 있습니다. 십계명에서 하나님과의 관계와 사람과의 관계, 그리고 물질과의 관계 순으로 말하는 것과 마찬가지입니다. 결론적으로 하나님을 섬기고, 사람을 사랑하고, 물질을 다스려야 합니다. 이것이 기독교 세계관입니다.

■ 하나님과의 관계

제일 먼저 나오는 '먼저'는 하나님과의 관계에서 언급됩니다. 모든 관계의 시작은 하나님과의 관계입니다. 하나님과의 관계가 잘못되면 모든 것이 왜곡됩니다.

우리가 하나님과 관계를 맺는 수단은 예배입니다. 하나님은 우선 경배와 섬김의 대상입니다. "예물을 제단에 드리려다가 거기서 네 형제에게 원망들을 만한 일이 있는 것이 생각나거든"(마 5:23). 왜 평소에는 아무 이상 없다가 예배드리려고 하면 형제와 불편한 일들이 생각나는 것일까요? 혹시 그런 경험이 없었습니까?

이런 불편한 감정은 전적으로 성령님이 주시는 생각입니다. 은혜입니다. 성령님이 임재하신다는 증거입니다. 이런 때는 절대 소멸하지 말고 성령님의 역사에 순종해야 합니다. 그렇다면 어떻게 처신해야 할까요? "예물을 제단 앞에 두고 먼저 가서 형제와 화목하고 그 후에 와서 예물을 드리라"(마 5:24).

형제와 화목이냐, 하나님께 예물이냐? 예수님은 무엇이라고 하십니까? 하나님께 드리는 예배보다 형제와 화목하는 것이 우선이라고 말씀하십니다. 정말 이상합니다. 제가 이렇게 말했다면 인본주의자라는 비판이 바로 이어졌을 것입니다. 그런데 예수님이 이렇게 말씀하셨으니 그 본심을 잘 이해해야 합니다.

하나님은 우상이 아니십니다. 하나님은 전심으로 드리는 예배를 원하십니다. 우리가 진심으로 하는 것과 전심으로 하는 것은 차이가 있습니다. 아내를 진심으로 사랑하면서도 다른 여자를 사랑할 수 있습니다. 그러나 아내를 전심으로 사랑한다면 다른 여자를 사랑할 수 없

습니다. 우리가 하나님을 "마음과 뜻과 정성을 다하여" 사랑한다면
우상을 섬길 수 없습니다. 나누어진 마음으로 드리는 예배, 형식적으
로 드리는 예배를 하나님은 원하지 않으십니다. '영과 진리로 드리는
예배'를 원하십니다. 하나님은 우리에게 껍데기가 아니라 내용을 달라
고 하십니다.

　형제와 화목하지 않는 마음으로 드리는 예배는 전심으로 드리는
예배가 아닙니다. 하나님은 진정한 예배를 받으십니다. 가치 있는 예
배는 예물뿐 아니라 마음을 드리는 예배입니다. 형제와 먼저 화목하
라는 요청은 하나님께 드리는 예배가 중요하기 때문입니다.

예배 이전의 삶

예배는 예배 이전의 삶이 결정합니다. 하나님은 예배자와 예물을 받
으십니다. 예배자가 용납되지 않으면 예물도 열납되지 않습니다. 가
인과 아벨의 제사에서 무엇을 배웠습니까? 가인이 용납되지 않으니
'그의 예물'도 열납되지 않았습니다(창 4:5). 아벨이 용납되었기 때문에
'그의 예물'을 받으셨습니다(창 4:4).

　하나님은 중심을 보십니다. 이것도 마음과 동기의 문제입니다. 하나
님은 우리가 종교인이 아니라 예배자가 되기를 원하십니다. 목적이 좋
으면 수단도 좋아야 합니다. 예배는 선하고 귀한 것입니다. 예배의 과
정도 거룩해야 합니다.

■ 물질 관계

다음으로 우리는 육체를 입고 있기 때문에 물질과의 관계도 중요합니
다. 그러나 물질을 앞세우면 안 됩니다. 양자택일은 아니지만 하나님

나라와 의를 앞세워야 합니다.

> 그런즉 너희는 먼저 그의 나라와 그의 의를 구하라 그리하면 이 모든 것
> 을 너희에게 더하시리라 (마 6:33)

여기서 말하는 '이 모든 것'은 앞에 언급된 먹을 것, 마실 것, 입을
것입니다. 이것들은 인간 생존에 없어서는 안 되는 필수품입니다. 이
런 것들이 없으면 절대적 빈곤에 처합니다.

그런데 우리가 어렵다고 할 때, 생필품이 없어 어려운 것이 아닙니
다. 절대적 빈곤에 처한 경우는 극히 드뭅니다. 오히려 우리의 욕망을
자극하고 확장시켜 놓은 자본주의 사회 속에서 허망한 욕망 때문에
어렵게 느끼고 있는 경우가 많습니다.

현대는 우리에게 필요한 품목이 훨씬 더 많다고 주장합니다. 광고
는 우리에게 무엇이 더 필요한지, 무엇 때문에 불행한지를 가르치고
있습니다. 예수님 때보다 더 풍요로워진 것이 사실인데, 염려 항목은
더 많아졌습니다. 더 수입이 많은 직업을 가져야 하는데, 더 좋은 대
학에 진학해야 할 텐데, 더 넓고 편리한 집으로 이사해야 할 텐데, 더
오래 젊고 건강하게 살아야 할 텐데, 더욱 편리하고 세련된 자동차를
타야 할 텐데, 더 많은 배당금을 주는 주식에 투자해야 할 텐데, 더
많은 능력을 갖춘 사람과 결혼해야 할 텐데, 더 비싼 명품으로 치장
해야 할 텐데… 이렇게 구하는 것들은 기호품이고 사치품입니다. 우
리는 이것이 없어 상대적 빈곤에 시달리고, 이러한 욕심(greed)은 한도
끝도 없습니다.

십분 양보하여 그것들이 필수품이라고 할지라도, 인간은 필수품에

매달려 살아가서는 안 되는 존귀한 존재입니다. 예수님 당시의 사람들은 일상적인 필요에 매달리는 삶을 살았습니다. "무엇을 먹을까, 무엇을 마실까, 무엇을 입을까?" 하는 근심으로 평생을 보냈습니다. 예수님은 이런 인간의 욕망을 정죄하거나 없애라고 하신 것이 아니라 그보다 상위에 있는 가치를 알려주셨습니다. 그 가치를 알지 못하면 우리가 진정으로 욕망하는 것을 절대로 채울 수 없기 때문입니다.

우리가 욕망하는 것으로는 우리의 욕망을 채울 수 없습니다. 물질 가치로는 물질 가치를 채울 수가 없습니다. 영적 가치로만 물질 가치를 채울 수 있습니다. 이것은 예수님이 우물가의 여인에게 말씀하신 것이기도 합니다. "이 물을 마시는 자마다 다시 목마르려니와 내가 주는 물을 마시는 자는 영원히 목마르지 아니하리니 내가 주는 물은 그 속에서 영생하도록 솟아나는 샘물이 되리라"(요 4:13-14).

궁극적인 가치

가치이론에서는 가치를 다양하게 구별합니다. 영적 가치와 물질 가치, 궁극적 가치와 도구적 가치, 으뜸 가치와 따름 가치, 무형적 가치와 유형적(구체적) 가치, 무한 가치와 유한 가치로 말입니다. 그리스도인은 전자의 가치를 후자의 가치보다 우선적으로 추구해야 합니다. 예를 들어, 궁극적 가치는 사랑, 구원, 자유, 평화 같은 것입니다.

하나님 나라는 궁극적 가치라고 할 수 있습니다. 그 안에서는 나눔, 섬김, 돌봄 등의 무한 가치가 충만합니다. 도구적 가치로는 돈, 권력, 건강, 명예 등이 있는데, 이런 것들은 유한 가치입니다. 사람들이 물질적 가치, 도구적 가치, 따름 가치, 구체적인 가치, 유한 가치만을 추구할 때, 세상은 서로 더 많이 차지하기 위한 싸움판이 됩니다. 이런 세상에서 성도들은 영적 가치, 궁극적 가치, 으뜸 가치, 무형적 가치, 무한 가치를 추구하는 삶을 제시해 주어야 합니다.

솔로몬의 기도가 왜 그렇게 하나님의 마음을 감동시켰습니까? 그가 궁극적인 가치를 구했기 때문입니다. 그가 하나님 나라를 구하자 하나님은 세상적인 것들을 덤으로 주셨습니다.

내가 하나님의 일을 하면 하나님은 내 일을 해주십니다. 주기도(마 6:9-15)에도 하나님에 대한 것과 나에 대한 것, 두 종류의 기도가 나옵니다. 하나님의 이름과 나라와 뜻을 구하고, 나를 위한 양식과 용서와 보호가 나옵니다. 그런데 엄밀한 의미에서 하나님을 먼저 구하면, 나의 것은 저절로 주어집니다. 하나님 나라 안에 모든 것이 들어 있습니다. 하나님 나라에 기초하여 물질을 가질 때 비로소 그것이 복이 됩니다. 먹고, 마시고, 입는 것은 돈으로 되지만 목숨은 돈으로 되지 않습니다. 물질보다 귀한 것이 목숨입니다. 목숨보다 귀한 것이 영혼입니다.

물질 관계에서 하나님의 것을 먼저 구하지 못하게 하는 요인이 있는데, 이는 두려움과 염려입니다. 믿음의 반대는 두려움입니다. 염려는 믿음의 부재입니다. 그래서 성경에는 "두려워 말라"고 366번이나 언급하고 있습니다. 왜 366번일까요? 일년 365일 매일 두려워하지 말라는 것이고, 윤년이 있을 경우를 대비해서 한 번을 더 썼다고 합니다.

염려는 저급한 두려움입니다. 우리는 소중하게 여기는 것을 얻지 못할까봐 혹은 잃어버릴까봐 염려합니다. 염려와 기도는 함께할 수 없습니다. 기도하든지, 염려하든지입니다.

기도와 염려

기도와 염려는 약간의 생각 차이입니다. 기도는 하나님을 향한 생각이고, 염려는 나를 향한 생각입니다. 생각의 방향만 약간 바꾸면 염려가 기도가 됩니다. 염려 앞에 '하나님'을 붙이고 마지막에 '도와주시옵소서'라고 하면 기도가 됩니다.

"기도할 수 있는 데 왜 염려하십니까?" 산상수훈에서 염려에 대한 말씀은 여섯 번 나오는데, 기도에 대한 교훈(6:5-15, 7:7-11) 사이에 나옵니다. 즉 기도와 기도 사이에 염려가 있습니다. 기도를 쉬는 사이에 염려가 끼어듭니다. 그러므로 쉬지 말고 기도하십시오.

염려를 표현하는 원어 '메리므나'는 '분열하다', '나누다'는 의미입니다. 염려란 분열된 마음, 찢겨진 마음입니다. 하지만 염려로는 아무것도 변화시킬 수 없고 상황을 개선시킬 수도 없습니다. 백해무익한 것입니다. 염려로 이루어지는 일은 없습니다.

너희 중에 누가 염려함으로 그 키를 한 자라도 더할 수 있겠느냐(마 6:27)

염려는 오만 가지가 있다고 합니다. 만약 1번 염려가 없어지면 어떻게 될까요? 2번 염려가 1번으로 올라옵니다. 그리고 3번이 2번으로…. 그러므로 끝이 없습니다. 죽음밖에 염려에서 벗어날 길이 없습니다. 당신의 염려가 얼마 동안 남아 있었는지, 얼마나 심각한 것이었는지 되돌아보십시오. 그런데도 당신은 지금까지 살아있습니다.

결국 진정 염려할 것은 별로 없습니다. 대부분의 사람들은 실체도 없는 막연한 것을 염려합니다. 외모에 콤플렉스가 있습니까? 학벌에 콤플렉스가 있습니까? 재물에 콤플렉스가 있습니까? 건강에 콤플렉스가 있습니까? 걱정할 것 없습니다. 조금만 기다리십시오. 나이 60대에는 외모의 평준화, 70대에는 지식의 평준화, 80대에는 재물의 평준화, 90대에는 건강의 평준화가 이루어진답니다. 염려가 있는 분들은 다음 세 가지 질문에 정직하게 대답해 보십시오.

- 당신은 무엇을 염려하고 있습니까?
- 당신의 염려가 당신에게 어떤 유익을 가져다주었습니까?
- 당신의 근심은 당신이 소중히 여기는 것들을 어떻게 드러내고 있습니까?

하나님의 자녀입니까? 이방인입니까?

하나님 없는 자라면 스스로 염려하는 것이 당연합니다. 부모 없는 자식, 보호자 없는 고아이기 때문입니다. 하나님 없는 자식처럼 살지 마십시오. 우리에게는 우리를 사랑하시고 택하시고 부르시고 천국의 소망을 주시고 보호하시는 하나님 아버지가 계십니다.

산상수훈에서 예수님은 갈릴리 들판에 흐드러지게 핀 백합과 공중에 날아다니는 새들을 가리키면서 실물 교육을 하십니다. 하늘 아버지께서 꽃도 입히시고 새도 먹이시는데, 이런 식물과 동물보다 더 귀한 너희는 어떠하겠느냐고 하십니다. 참새의 믿음, 백합의 믿음을 본받으라고 하십니다. 아무리 나약한 생물도 하나님이 생존하게 하십니다. 우리는 하나님의 사랑 받는 자녀입니다. 돈으로 살려고 하지 말고, 믿음으로 사십시오. 돈의 논리는 '돈이 되니까 하자, 돈이 있으니

까 하자'입니다. 믿음의 논리는 '하나님의 뜻이니 하자, 하나님이 공급
하시니 하자'입니다.

  로버트 기요사키는 『부자아빠, 가난한 아빠』라는 책에서 "당신이
돈을 위해 일하지 말고, 돈이 당신을 위해 일하게 하라"고 권면합니
다. 돈은 24시간 내내 불평 없이 일합니다. 문제는 당신이 돈을 갖는
것이 아니라 돈이 당신을 갖는 데 있다고 합니다. 쉽게 말해서 돈이
당신을 가지고 논다고 할 수 있습니다. 돈에 얽매이지 말고 자유로워
야 합니다. 돈을 다스려야 합니다. 그러면 돈이 당신을 위해서 일하게
될 것입니다. "무언가 원하면 먼저 주라. 그러면 풍성히 돌아온다."

■ 인간관계

남과 비교하거나 남을 탓하거나 남을 비판하는 것은 좋지 않습니다. 비판은 사랑이 변하여 썩은 것입니다. 비판은 스스로 교만해진 것입니다. 자신이 심판자의 자리에 앉아 있는 것입니다. 비판이 습관이 되면 영력도 사라집니다. 결국은 자신도 같은 판단을 받게 될 것입니다.

너희가 비판하는 그 비판으로 너희가 비판을 받을 것이요 너희가 헤아리는 그 헤아림으로 너희가 헤아림을 받을 것이니라(마 7:2)

판단하는 네가 같은 일을 행함이니라(롬 2:1)

성도의 위대한 특징은 겸손입니다. 남의 잘못에 무관심하라는 뜻이 아닙니다. 아무 충고도 하지 말라는 것도 아닙니다. 남을 고쳐 준다는 것이 쉬운 일이 아닙니다. 그래서 먼저 준비가 필요합니다.

외식하는 자여 먼저 네 눈 속에서 들보를 빼어라 그 후에야 밝히 보고 형제의 눈 속에서 티를 빼리라(마 7:5)

여기 '외식하는 자'(hypocrite)는 '가면을 쓴 자', '쇼를 하는 자', '속이는 자'라는 뜻입니다. 나는 아무 문제가 없고 다른 사람에게만 흠이 있다고 생각하면 속이는 자가 됩니다. 그러나 내 눈 속에 '들보'가 있고 그에게는 '티'가 있다는 겸손한 마음이라면 충고가 됩니다. 내 눈 속에 '티'가 있고 그에게는 '들보'가 있다는 교만한 마음으로는 충고해 봐야 아무 유익이 없습니다.

형제의 약점을 고쳐 주려면 먼저 자신을 돌아보아야 합니다. 다른 사람의 허물은 자신을 비추는 거울입니다. 다른 사람의 실패를 보면서 당신이 배우는 것은 무엇입니까? 나에게는 그런 점이 없나, 나는 그런 잘못이 없나를 성찰해 보십시오.

다윗이 나단의 이야기를 듣고 부자를 정죄한 것처럼, 대체로 사람들은 남의 잘못은 잘 보면서 자기의 잘못은 보지 못합니다. 남의 잘못에는 흥분하여 역정을 내면서 "그런 사람이 있다니 그는 죽어 마땅하다"고 합니다. 그런데 사실 자신은 더 큰 죄를 지은 사람입니다. 다윗은 부자보다 더 큰 죄를 지은 사람입니다. 부자는 남의 양을 빼앗았지만 다윗은 남의 아내를 가로채고 그의 남편을 죽게 하였습니다. 그런데 자신에게는 관대하고 남은 엄격하게 판단합니다. 자신의 눈에 있는 들보는 보지 못하고 타인의 눈에 있는 티끌을 보는 것이 인지상정입니다. 하지만 이것이 반대로 되어야 합니다.

다른 사람을 보는 우리의 시각은 객관적이기보다 주관적일 때가 많습니다. 우리는 사물을 있는 그대로 보지 않고, 우리의 마음대로, 우리가 보고 싶은 대로 봅니다. 만약 내 눈에 들보가 들어 있다면 잘못 볼 가능성은 더욱 많습니다. 다른 사람을 비판하는 말을 듣게 될 때 그 말하는 사람의 됨됨이를 더 잘 알게 되는 경우가 많습니다.

그렇다면 남의 눈에 있는 티를 빼 주기 위해서는 어떻게 해야 합니까? 먼저 내 손을 깨끗이 씻어야 합니다(정결). 다음에는 바르고 밝게 보아야 합니다(객관적 지식). 예민한 눈을 나에게 맡길 수 있을 정도로 서로간의 신뢰를 쌓아야 합니다(신뢰와 사랑). 티만 정확하게 뺄 수 있는 능력을 배양해야 합니다(의사소통기술). 그러므로 충고하는 것은 어렵습니다. 이러한 사전 노력이 있어야 합니다.

09

가버나움
Capernaum

이만한 믿음을 만나 보지 못하였다
누가복음 7:1-10

'예수님의 동네'로 불리는 가버나움은 갈릴리 호숫가를 따라 길이가 300미터, 언덕 쪽으로 200미터 정도 크기의 땅으로, 예수님 당시 1,000여 명 정도 거주했던 곳으로 추정됩니다. 이방인 백부장이 이곳에 회당을 지어 준 것은 가난한 마을이었기 때문이라는 말도 있습니다. 마태는 가버나움의 세리였는데 세관에 앉아 있다가 제자로 부름을 받았습니다(마 9:9).

브루겐은 예수님이 세관에 앉아 있는 마태를 제자로 부르시는 장면을 우리에게 보여 줍니다. 예수님 곁에 한 제자가 서 있습니다. 마태 주위에는 부하직원으로 보이는 세 명이 있고, 탁자에는 문서와 펜과 잉크, 동전이 있습니다.

브루겐은 그림을 통해 각 인물의 심리를 묘사하고 있는 듯합니다.

「마태를 부르심(The Calling of St. Matthew)」, 1621, 브루겐(Hendrick ter Brugghen), 캔버스에 유화, 102×137cm, 네덜란드 센트럴 뮤지엄, 위트레흐트.

예수님이 마태를 손가락으로 가리키십니다. "나를 따라오너라." 마태는 예수님의 부르심이 자신을 향한 것인지 반문하고 있습니다. '여기 있는 사람 중 나를 지목하신 것입니까?' '여기 젊고 멋있는 사람도 있는데, 정말 저 말입니까?' 마태의 이 오른손은 자신 같은 자도 과연 예수님의 제자가 될 수 있는지를 묻고 있습니다. 예수님의 '파격적인 부르심'입니다.

빛은 예수님의 손을 타고 임합니다. 그러나 마태의 왼손은 여전히 돈과 회계장부를 가리키고 있습니다. 내면에 갈등이 일고 있다는 묘사입니다. 부르심과 현실 사이의 싸움입니다. 한편 곁에 있는 사람들은 예수님의 부르심에 이의를 제기합니다. 예수님의 손가락은 레위를 가리키지만 마태에게 세금을 납부하곤 했던 베드로로 보이는 제자는 옆에서 예수님을 만류하는 자세이고, 주변의 세리들은 탁자 위에 있는 문서와 동전을 가리킵니다. 마태는 부르심을 받아들였을 때 가장 많은 것을 포기해야 했습니다. 다시는 돌아갈 수 없는 길을 떠났습니다. 그곳에서 그가 가지고 온 것은 펜과 잉크가 유일합니다.

예수님 사역의 중심지, 가버나움

가버나움은 베드로, 안드레, 요한, 야고보, 마태, 이 다섯 제자와 관계 있는 곳이면서 많은 치유 이적이 일어난 곳이기도 합니다. 예수님은 베드로의 집에 들어가 열병에 걸려 앓아누운 그의 장모를 고쳐 주셨습니다. 이를 보고 사람들이 병자와 귀신들린 자를 많이 데리고 왔고 예수님은 그들 모두를 고쳐 주셨습니다.

예수님이 가버나움 집에 계실 때에 사람들이 운집하여 예수님께 나아갈 길을 얻지 못하자, 중풍병자의 네 친구는 지붕을 뚫고 중풍병자가 누운 상을 예수님 앞으로 내린 적도 있습니다. 예수님은 그들의 행동하는 믿음을 보시고 "일어나 네 상을 가지고 집으로 가라"고 명하심으로 치유의 역사를 일으키셨습니다.

또한 예수님은 가버나움 회당에서 말씀을 가르치시고 설교하셨습니다. 사람들은 그 가르치시는 교훈에 놀라고 말씀의 권세에 놀랐습니다. 그 권세와 능력 때문에 귀신이 쫓겨 가고 예수님의 소문은 각처로 퍼져나갔습니다.

오병이어의 이적은 벳새다 광야에서 행하셨지만 '생명의 떡'에 대한 말씀(요 6:22-59)은 가버나움 회당에서 하셨습니다.

나는 생명의 떡이니 내게 오는 자는 결코 주리지 아니할 터이요 나를 믿는 자는 영원히 목마르지 아니하리라(요 6:35)

제자들 사이에서 '누가 크냐'는 논쟁이 있었을 때 "첫째가 되고자하면 뭇 사람의 끝이 되며 뭇 사람을 섬기는 자가 되어야 하리라", "누구든지 내 이름으로 이 어린 아이 하나를 영접하면 곧 나를 영접함이요 누구든지 나를 영접하면 나를 영접함이 아니요 나를 보내신 이를 영접함이니라"(막 9:33-37)고 가르치신 곳도 가버나움입니다. 그리고 다른 사람들이 실족하지 않도록 베드로와 예수님의 성전세 한 세겔을 바친 곳도 바로 이곳입니다(마 17:24-27).

이렇게 가버나움은 예수님의 삼중 사역 곧 설교와 가르침과 치유 사역이 모두 나타난 곳입니다. 가버나움은 예수님 사역의 중심지였습니다. 그럼 왜 갈릴리에서도 좀 더 큰 도시인 찌포리나 디베랴가 아니고 가버나움이었을까요?

마태는 예수님이 가버나움으로 이주하여 사셨다고 말하고 있습니다. "나사렛을 떠나 스불론과 납달리 지경 해변에 있는 가버나움에 가서 사시니"(마 4:13). 예수님이 가르치시며 생활하신 곳이기 때문에 예수님의 '본 동네'(마 9:1)라고 불릴 정도였습니다. 예수님은 나사렛에서 성장하셨지만 사역은 이곳 가버나움에서 하셨습니다.

예수님은 가버나움을 기점으로 삼아 갈릴리 전역에 다니시면서 복음을 전파하고 가르침을 베푸셨습니다. 이는 예루살렘을 중심으로 한 유다 지방에서의 사역과 대조됩니다.

. . . .
가버나움 회당터 | 가버나움의 유적 가운데 가장 유명한 것은 석회암으로 만든 회당 구조물이다. 초기 회당은 로마의 백부장이 지었을 가능성이 많다. "그가 우리 민족을 사랑하고 또한 우리를 위하여 회당을 지었나이다"(눅 7:5). '회당'(synagogue)은 '함께 모이는 장소'라는 뜻으로, 유대 왕국 멸망 후 바벨론 포로기에 세워졌다. 회당은 세계 도처의 유대인 사회에서 구심점 역할을 하였다. 안식일에 예배처소로 사용되고, 교육, 집회, 재판 장소로 활용되었다. 바울은 각 지역의 회당을 찾아가 전도하였다.

어느 백부장의 이야기

예수님이 가버나움에 계실 때에 어느 백부장의 사랑하는 종이 병들어 죽게 되었습니다. 백방으로 손을 써보았지만 그 병을 고칠 수가 없었던 모양입니다. 그때 백부장은 예수님에 대한 소문을 듣게 되었습니다.

'모든 병을 고치는 예수님이 바로 가버나움에 계신다!' 백부장은 유대인 장로들을 통해 종의 병을 고쳐 달라고 예수님께 간청했습니다. 예수님이 요청에 응하여 그의 집에 다가가셨을 때, 백부장은 그의 친구들을 보내 예수님이 집에 들어오시는 것을 만류했습니다. 그리고 말씀으로만 명령하셔도 능히 낫겠노라고 하였습니다. 이에 예수님은 놀랍게 여기며 그의 믿음을 극찬하시고 종의 병을 낫게 하여 주셨다는 내용입니다.

하나님을 감동시키는 믿음

이 치유 이적에서 눈여겨볼 점은 예수님이 감동받으셨다는 사실입니다. 그것도 유대인이 아니라 한 이방인에 의해서 말입니다. 그 감동으로 예수님은 능력과 은혜를 베푸셨습니다. 은혜롭고 인자한 예수님이 감동까지 받으셨으니 그 은혜 베풂이 얼마나 더 컸겠습니까?

우리도 이 백부장처럼 예수님을 감동시켜 드려야 합니다. 감동이란 이처럼 귀중한 요소입니다. "사람의 행위가 여호와를 기쁘시게 하면 그 사람의 원수라도 그와 더불어 화목하게 하시느니라"(잠 16:7)라는 말이 있지 않습니까? 하나님은 우리에게 감동 받기를 원하십니다. 최근에 언제 감동해 보셨습니까? 어떤 일 때문에 감동하셨습니까? 다른 사람을 감동시켜 본 적이 있으십니까?

예수님이 감동하신 것은 백부장의 믿음 때문이라고 기록되어 있습니다. 성경에는 '큰 믿음', '작은 믿음'도 나오지만 '놀라운 믿음'도 나옵니다. 예수님을, 하나님을 감동시키는 믿음입니다.

이방인 백부장의 믿음은 주님을 감동시켰습니다. 예수님이 "그를 놀랍게 여겨 돌이키사 따르는 무리에게 이르시되 내가 너희에게 이르노니 이스라엘 중에서도 이만한 믿음은 만나 보지 못하였노라"(눅 7:9) 하셨습니다. '놀랍게 여겨'는 헬라어 '다우마조'(thaumazo)로서, '경탄하다', '감탄하다', '탄복하다', '깜짝 놀라다'는 뜻입니다. 쉽게 말해서 백부장의 모습을 보고 예수님이 '감동 받으셨다'는 것입니다. 그곳에서, 그런 사람에게서, 그런 종류의 믿음을 보는 것은 놀라운 일입니다. 결국 예수님의 치유의 손길이 이방인에게 베풀어집니다. 예수님은 외모로 사람을 취하지 않고 그 중심을 보십니다. 그러면 예수님을 감동시킨 것은 무엇이었을까요?

사람들을 감동시킨 백부장

백부장(centurion)은 당시 유대를 지배하고 있던 로마의 군대 장교로, 군인 100명을 수하에 두고 있는 사람입니다. 백부장은 로마 군대 체제의 가장 근간을 이루는 사람입니다. 그들은 성실하고 진중하며 죽음에 직면해서도 부하를 독려하고 옥쇄할 수 있는 사람이어야 합니다. 어떤 상황에서도 침착하고 받은 바 명령을 목숨을 다해 수행할 수 있는 성품과 자질을 지녀야만 백부장이 되었습니다.

그래서인지 성경에 등장하는 백부장은 대부분 좋은 사람으로 그려집니다. 가버나움의 백부장도 그렇고, 골고다 언덕에서 예수님의 죽음을 목격하며 "이는 진실로 하나님의 아들이었도다"라고 고백한 백부장도 그렇습니다. 사도행전 10장에는 가이사랴의 고넬료 백부장이 나오는데, 그의 선행과 구제가 하나님께 상달된 사람이었습니다. 바울을 압송하던 율리오란 백부장도 좋은 성품의 사람으로 그려지고 있습니다.

지배자이자 권력과 명성을 지닌 이가 피지배 민족의 누군가를 찾아가 부탁한다는 것은 쉽지 않은 일입니다. 하지만 백부장은 예수님을 찾기로 결단했습니다. 예수님에 대한 소문을 듣고 이미 믿었기 때문입니다. "믿음은 들음에서 나며 들음은 그리스도의 말씀으로 말미암았느니라"(롬 10:17).

가이사랴 빌립보에서 베드로가 예수님의 그리스도 되심을 고백했는데 이미 백부장은 자신의 고향에서 예수님을 주로 믿고 있었던 것입니다. 참으로 빠르기도 합니다. 하나님이 택정하신 사람은 세상 어디에나 있는 법이고 우리가 생각하지도 못한 방법으로 하나님 나라를 받아들이고 있습니다.

"어떤 백부장의 사랑하는 종이 병들어 죽게 되었더니"(2절). 백부장은 그 종의 문제를 예수님이 능히 해결해 주실 것으로 믿고 조치를 취한 것입니다. 그는 로마 백부장의 신분이었지만 예수님을 자기의 상관 이상으로 존중하였습니다. 예수님이 말씀만 하셔도 모든 것이 이루어진다고 확신하고 있었습니다. 하나님의 영에 감동한 사람입니다.

또한 당시에 종은 재산으로 여기지고 짐승처럼 취급받는 존재였습니다. '사랑하는' 아들이라는 말은 있어도 '사랑하는 종'이란 말은 도무지 어울리지 않았습니다. 그런데 백부장이 예수님을 찾은 것은 자기의 병이나 자녀의 병 때문이 아닙니다. 종의 병 때문입니다. 그는 하인의 병 때문에 이미 많은 노력을 했고, 그런 중에 예수님의 소문을 들었을 것입니다. 하인이 직접 찾아나설 수 없는 어려운 형편에 놓였기 때문에 자신이 직접 찾아나선 것입니다.

주종 관계가 분명한 당시의 사회 상황, 하인을 물건이나 재산처럼 다루던 상황을 생각해 보십시오. 이 하인은 아마도 유대인 하인이었을 것입니다. 피고용자들이 건강하고 능력 있어 필요성이 있을 때는 데리고 있다가 병들어 쓸모없게 되면 '일할 수 없으면 나가라'는 식으로 대하는 것이 세상 이치입니다. 그런데 병든 하인을 위해 시간과 물질을 바쳐 애쓰는 백부장이라니요? 그 고매한 성품이 너무나 훌륭합니다.

긍휼의 사역

사실 치유의 이적은 이런 마음을 가진 사람들을 통하여 나타납니다. 예수님이 환자들을 고치실 때도 불쌍히 여기는 마음으로 역사하셨습니다. 그리고 환자를 불쌍히 여기는 사람들의 마음을 통해서 역사하셨습니다. 대체로 치유의 이적은 긍휼 사역의 결과입니다. 예수님이 긍휼히 여기시든지 사람이 긍휼히 여기든지, 긍휼히 여기는 마음을 통해 역사가 일어납니다. 종의 병을 치료해 주기 위해 예수님께 사람을 보내왔다는 사실이 예수님을 감동시켰습니다.

게다가 그 백부장은 타민족인 유대인들에게까지도 칭찬을 받는 사람이었습니다. 종을 사랑하고, 그의 병을 고쳐 주고자 애쓰는 모습도 그렇지만 유대인들을 위해 행한 일들로 이미 사람들의 마음을 샀습니다. 유대인이 로마의 지배를 받는 복속민이고 백부장은 로마의 군대 장교로서 그들을 관할하는 지배자라면, 사이가 좋지 않은 원수로 지내기 쉽습니다. 그런데 이 백부장은 유대인들에게 좋은 평판을 얻고 있었습니다.

백부장은 피지배자인 유대 사람들의 마음조차 감동시켰습니다. 그래서 유대인들의 칭찬과 추천을 받게 되었고, 유대인 장로들도 기꺼이 그를 위해 나설 정도였습니다. 피지배인에게 이런 칭찬을 받기란 보통 어려운 일이 아닙니다. 유대인 장로들이 예수님께 나아와 그를 위해 간구한 내용을 살펴보십시오.

그들이 예수께 나아와 간절히 구하여 이르되 이 일을 하시는 것이 이 사람에게는 합당하니이다 그가 우리 민족을 사랑하고 또한 우리를 위하여 회당을 지었나이다 (4-5절)

지배를 받는 유대인들을 '사랑하고' 그들을 위해 회당을 지어 주었다는 사실은 유대인들을 감동시키기에 충분했습니다. 그의 선행은 유대인들에게 널리 알려졌고 장로들은 백부장의 일을 자기 일처럼 예수님께 '간절히' 구할 정도였습니다. 유대인과 유대인 장로들 모두에게 인정과 칭찬을 받는 백부장입니다. 이 백부장은 사람들에게 좋은 증거가 있는 사람입니다. 압제하는 로마 군인들이나 헤롯당, 세리들과는 전혀 다른 백부장이었습니다.

사실 그의 인품은 그가 직접 예수님을 대면하지 않고 사람들을 보낸 것에서도 미루어 짐작할 수 있습니다. 자신이 직접 예수님께 나아가지 않고 다른 사람을 보낸 것은 겸손의 표현입니다. 또한 배려가 깃든 행동이었습니다.

유대인들이 정결의식에 큰 관심을 갖고 있다는 것은 세상이 다 아는 일입니다. 따라서 유대교의 지도급 인사들은 이방인과의 접촉, 그들의 집에 들어감으로써 종교 의식적으로 불결해지는 것을 피하는 상황입니다. 백부장을 만나는 일로 자칫 잘못하면 예수님이 스캔들에 휘말리실 수도 있습니다. 백부장은 혹시라도 예수님이 자신으로 인해서 불결해지거나 불편해지는 것을 염려하여 대신 다른 사람들을 보낸 것입니다. 예수님을 배려하는 아름다운 마음의 발로이자 유대인의 전통을 존중하는 자세입니다. 이와 같이 백부장은 자기의 하인도, 유대인도, 예수님도 배려하고 있습니다.

하지만 백부장의 염려는 기우였습니다. 예수님은 바리새인처럼 정결 규례에 얽매이지 않으셨습니다. "건강한 자에는 의사가 쓸 데 없고 오직 병든 자에게라야 쓸 데 있느니라"고 하시면서 세리와 죄인들에게 친근하게 다가가신 것이 이를 증명합니다. 예수님 편에서 몸소 백부장의 집을 향하여 가심으로써 유대인과 이방인 사이에 있던 분리의 벽이 허물어지게 되었습니다. 예수님은 적극적으로 그 담을 헐고 화평을 이루기 원하십니다. 이방인도 구원의 대상으로 포함시키시는 예수님의 적극적인 태도입니다.

예수님을 감동시킨 백부장

백부장은 유대인과 장로들을 감동시켰을 뿐만 아니라 예수님도 감동시켰습니다. 예수님이 백부장을 만나러 가시는 도중, 백부장은 다시 친구들을 보냈습니다.

주여 수고하지 마옵소서 내 집에 들어오심을 나는 감당하지 못하겠나이다(6절)

이 말을 달리 표현하면 다음과 같습니다. "저는 자격이 없는 사람입니다. 저는 내세울 것이 없는 사람입니다." 예수님을 향해서 자신의 부족함을 고백하고 있습니다. 장로들은 그를 칭찬하면서 그는 '합당하다'고 평가했습니다. 하지만 그는 자신이 예수님께 나아갈 자격도, 무엇을 부탁할 처지도 아니라고 말합니다. 예수님이 오시는 것을 '감당치 못하겠다'고 하면서 겸양했습니다. 많은 것들이 있음에도 자기 자신을 낮추는 백부장은 남다른 데가 있습니다. 그는 예수님이 오시는 것도, 자신이 예수님께 나가는 것도 감당하지 못하겠다고 하고 있습니다(7:6, 7).

이런 태도는 바리새인들과는 전혀 반대되는 것입니다. 바리새인들은 스스로 하나님께 합당하다고 여기고 남을 비난하였습니다. 그들은 자기 의를 내세우는 교만으로 예수님을 대적했습니다. "진실로 그는 거만한 자를 비웃으시며 겸손한 자에게 은혜를 베푸시나니"(잠 3:34). 결국 겸손한 자가 은혜를 입게 됩니다.

예수님을 감동시킨 것은 이것만이 아닙니다. 백부장의 고매한 성품, 타민족을 위한 선행, 자기를 낮추는 겸손, 남들의 칭찬도 귀한 것이지만 궁극적으로 예수님을 감동시킨 것은 예수님을 자기 인생에 최고의 권위자로 받아들인 믿음입니다.

예수님을 초대할 때는 언제고, 이제는 들어오지 말라고 합니다. 다소 어리둥절한 상황입니다. 아마도 백부장은 종의 병세가 위중한 다급한 상황이라 예수님이 자신의 집에 직접 들어오시는 문제까지는 고려하지 못한 듯합니다. 다만 예수님이 거리에서 이방인과 만나는 모습을 보이지 않으리라는 생각으로 장로들을 보낸 것인데, 자신의 요청을 듣고 예수님이 그의 집으로 오시는 것이 아니겠습니까! 그것도 이방인의 집에! 자신의 배려가 부족했음을 자책하면서 백부장은 벗들을 다시 보내 자신의 집안에 들어오시는 것을 만류한 것입니다.

하지만 사랑하는 종은 치유를 받아야 할 것이 아니겠습니까? 궁하면 통한다고 했습니다. "말씀만 하사 내 하인을 낫게 하소서." "말씀만 하소서. 그리하면 내 하인이 낫겠나이다." 백부장은 예수님 말씀의 능력을 믿었습니다.

백부장이 이런 믿음을 지니게 된 것은 군인이라는 직업과도 연관성이 있었을 것입니다. 군대는 명령 체계가 핵심입니다. 철저한 상명하복! 명령에 살고 명령에 죽습니다! 상관이 눈에 보이든 보이지 않든 그가 내린 명령은 반드시 수행되어야 합니다. 따라서 주권(主權)에 대한 개념이 아주 뚜렷합니다. 백부장은 생각했을 것입니다. '만약 예수님이 주님(kurios)이시라면 만물이 그분의 명령에 순종해야 한다. 내가 믿는 예수님은 온 우주의 주님 되신다!' 그래서 이 믿음을 적용해 본 것입니다.

동일사건 본문인 마태복음은 백부장의 말을 다음과 같이 전하고 있습니다. "다만 말씀으로만 하옵소서 그러면 내 하인이 낫겠사옵나이다. 나도 남의 수하에 있는 사람이요 내 아래에도 군사가 있으니 이더러 가라 하면 가고 저더러 오라 하면 오고 내 종더러 이것을 하라 하면 하나이다"(마 8:8-9).

믿음의 도약

이는 믿음의 대담한 도약이었습니다. 백부장은 전제 군주 체제의 장교로서 가이사의 권위를 받아 '가라', '오라', '이것을 하라', '저것을 하라'는 명령을 내린 경험이 있습니다. 예수님도 하나님의 권위를 가지고 무엇이든지 명하시면 되는 줄을 믿었습니다.

재미있는 사실이 있습니다. 유대인들은 예수님으로부터 나오는 치유 능력을 받기 위해서 그분의 몸에 손을 댔다고 누가는 조금 전에 전해 주었습니다. "온 무리가 예수를 만지려고 힘쓰니 이는 능력이 예수께로부터 나와서 모든 사람을 낫게 함이러라"(6:19). 예수님을 둘러싸고 있던 유대인 무리가 예수님께 능력을 받기 위해서 에워싸고 밀고 하는 수준임을 감안한다면 이는 가히 놀라운 믿음입니다.

아람 사람인 나아만 장군도 치기를 부렸습니다. 엘리사가 대면도 하지 않고 대뜸 요단 강물에 가서 몸을 씻으라고 하니 화를 냈습니다. "나아만이 노하여 물러가며 이르되 내 생각에는 그가 내게로 나와 서서 그의 하나님 여호와의 이름을 부르고 그의 손을 그 부위 위에 흔들어 나병을 고칠까 하였도다"(왕하 5:11). 이것은 보잘것없는 믿음입니다.

하지만 백부장은 예수님의 말씀만으로 나을 것을 전혀 의심하지 않았습니다. 이방인의 수준은 물론이요 하나님의 본 자손의 믿음 수준도 훌쩍 뛰어넘습니다. 예수님은 이러한 백부장을 매우 경이롭게 여기며 "이스라엘 중에서도 이만한 믿음을 만나 보지 못했다"고 말씀하셨습니다.

절대적 권위를 인정하는 믿음

백부장의 믿음에 대해 여러 가지 말을 할 수 있습니다. "다만 말씀으로만 하옵소서" 하였으니 '말씀 위주의 신앙'이다. '칭송받는 믿음'이다. '순종하는 믿음'이다. '남을 구원하는 믿음'이다 등등. 그의 성품에 대해서도 '정직한 사람이다', '관용이 있는 사람이다', '배려할 줄 아는 사람이다', '선량한 사람이다', '겸손한 사람이다', '친절한 사람이다', '사랑의 사람이다' 등입니다. 모두 맞는 말입니다. 하지만 예수님을 감동시키고 깜짝 놀라게 한 것은 하나님의 권위를 절대적으로 받아들인 그의 믿음입니다.

예수님의 권위는 타이틀이나 직책에서 오는 것이 아닙니다. 예수님의 권위는 불가피하게 수용할 수밖에 없는 강요된 권위가 아니었습니

「그리스도와 백부장(Christ and Centurion)」, 1575, 파울로 베로네세(Paolo Veronese), 캔버
스에 유화, 142.3×208.3cm, 넬슨 애킨스 미술관, 캔자스시티.

다. 오직 믿음으로 자발적으로 받아들이는 자들이 부여하는 권위였
습니다. 백부장은 믿음으로 예수님의 권위를 인정했습니다. 예수님의
절대적인 권세를 인정했습니다.

로마 황제 가이사의 권위를 가지고 있었던 백부장이 아무런 훈장
이나 제복도 걸치지 않은 속국의 평범한 예수님께 절대 권위의 자리
를 드렸습니다. 가이사의 권위가 하나님의 권위에 복종하는 모습입니
다. 이것이 예수님을 놀라게 한 것입니다. 유대 장로들은 백부장의 선
행에 감동했지만 예수님은 백부장의 믿음에 감동하셨습니다.

「그리스도와 백부장」은 「가나의 혼인 잔치」, 「레위 집안에서의 잔
치」 등으로 유명한 베로네세의 작품입니다. 베로네세는 16세기 르네
상스 시절 이탈리아 베네치아에서 활동했는데 그의 화풍은 화려한

색채 구조와 풍성함과 광휘를 특징으로 합니다.

　가버나움의 백부장에 대한 기사는 마태복음과 누가복음에서 묘사된 내용이 상당히 다릅니다. 마태복음에서는 유대인 장로들을 통하지 않고 직접 나아와 예수님께 간구하는 것으로 되어 있습니다. 반면 누가복음에서는 유대인 장로들이 중보자로 나타나며 끝까지 예수님과 백부장의 직접적인 만남은 이루어지지 않습니다. 베로네세는 마태복음 8장 5-13절을 바탕으로 백부장이 예수님께 나아와 간청하는 클라이맥스 부분을 그렸습니다.

　화면의 좌측에는 예수님과 제자들이 있습니다. 오른쪽에는 백부장과 그의 부하들이 있습니다. 백부장은 자신의 하인을 고치기 위해서 예수님께 나아와 투구도 벗고 칼을 내려놓고 무릎을 꿇고 손을 벌려 간청하고 있습니다! 로마 황제의 권세 대신 예수님의 권세를 인정하고 그것을 믿고 무릎을 꿇은 것입니다. 일종의 항복선언입니다. 지배자가 피지배 민족의 한 사람에게 복종한 것입니다. 참 충격적인 광경입니다.

　부하인 로마 병사들조차 깜짝 놀라 상관을 일으켜 세우려 합니다. 그러다 보니 그들 역시 예수님을 향하여 구부린 모양이 되었습니다. 예수님의 제자들은 그가 이방인이라는 이유 때문인지 등을 돌리고 경계의 눈초리를 보내고 있습니다. 하지만 예수님은 그를 굽어보시며 한 손을 내밀어 백부장의 겸손, 그의 사랑, 그의 단순한 믿음을 칭찬하십니다.

　내가 진실로 너희에게 이르노니 이스라엘 중 아무에게서도 이만한 믿음을 보지 못하였노라 (마 8:10)

복음서에는 예수님이 놀라셨다는 표현이 두 번 나오는데, 첫 번째는 고향인 나사렛 사람들의 불신앙에 놀라셨고(막 6:6), 둘째는 지금 이방인 백부장의 큰 믿음에 놀라셨습니다. 전자는 신앙을 기대했는데 불신앙 때문에 놀라셨고, 후자는 기대하지 못했던 믿음을 발견하게 되어 놀라셨습니다.

어떤 믿음인가?

요즘은 말세지말이라서 그런지 교회에서조차 제대로 된 믿음을 찾기가 힘듭니다. 하지만 교회에 나온 적도 없는 사람이 하나님을 두려워하고 하나님 말씀에 자신의 인생 문제에 대한 자문을 구하는 뜻밖의 경우도 있습니다. 아마도 백부장 사건과 같은 맥락일 것입니다. 진실로 중요한 것은 민족도 자격도 아닌 하나님을 향한 믿음입니다. 그래서 장래에 동서로부터 많은 사람이 이르러 아브라함과 이삭과 야곱과 함께 천국에 앉지만, 본 자손들은 천국 잔치에 참여하지 못하고 바깥 어두운 데 쫓겨나 거기서 울며 이를 갈게 되리라(마 8:11-12)고 말씀하신 것입니다.

응답 받은 믿음

예수님은 백부장에게 "가라 네 믿은 대로 될지어다"(마 8:13)라고 하셨습니다. 백부장의 요청대로 정말 '말씀으로만' 하셨습니다. 그러자 말씀대로 되었습니다. 누가복음에서는 감동하시고 칭찬만 하셨는데, 집에 가 보니 종이 이미 나아 있었습니다(눅 7:10). 예수님이 손 하나 대지 않으셨고, 집에 들어가지도 않으셨고, 병자도 보지 못하신 상태에서 역사가 일어난 것입니다.

지체 없이 병이 그 하인에게서 떠났습니다. 즉각적이고 완전한 치유였습니다. 백부장의 믿음, 큰 믿음, 감동시키는 믿음이 응답을 받은 것입니다. 하인의 치유는 예수님의 권위와 백부장의 믿음이 얼마나 실제적인가를 보여 주는 물증입니다.

예수님을 감동시킨 백부장의 행실에는 하인의 충성이 있었을지도 모릅니다. 그 하인은 눈가림만 하지 않고 성심성의껏 주인을 섬겼을 것입니다. 사람을 섬기듯 하지 않고 주님을 섬기듯 그렇게 자신의 일에 충성한 종이 있었기에, "잘하였도다. 착하고 충성된 종아"라는 말이 백부장의 입에서 떠나지 않았을지도 모릅니다. 백부장의 믿음은 자신이 받은 감동으로, 다른 사람들을 감동시키고, 결국 예수님까지 감동시키는 삼중감동이었습니다.

자신이 감동하고, 남을 감동시키고, 하나님을 감동시키는 사람! 평생에 단 한 번만이라도 하나님을 감동시켜 보십시오. 하나님을 감동시키면 당신의 생애를 하나님이 전적으로 책임지십니다. 하나님이 감동하시는 것은 우리의 헌신과 순종과 믿음입니다. 어떻게 헌신하시겠습니까? 무엇을 순종하시겠습니까? 어떠한 믿음을 보이시겠습니까?

모든 인생의 문제를 치유하는 열쇠는 하나님께 절대 권위를 두는 것입니다. 하나님은 만물을 만드시고 만물을 운행하시고 만물을 구원하십니다. 창조자 하나님만큼 창조물들을 잘 다루실 분은 없습니다. 하나님 말씀에 우선적인 권위를 주십시오. 말씀에 권위를 두지 않기 때문에 기적이 일어나지 않는 것입니다.

누구의 권위 아래 있는가?
오늘도 내 문제를 가지고 가장 먼저 하나님께 나아가 자문을 구합니다. 말씀 속에서 가르쳐 주실 것을 믿으며 말씀을 봅니다. 그리고 하나님의 말씀이 가라 하면 가고, 오라 하면 오고, 이것을 하라 하면 하고, 저것을 하라 하면 합니다. 나의 삶에 하나님의 권위를 최고의 것으로 받아들일 때, 하나님의 나라가 임합니다. 하나님의 나라는 다름 아니라 하나님의 권위가 통하는 곳입니다.

하나님의 통치, 하나님의 권위가 최고로 통하는 곳에서 하나님의 역사가 드러납니다. 나의 삶이, 가정이, 교회가, 일터가 하나님 나라인지 아닌지는 이 기준으로 알 수 있습니다.

'누구의 권위 아래 있느냐', 이것이 내가 누구인가를 말해 줍니다. 아담과 하와는 하나님보다 뱀의 권위를 받아들였습니다. 당신은 정말 하나님의 사람, 하나님의 종입니까? 하나님이 가라 하시면 가고, 오라 하시면 오고, 이것을 하라 하시면 하고, 저것을 하라 하시면 하고 있습니까?

요단 강을 중심으로 본 이스라엘과 요르단

10

나인 성
Nain

청년아 일어나라
누가복음 7:11-17

가버나움에서 백부장의 종을 고치신 예수님은 무리와 함께 나인 성으로 가고 계셨습니다. 예수님의 권세 있는 말씀과 기적을 접한 많은 사람들이 그분의 뒤를 따르고 있었습니다.

예수께서 나인이란 성으로 가실새 제자와 많은 무리가 동행하더니(7:11)

한편 나인 성에서는 장례 행렬 하나가 나오고 있었습니다. 나인이라는 말은 '즐거움'이라는 의미를 가지고 있습니다. 하지만 지금 나인 성은 불의(不意)의 죽음을 당한 한 청년으로 인해 슬픔에 사로잡혀 있습니다.

그런데 이것을 극복하게 해줄 새로운 행렬이 성에 접근하고 있습니다. 만약 하늘에서 이 광경을 본다면 어떨까요? 두 행렬이 서로를 향해 나아가다 드디어 만나는 장면입니다. 성 밖에서 들어가는 생명의 행렬이 성 안에서 나오는 죽음의 행렬과 조우하고 있습니다. 이 조우를 통해, 슬픔이 기쁨이 되고 절망이 희망으로 바뀌게 됩니다. 죽음의 행렬에서 벗어나 생명의 행렬에 합류하게 됩니다.

어릴 때 저는 시골에 살았기 때문에 상여가 나가는 광경을 많이 보았습니다. 한 아이가 죽은 사람의 영정을 들고 앞서 가고 꽃상여를 멘 장정들이 뒤따릅니다. 한 사람이 종을 치면서 구슬프게 "어- 헤이 어- 헤이, 이제 가면 언제 오나" 하면서 딸랑딸랑 종을 치면, 따르는 사람들이 "어- 헤이 어- 헤이" 하고 받습니다.

거친 상복을 입은 상주와 유족들은 몸도 제대로 가누지 못한 채 울면서 따르고, 각색 만장기가 뒤따릅니다. 상여 색실에는 노자(路資)로 쓰라는 의미에서 지폐를 쑤셔 넣습니다. 그 뒤를 동네 어른들이나 친지들이 줄을 지어 따르던 모습이 선합니다.

어려서는 잘 몰랐는데 철이 들면서 보니, 모르던 사람의 죽음이 이웃집 할아버지로, 나의 할아버지로, 큰아버지로 점점 가까이 다가왔습니다. 처음에는 구경꾼이었는데 나중에는 상여 대열의 일원이 되어 무덤까지 여러 차례 따라갔습니다.

사람마다 우는 이유도 제각각입니다. 돌아가신 분이 불쌍해서 울고, 자신에게 잘해 주시던 분을 더 이상 세상에서 만날 수 없어서 울고, 그 죽음이 내 가까운 사람에게 미칠까 두려워서 울고, 자신도 죽게 된다는 것을 알게 되어 웁니다.

"단장의 미아리고개"라는 노래를 아십니까? 한국 전쟁 직후에 발표된 세상에서 가장 슬픈 노래입니다. 단장(斷腸)은 '창자가 끊어진다'

는 뜻입니다. 진나라 때 환온이 '촉'을 정벌하기 위해 협곡을 지날 때, 한 병사가 새끼 원숭이 한 마리를 잡아왔고, 그 어미 원숭이가 배를 좇아 백여 리를 뒤따라오며 슬피 울다 죽었는데, 자식을 잃은 슬픔에 창자가 마디마디 끊어져 있었답니다.

1950년 6월 25일, 갑자기 북한의 인민군이 남한으로 쳐들어왔습니다. 서울에서 북으로 잡혀간 사람들은 철사줄에 꽁꽁 묶여 미아리 고개를 넘어갔습니다. 북으로 끌려가는 남편을 바라보던 그 여인들의 단장이 끊어지는 슬픈 마음을 표현한 노래입니다. 이 노래는 1956년, 한국전쟁 휴전 후에 발표된 트로트 곡으로 반야월 작사, 이재오 작곡, 이해연이 노래를 불렀습니다.

미아리 눈물 고개
님이 떠난 이별 고개
화약연기 앞을 가려 눈 못 뜨고 헤매일 때
당신은 철사줄로 두 손 꽁꽁 묶인 채로
뒤돌아보고 또 돌아보고
맨발로 절며 절며 끌려가신 이 고개여
한 많은 미아리 고개

한국의 독립을 위해 목숨 바친 선구자들, 6·25 전쟁에서 전사한 군인들과 유엔군들, 민주화 과정에서 희생된 분들, 연평해전에서 순직한 군인들, 천안함 폭침으로 사망한 군인들, 그 외에 폭력과 사고, 순직, 순교 등 자연적인 죽음이 아니라 숭고한 뜻을 위하여 강제적인 죽음을 당한 분들이 많습니다. 세월호 참사로 희생당하신 분들을 추모하며 어린 자녀들을 먼저 보낸 유족들에게 위로하심을 빕니다.

죽음의 행렬

나인 성에 장례가 났습니다. 더구나 청년이 죽었기 때문에 모두에게 슬픔과 안타까움을 안겨주었을 것입니다. 청년의 죽음은 더욱 슬픕니다. 많은 사람들이 장례 대열에 참여한 것을 보아 청년의 죽음은 무슨 이유에선지 몰라도 마을 전체에 커다란 충격을 주었던 것 같습니다. 사실 아이나 젊은 사람의 장례는 조용하게 치르는 것이 관례인데, 청년의 죽음은 이와 달랐습니다. 아마도 의로운 죽음이거나 젊은 나이였지만 그의 삶이 마을 사람들에게 커다란 영향을 미쳤던 것 같습니다.

자녀의 죽음은 부모에게 세상에서 가장 큰 슬픔입니다. 바티칸 베드로 성당에 있는 미켈란젤로의 「피에타」 조각상을 보면 청년 예수의 죽음을 내려다보는 어머니 마리아의 슬픔이 가슴 저리게 느껴집니다. 예수님은 이 슬픔을 미리 아시고 그 과부 어머니를 불쌍히 여기지 않으셨나 생각합니다.

이 젊은이의 죽음이 더욱 안타까운 것은 그가 과부의 외아들이란 사실 때문입니다. 당시의 과부는 고아와 마찬가지로 아무런 소망이 없는 비참한 사람입니다. 그녀는 사랑하는 남편과 사별하였고, 이제는 청년이 다 된 아들의 죽음을 맞이한 것입니다. 유일한 소망이었던 외아들이 죽은 것입니다. 남편에 이어 아들까지 연거푸 상을 당하였습니다. 남편도 없고 나이도 많기 때문에 그 과부는 다시는 자녀를 얻을 수 없는 처지입니다. 그러므로 청년의 죽음은 과부의 절망과 죽음으로 이어집니다. 정말 어떻게 돌이킬 수 없는 안타까운 상황입니다.

「피에타(Pieta)」, 1498-1499, 미켈란젤로(Michelangelo Buonarroti), 대리석, 174×195cm, 성 베드로 대성당, 바티칸. 미켈란젤로는 23세 때 첫 작품으로 이런 걸작을 만들었고, 작품에 자신의 이름을 새겨 넣은 유일한 작품이었다. 그리고 미켈란젤로가 89세로 죽기 6일 전까지 작품을 만들며 자신의 무덤가에 세워달라고 유언했던 작품도 「론다니니 피에타」였다. 피에타(Pieta, 그리스도의 죽음을 애도함)가 미켈란젤로의 생애를 아우른 셈이다.

저도 전도사로부터 시작하여 지금까지 많은 장례를 집례했습니다. 중앙교회에 부임한 후로는 연로하신 교우들이 많이 계시기 때문에 거의 매주 장례가 있습니다. 저의 역할은 요단 강 푸른 물에 노 젓는 뱃사공입니다. 가장 가슴 아팠던 장례들은 군목을 할 때였습니다. 부대에서 수류탄이 터져 죽은 병사들을 장례 치를 때, 총기 사고로 병사들이 죽었을 때, 회식 후에 자다가 기도 폐쇄로 병사가 죽었을 때…

지금도 기억이 생생한 일은 박형서 상병이 내부반에서 자다가 죽은 것입니다. 회식하고 자다가 토한 것이 기도를 막아 아침에 죽은 시체로 발견되었습니다. 홀어머니가 시체를 어루만지며 "형서야, 이 에미 왔대이. 어서 퍼뜩 일어나거래이…" 하며 울면서 밤을 지새우던 모습이 얼마나 가슴 아팠는지 모릅니다. 지금은 어떻게 사시는지 모르겠습니다. 무슨 말로도 위로가 안 됩니다.

하지만 요즘은 육신적 죽음만이 문제가 아닙니다. 요즘 청년들은 살았다는 이름은 있지만 죽어 있는 경우가 많습니다. 그래서 더욱 슬픕니다. 청년들이 꿈이 없습니다. 앞날에 대한 기대도 없습니다. 직장도 없고, 결혼도 하지 않고, 자녀도 낳지 않고, 장래 희망도 없습니다. 1997년 말부터 시작된 경제 위기는 실업 대란을 가져왔습니다. '이태백'(이십대의 태반이 백수)이라는 신조어가 생길 정도로 청년 실업은 전체 실업률의 두 배에 가깝고 잠재된 실업까지 합하면 대학 졸업자 4명당 1명 꼴로 백수 생활을 하고 있습니다. 타 연령대에 비해 매우 심각한 수준입니다. 실제로 15-29세 연령층의 실업률은 지난 20여 년에 비추어 볼 때 전체 실업률의 두 배가 넘습니다. 청년 실업자가 전체 실업자의 40-50%를 차지합니다. 이런 상황에서 몸부림치다 결국 꿈도 희망도 다 포기해 버린 것이 아닐까요? 이 또한 청년의 죽음이 아닙니까! 청년들에게 비전을 불어넣고 열정이 불 일듯 일어나게 하는 것이 바로 교회의 일 아닙니까?

자식이 먼저 죽으면 부모 가슴에 묻는다고 했고, 어머니의 억장이 무너진다고 했습니다. 과부의 외아들이 죽었습니다. 세상에 이런 가슴 아픈 일이 있습니까? 여자 혼자 힘으로 어떻게 키운 자식인데, 그 아들은 과부의 유일한 희망인데, 과부의 생명은 아들과 결탁되어 있는데, 어떻게 이 둘을 가른단 말입니까? 온 동네가 다 나서도 위로할 수 없었을 것입니다. 같이 울어 줄 수는 있어도 돌이킬 수 없는 죽음 앞에 무력한 자신을 한탄했을 것입니다.

죽음: 인생의 최대 문제

인생에서 최대의 문제는 죽음의 문제입니다. 그리고 이것은 누구도 피할 수 없습니다. 젊은 사람도 죽습니다. 건강하던 사람도 죽습니다. 지혜자도 권력자도 죽습니다. 살아있는 사람은 누구나 죽습니다. 언제 어떻게 죽을 것인가의 차이만 있을 뿐입니다.

하이데거는 "인간은 살아가고 있는 것이 아니라 죽어가고 있다"고 했습니다. 세상의 삶은 나인 성 과부의 외아들을 장사지내기 위하여 나가는 장례 행렬에 비유해 볼 수 있습니다. 그 장례 행렬은 내 이웃에게서 내 가족에게, 내 친구에게, 그리고 나 자신에게 점점 다가옵니다. 이 죽음의 행렬은 나인 성 사람뿐 아니라 온 인류가 가고 있는 대열입니다. 아담 안에 있는 인류는 모두 이 사망행 열차를 타고 있습니다. 바울은 이 '사망의 몸'에서 누가 나를 건져내랴 탄식하였습니다. 옮겨 타지 않으면 결국 그리로 갑니다. 죽음의 대열을 따라 나가고 있습니다.

아프리카 가나하리 사막에는 스프링 밧크라는 사슴이 살고 있다고 합니다. 처음에는 몇몇 안 되는 사슴이 점점 큰 무리를 지어 달리다가, 리더를 중심으로 새로운 삶의 터전을 찾아 이동합니다. 그러다

도중에 맹수의 습격을 받게 되면 대열이 무너지고 목적과 방향을 상실한 채 무조건 속력을 내어 달리게 됩니다. 풀밭을 만나면 서로 먼저 먹기 위해 더 속력을 내고 결국 방향 없이 무조건 달리다가 하나씩 낭떠러지로 치달아 바다로 떨어져 죽고 만다고 합니다. 살기 위하여 시작한 행진이, 뛰기 위한 행진으로, 그리고 죽음을 향한 행진으로 바뀌는 것입니다.

왜, 어디로 가고 있는가?

"나는 왜 이렇게 쉴 새 없이 뛰고 있는 것일까?" "나는 진정 어디로 가고 있는 것일까?" 세상에는 수많은 사람들이 바쁘게 달리고 있습니다. 그런데 자신이 어디로 가고 있는지도 모르고 그저 달리며, 남이 달리니까 더욱 가속하여 달릴 뿐입니다. 무엇인가 붙잡아 보려고 열심히 돌아다니지만 잡히는 것은 없고 보이는 것들은 다 헛된 것뿐입니다.

세상의 썩어질 것들을 위하여 일생을 허비하면서 인생을 방황하다 종지부를 찍는 사람들이 많이 있습니다. 이제 살기 위해서라도 잠깐 멈추어 삶의 의미와 목적에 대해 생각해 보아야 합니다.

우리는 도대체 왜 살며, 어디로 가고 있습니까? 돌이켜 보면 이제까지 우리는 삶의 양만 물었지 삶의 질은 묻지 않았습니다. 바쁘게는 살았지만 의미 있게는 살지 못했습니다. '무의미성의 반복'이었습니다. 삶의 바른 자리매김을 위해 잠시 분주한 일손을 놓고 '무엇이 삶을 의미 있게 하는지'를 질문해야 할 때입니다.

인생의 두 행렬

장례 행렬을 마주하여 나인 성으로 들어오는 또 하나의 행렬이 있습니다. 예수님과 그분을 따르는 사람들입니다. 예수님의 행렬은 기쁨과 생기가 넘치는 생명의 행렬입니다. "나는 부활이요 생명이니 나를 믿는 자는 죽어도 살겠고 무릇 살아서 믿는 자는 영원히 죽지 아니하리라"(요 11:25-26). 영생행 열차를 타고 오는 사람들입니다. 가버나움에서 백부장의 하인을 치유하시고 흥분과 활기가 넘치는 발걸음으로 나인 성을 향해 들어오는 것입니다.

나인은 가버나움에서 남서쪽으로 약 32킬로미터 거리에 있습니다. 예수님은 가버나움에서 결코 가깝지 않은 이곳까지 왜 오셨을까요? 우연 같아 보이지만 사실은 하나님의 놀라운 섭리입니다. 이것은 시의적절하게 들어오는 원군입니다. 영화를 보고 있었다면 이 대목에서 사람들은 자기도 모르게 박수를 쳤을 것입니다.

우리 인생은 두 행렬 중 하나에 있습니다. 생명의 행렬과 죽음의 행렬입니다. 나인 성 밖에서는 예수님을 따르는 생명의 행렬이 성 안을 향해 들어오고 있습니다. 성 안에서는 죽은 자를 메고 성 밖으로 나가는 죽음의 행렬이 있습니다. 더구나 죽은 자는 과부의 독자 청년으로 참으로 안타까운 죽음이었습니다. 가장 비참하고 절망적인 상황입니다.

마침내 생명의 행렬과 죽음의 행렬이 마주칩니다. 이것이 계시이며 카이로스입니다. 영원이 시간과 접촉되는 순간입니다. 순간이 영원으로 편입되고, 죽음이 생명으로 전환되는 기적의 순간입니다. 인간은 삶의 행진을 죄와 슬픔과 원망과 죽음의 행진으로 바꾸어 놓았지만,

나인 성 기념 교회

예수님은 죽음의 행진을 의와 기쁨과 감사와 생명의 행렬로 바꾸어 놓으셨습니다. 여기에 삶을 위한 정지와 전환이 있어야 합니다.

　예수님이 그 광경을 보셨고 그 과부를 보셨습니다. 그 과부에게 강렬한 연민을 느끼셨습니다. 긍휼히 여기신 것입니다. 그래서 결국 생명의 주님이 죽음을 극복하는 기적을 보여 주십니다. 예수님은 비켜서서 수수방관하며 죽음의 행렬에 길을 내어주는 구경꾼이 아니셨습니다. 누가 예수님께 요청한 적도 없었지만 죽음의 길을 막고 생명의 길을 여셨습니다.

　예수님은 도움을 주는 분이십니다. 방관자도 무능력자도 아닙니다. 꼭 필요한 도움을 주는 분이십니다. 하나님의 전적인 은혜입니다. 예수님은 한없는 사랑과 아픔을 가지고 문제의 한가운데로 오시는 분입니다.

불쌍히 여기사

예수님은 먼저 과부를 불쌍히 여기며 위로하십니다.

> 주께서 과부를 보시고 불쌍히 여기사 울지 말라 하시고(눅 7:13)

예수님의 이적은 대부분 긍휼 사역의 결과입니다. 하나님께 긍휼을 구하십시오. 주님 앞에 나와 우십시오. 예수님은 우리의 흐르는 눈물을 닦아 주십니다.

예수님은 장례 행렬에 가까이 나아가신 후, 시체에 손을 대셨습니다. 이것은 왕의 터치입니다. 하늘의 터치입니다. 시스티나 성당의 「천지창조」에서 하나님의 손가락이 진흙으로 만들어진 아담에게 닿는 것과 같습니다. 접촉으로 아담에게 하나님의 생명이 전달됩니다. 한 번의 만지심으로 모든 것이 변화됩니다. 내세의 능력이 현세로 들어와서 죽음을 생명으로 바꾸어 놓습니다.

유대 사회에서는 시체에 손을 대는 행위를 부정하다고 여깁니다. 율법적으로도 시체를 만지거나 관을 만진 자는 의식적으로 부정해집니다. 그러나 예수님이 관에 손을 대셨을 때, 죽음의 부정이 예수님께 옮겨온 것이 아니라 예수님의 생명이 청년에게로 들어갔습니다. 예수님은 죽은 청년에게 말씀하셨습니다.

> 청년아 내가 네게 말하노니 일어나라(눅 7:14)

마치 에스겔 골짜기에서 해골에 대언하는 에스겔과 같습니다.

예수님의 말씀을 듣자 죽었던 청년이 다시 일어나 앉고 말도 하게 되었습니다. 얼마나 놀라운 사건입니까? "모든 사람이 두려워하며 하나님께 영광을 돌렸습니다"(눅 7:16). 이 기적을 본 사람들은 예수님을 '큰 선지자'라고 하면서 엘리야나 엘리사의 기사를 연상했습니다. 나인에서 모레(More) 언덕만 넘으면 수넴이니 엘리사가 수넴 여인의 죽은 아들을 살려낸 사건을 기억했을 것입니다(왕하 4:32-37).

그러나 이것은 구약 시대 엘리야와 엘리사가 일으킨 기적과 다릅니다. 그들은 하나님께 기도했지만 예수님은 시체에게 직접 말씀하셨습니다. 예수님은 창조주와 생명의 주의 권세를 가지고 명령하셨습니다. 창조주의 권세에 의해서 죽음은 즉각적으로 물러가고 생명은 들어왔습니다.

최고의 이적

최고의 이적은 죽은 자를 살리는 것입니다. 물론 하나님께는 특별히 어려운 문제가 아닙니다. 예수님이 죽은 자를 살리신 이적은 복음서에 세 번 나와 있습니다. 회당장 야이로의 열두 살 된 딸을 '달리다굼' "소녀야, 일어나라" 하면서 살리셨습니다(막 5:35-43). 여기 나인 성 과부의 외아들에게 "청년아, 일어나라"고 하셨습니다. 그리고 마리아와 마르다의 오빠요, 무덤에 누워 있는 나사로에게 "나사로야, 나오라" 하셨습니다(요 11:43).

예수님은 죽은 자를 살리실 때 죽은 자에게 직접 명령하셨습니다. 예수님이 명하시자 이들은 죽음에서 생명으로 옮겨졌습니다. 예수님은 이런 권세를 가진 분이십니다. 죽음을 이기시고, 말씀으로 명한즉

명한 대로 이루어지는 하늘과 땅의 모든 권세를 소유하신 분입니다. "내 말을 듣고 또 나 보내신 이를 믿는 자는 영생을 얻었고 심판에 이르지 아니하나니 사망에서 생명으로 옮겼느니라"(요 5:24). 그분의 음성을 들을 때 사망에서 생명으로 옮겨집니다.

예수님이 베푸신 '죽은 자를 소생시키는 세 이적'은 인간의 안목에서 보면 점점 더 어려운 것입니다. 첫 번째, 소녀는 사망한 직후였습니다. 두 번째, 막 장례를 치르고 있는 청년은 죽은 지 하루 후였습니다. 세 번째는 이미 장례를 지내고 무덤에서 사흘을 보낸 나사로였습니다. 그러나 하나님께는 어려움의 차이가 없습니다. 나이도 열두 살 소녀에서, 이십대 청년, 그리고 청장년인 나사로까지입니다. 공통점은 젊은이의 죽음이란 사실 그리고 사망한 시점에서 얼마 되지 않았다는 것입니다.

모두 죽기에는 너무 이른 나이입니다. 왕성하게 살아가야 할 나이입니다. 하나님의 영광을 위하여, 다른 사람들을 위하여, 자신의 아름다운 인생을 위해서 힘차게 살아가야 합니다. 이들을 하나님은 응원하십니다. 사람의 관점에서 보면 점점 살아나기 어려운 경우이지만 그들을 살리는 데에는 같은 능력과 말씀이 필요했습니다. 예수님께는 '누구는 어렵고 누구는 쉽고'의 문제가 아닙니다. 이것은 우리의 의로움이나 죄의 정도, 문제의 정도가 예수님께는 아무런 차등이 없다는 것입니다.

구원을 위해서는 같은 하나님의 은혜와 능력이 필요합니다. 그것을 믿는 우리의 믿음만 필요합니다.

나는 부활이요 생명이니 나를 믿는 자는 죽어도 살겠고 무릇 살아서 나를 믿는 자는 영원히 죽지 아니하리니 이것을 네가 믿느냐(요 11:25-26)

예수님은 생명을 주는 분이십니다. 주 안에 생명이 있습니다. 주님께 접촉하는 사람마다 새로운 생명을 얻고 죽었던 심령이 살아납니다.

풍성한 생명을 주시는 예수님

예수님이 과부의 아들을 살리신 것은 그 아들만 살리신 것이 아닙니다. 과부의 소망도 살려내신 것입니다. 그렇게 하여 생명을 풍성하게 해주셨습니다. "내가 온 것은 양으로 생명을 얻게 하고 더 풍성히 얻게 하려는 것이라"(요 10:10).

슬픈 나인 성을 이름 그대로 '즐거운' 나인 성으로 만드셨습니다. 예수님은 슬픔이 변하여 기쁨이 되게 하는 분이십니다. '내 눈의 눈물을 씻기시는 복된 예수'이십니다. 예수 안에는 다시 곡하는 일이나 슬퍼할 일이 없습니다. 예수님은 소망을 주십니다. 과부의 절망을 희망으로 바꾸어 놓으신 것처럼 아무리 참담한 처지라 하더라도 새로운 희망의 등불을 밝히십니다.

성경 이야기를 소재로 하면서도 성화는 화가의 해석과 초점에 따라 성경 기사와는 다른 장면을 보여 줄 때가 있습니다. 베로네세가 그린 「과부 아들의 부활」도 그러합니다. 베로네세는 과부 아들을 주인공으로 그의 부활 장면을 묘사하기보다는 예수님과 과부의 대화에 초점을 맞추고 있습니다.

과부가 예수님께 나아와 간청합니다. 그녀는 죽은 아들, 장례를 지내고 있는 아들을 살려 달라고 간청합니다. 과부는 나이가 많고 빈한할 것이라는 통념이 있지만 베로네세는 부유한 젊은 과부로 묘사하고 있습니다.

베로네세는 과부에게 자신이 살던 시대 베네치아 귀족들의 의상을 입혔습니다. 굽어보시는 예수님과 예수님을 향한 여인 그리고 관에서 일어나는 청년이 계단을 따라 사선을 긋고 있습니다. 마치 어두운 죽음에서 밝은 생명으로 나아오는 것 같습니다. 화면 왼편 구석에 있는 어두운 얼굴의 청년이 오른손을 내밀어 손가락을 치켜세우는 예수님의 신호를 따라 일어나고 있습니다.

하나님의 심방

죽었던 청년이 일어나 말을 하고 완전히 치유받은 것을 보는 어머니의 기쁨이 어떠했겠습니까? 마을 사람들은 하나님을 두려워하며 하나님께 영광을 돌렸습니다. '하나님이 자기 백성을 돌아보셨습니다.' '돌아본다'는 원어로 '에피스켑토마이'(episkeptomai)입니다. 기본적으로 '…을 눈여겨본다' 혹은 '…를 보살펴준다'는 뜻이며, 또한 '…를 보살피기 위해 방문하다'는 뜻도 있습니다. 하나님이 예수님을 통해 과부와 이스라엘 백성의 곤경을 해결해 주기 위해서 이 성을 방문하셨고, 그 곤경을 긍휼의 눈으로 보셨다는 의미입니다.

하나님은 자기 백성을 방문 즉 심방하십니다. 하나님은 아브라함 혹은 롯을 심방하신 것처럼 그렇게 나인 성 과부와 백성들을 심방하셨습니다. 그리고 곤경에 빠진 과부를 사랑과 긍휼의 눈으로 '보셨습니다.'

나인 성 사람들이 예수님의 기적을 '백성들'을 위한 긍휼로 본 것은 공동체성에서 기인한 것입니다. 한 사람이 경험한 하나님의 은혜는 곧 그 공동체 전체에 베풀어진 것으로 간주되기 때문입니다. 그래서 다른 사람도 어려움에 빠질 때 하나님의 긍휼하심을 기대할 수 있게 되었습니다. 그래서 백성을 돌아보셨다고 한 것입니다.

하나님은 우리의 처지와 형편을 돌아보십니다. 우리의 어려움을 살 피시고 도움이 필요할 때 우리에게 임하십니다. 하나님의 돌보심을 받으시길 축원합니다. 하나님의 심방을 받으세요. 하나님의 방문을 받아들이는 것이 믿음입니다. 지금 어디에 하나님의 돌보심이 필요합 니까? 하나님이 임재하실 때 죽은 청년이 일어나는 것과 같은 생명의 역사가 일어납니다.

하나님은 오늘도 거듭거듭 우리들의 죽음의 행렬로 오십니다. 생명 되신 예수님을 맞아들이십시오. 절대로 '웬 참견이십니까' 혹은 '상관 하지 마세요'라고 말하지 마십시오. 죽음의 행렬에 따라가지 마십시 오. 빨리 죽음의 대열에서 이탈하여 생명의 대열에 합류하십시오.

예수님과 그분의 생명의 대열을 만났기에 과부와 나인 성 사람들 은 절대절망에서 절대희망으로 바뀌었습니다. 성 밖으로 향하던 슬 픔의 장례 행렬은 기쁨과 감사의 축제 행렬이 되어 성 안으로 예수님 을 따라갑니다. 죽음의 행렬에서 생명의 행렬로 온 동네 사람들이 합 류하여 들어갑니다. 누가 죽음의 행렬을 생명의 행렬로 바꾸었습니 까? 예수님이십니다. 당신은 지금 그 생명의 행렬로 갈아탔습니까?

나는 구원열차 올라타고서 하늘나라 갑니다.
죄악 역 벗어나 달려가다가 다시 내리지 않죠.

차표 필요 없어요. 주님 차장 되시니 나는 염려 없어요.

나는 구원열차 올라타고서 하늘나라 갑니다.

기독교는 생명의 운동입니다. 그리스도인이 되는 것은 장례 대열에서 생명의 대열로 옮기는 것입니다. 어쩌면 지금까지 걸어오던 길을 거슬러 예수님과 함께 나아가는 것입니다. 이 대열에 함께하지 않으시겠습니까?

벳새다 들판

홀레 호수
요단강
고라신
벳새다
가버나움
갈릴리바다
거라사
막달라
디베랴
갈멜 산
가나
찌포리
나사렛
다볼 산
갈릴리
가다라
나인
므깃도
가이사랴
지중해
길보아 산
애논
살렘
데가볼리
샤론평지
사마리아
사마리아
에발 산
세겜
수가 성
요르단
요단강
그리심 산
이스라엘
실로
베레아
야이
욥바
벧엘
벧호론
여리고
기브아
아리마대
엠마오 기럇여아림
감람산
아스돗
예루살렘
베다니
쿰란
느보 산
벧세메스
베들레헴
유대광야
아스글론
가드
사해
마케루스
헤브론
엔게디
브엘세바

11

벳새다 들판
Plain of Bethsaida

너희가 먹을 것을 주라
누가복음 9:10-17

분봉왕 필립이 로마 아우구스도 황제의 딸을 기념하여 벳새다 줄리아스(Bethsaida Julias)라고 불렀던 텔 벳새다 마을과 오병이어의 기적이 있었던 벳새다 들판은 갈릴리 북쪽 해안에 있으며 가버나움에서 4킬로미터 동북쪽에 위치합니다.

이곳을 방문했을 때, 공원 오솔길을 따라 산책을 나섰는데, 갈대숲과 나무와 계곡이 어우러져 소풍 가기에 아주 좋은 장소였습니다. 실제로 많은 사람들이 피크닉 쉘터에서 여유로운 시간을 보내고 있는 것을 목격했습니다.

북부 요단 강이 갈릴리 호수로 흘러들어오는 곳인 이 지역은 안드레와 베드로 그리고 빌립의 고향이기도 합니다(요 1:43-44). 맹인에게 안수하심으로 치유가 일어났던 곳이며(막 8:22-26), 가까운 고라신, 가버나움과 더불어 예수님이 많은 이적을 베푸신 곳인데, 그것을 보고

오병이어 교회 전경(좌)과 제단 밑에 있는 오병이어 모자이크(우) | 1932년 독일의 고고학자가 타브가 지역을 발굴하다가 4세기 비잔틴 시대에 건축된 교회 터를 발굴했는데, 제단 부분에서 빵과 물고기의 채색 모자이크를 발견했다. 교회 제단 아래 바위에서 예수님이 떡과 물고기를 놓고 두 손을 들어 축사하셨다고 전해진다.

도 회개하지 않아 책망을 받기도 했습니다(마 11:21-23, 눅 10:13-15).

열두 '제자'(눅 9:1)는 하나님 나라를 전파하는 사역을 감당하고 돌아온 후 호칭이 '사도'(눅 9:10)로 바뀝니다. 많은 무리가 그들의 전도를 받고 예수님이 계신 곳까지 나아왔기 때문에 '사도'라고 불렸는지 모르겠습니다.

마가복음과 누가복음에는 오병이어 이적이 제자들의 전도 사역에 뒤이어 나옵니다. 제자들의 전도 사역은 성공적이었습니다. 거의 1만 명으로 추산되는 사람들이 제자들의 말을 듣고 각처에서 벳새다 들판까지 예수님을 만나러 왔습니다.

그들로 인해 한적한 들은 분주한 곳이 되었습니다. 이 기사는 사복음서 모두에 기록될 만큼 놀라운 사건입니다(마 14:13-21, 막 6:30-44, 눅

벳새다 들판

9:10-17, 요 6:1-15). 물론 각자의 강조점에 따라, 메시지의 초점과 기록 방식에서 약간의 차이를 보입니다. 오병이어의 이적은 생명의 양식, 나눔의 이적, 헌신과 믿음, 그리고 순종의 이야기입니다.

너희가 먹을 것을 주라

들판에서 날도 저물었는데, 먹을 것과 쉴 곳이 없는 무리를 어떻게 해야 하겠습니까? 이렇게 많은 사람들이 모일 것을 대비한 어떤 준비도 없었기 때문에 난감한 상황입니다. 예수님은 그들을 반갑게 맞이해, 그들의 병을 고쳐 주시고, 가르침을 베푸셨습니다. 이것만 해도 대단히 많은 일을 해주신 것입니다.

　이제 말씀도 마치고 해도 지고 있습니다. 제자들은 이 난처한 상황에서 그들이 해야 할 일과 할 필요가 없는 일을 구별했을 것입니다. 무리에게 숙소와 음식을 마련해 주는 것은 자신들의 일이 아니므로 더 늦기 전에 빨리 해산하는 것이 좋겠다는 판단을 내렸습니다. 그래서 제자들은 무리를 해산하여 각자 필요한 것을 스스로 해결하게 하자고 예수님께 제안했습니다. 빨리 군중을 보내고 쉬고 싶은 욕망도 있었을 것입니다.

그런데 뜻밖에도 예수님은 제자들의 제안을 수용하시기는커녕 "너희가 먹을 것을 주라"고 말씀하십니다. 제자들을 당황케 하는 말씀입니다.

우선 '누가 먹일 것인가?'의 문제입니다. 예수님의 관심은 그들이 먹는 것이 아니라 그들을 먹이는 것입니다. 먹음도 중요하지만 먹임입니다. '너희가' 그들을 먹이라는 것입니다. 이 말씀에는 목자 없는 양 같은 저들을 불쌍히 여기시는 참 목자 예수님의 심정이 담겨 있습니다. 긍휼히 여기는 마음, 책임을 지려는 마음, 함께하려는 마음이 담겨 있습니다. '각자 해결'이 아니라 '함께 해결'하자는 것입니다. 영적 필요를 채워 주었으니 할 일을 다했다가 아닙니다. 육신적으로도 필요한 것을 채워 주라는 말씀입니다. 영적 양식에 이어 육적인 양식까지 공급하라는 말씀입니다.

집에 온 손님이 어서 가지 않고 식사때가 되었는데 집에는 식구들 먹기에도 변변치 않은 음식밖에 없을 때, 주부의 심정을 아십니까? 저도 어렸을 때 그런 상황을 많이 보았습니다. 더욱이 양식 사정도 모르고 남편이 밥을 내오라고 하면 어떻게 됩니까? 참 난감한 일입니다. 제자들은 자신들에게 그럴 능력이 없다고 하고, 예수님은 그들에게 주라고 하십니다.

예수님의 요구가 너무하다고 느낄 수도 있습니다. 그러나 예수님은 분명 그들에게서 무리를 먹일 수 있는 가능성을 보셨습니다. 예수님은 잠재된 가능성을 현실화하라고 요구하시는 것입니다. 안 된다고만 말하지 말고 해결의 열쇠를 안에서 찾아보라는 것입니다. 가까운 주변에서 찾으라는 것입니다.

예수님은 없는 것이 아니라 있는 것을 찾아 쓰십니다. 예수님은 능력을 나타낼 기회를 주십니다. 물론 능력을 공급하시는 분은 하나님입니다. 믿음만 있으면, 마음만 있으면 하나님이 통로로 쓰십니다.

돈의 부족함이나 환경의 어려움이나 수효의 많음은 문제가 되지 않습니다. 교회에서 '사람을 키우자', '선교하자', '구제하자' 하면 교인 중에는 "선교도 좋고, 구제도 좋고, 장학금도 다 좋지만 돈이 있어야 하지요. 돈이 없어서 못합니다"라고 말합니다. 하나님 일 좀 하자는데, 왜 갑자기 돈 이야기가 나오는지 모르겠습니다. 하나님의 일을 돈으로 합니까?

예수님은 무엇으로 하나님의 일을 하는지를 똑똑히 보여 주십니다. 우리는 하나님의 일을 믿음으로 합니다. 예수님이 "너희가 먹을 것을 주라" 하신 것은 네 돈을 가지고 먹을 것을 사 주라는 말씀이 아니라 네 믿음을 가지고 먹을 것을 주라는 말씀입니다.

우리에게는 돈이 없는 것이 아니라 먹일 마음이 없습니다. 돈이 없는 것이 아니라 먹일 믿음이 없습니다. 떡이 없는 것이 아니라 마음이 없습니다. 너희가 먹을 것을 주라는 것은 이미 문제에 대한 해답으로 우리를 준비하셨다는 것입니다. 세상 문제에 대한 하나님의 해답은 바로 당신입니다. 그것을 공급할 능력이 당신에게 있습니다. 그것을 지금 풀어 사용하십시오.

당신이 가능한 것을 하십시오. 그러면 하나님이 불가능한 것을 하실 것입니다(You do the possible, then God will do the impossible). 돈에 맞추어 일하는 것이 아니라 일에 합당한 물질을 하나님이 공급하십니다. 세상은 공급이 있어야 비전을 이룬다고 말하지만 그렇지 않습니다. 비전(vision)이 공급(provision)을 앞섭니다. 비전이 있는 곳에 공급이 따릅니다.

능력에 맞는 일을 구하지 말고, 일에 맞는 능력을 구해야 합니다. 왜냐하면 하나님은 '있는 자에게 더 주시는 분'이기 때문입니다. 하나님은 비전이 있는 자에게 필요한 것을 주십니다. 그러니 비전을 이룰 힘을 구하십시오. 우리의 문제는 돈이 없는 것이 아니라 비전이 없는 것입니다.

빌립을 시험하고자

요한복음의 병행 기사를 보면 예수님은 친히 어떻게 먹이실 것인가를 미리 작정하신 후 제자들의 반응을 보기 위하여 너희가 먹을 것을 주라고 하셨다고 했습니다.

빌립을 시험하고자 하심이라(요 6:6)

빌립이나 우리에게 이 사건을 통해 무엇인가를 배우게 하시려는 의도가 있습니다. 그래서 이번 기적은 무리만 위한 것이 아니라 제자들을 위한 것입니다. 무리를 먹이는 것 외에 제자들을 위한 교육적 목적을 가지고 있습니다. 그럼 우리는 무엇을 배워야 할까요?

빌립의 대답은 다음과 같이 쉬운 말로 풀어 쓸 수 있을 것입니다. "우리에게 돈이 없는 것 빤히 아시면서, 게다가 이 많은 사람들을 조금씩이라도 먹이려면 200데나리온도 더 필요한데, 우리가 무슨 수로 그 많은 양식을 구한단 말입니까? 그것도 이 늦은 시간에, 이 들판에서, 사전 예약도 없이…"

그러나 빌립의 대답은 예수님이 구하시는 정답이 아니었습니다. 질문자의 의도를 잘못 파악한 것입니다. 빌립의 대답에는 믿음이 결여되어 있습니다. 빌립의 산술적인 계산은 정확했고, 결론은 불가능하다는 것입니다. 하지만 이 대답은 믿음의 수학이 아닙니다. 비신자와 다를 바 없는 계산입니다. 여기에서는 신앙생활을 한다는 것이 무의미합니다. 신앙의 상수를 반영하지 않은 인생의 방정식입니다.

우리도 일상생활, 가정생활, 사업을 경영하면서 전혀 신앙의 변수가 반영되지 않은 삶의 방식을 고집할 때가 많습니다. 이성적이고 피상적인 답변만 있고 믿음은 없습니다. 하나님이 배제된 수학입니다. 자기가 할 수 있는 한계가 끝입니다. 그러면 하나님을 믿는다는 것이 삶에 무슨 의미가 있습니까? 빌립의 말에는 인생의 가장 중요한 변수인 하나님이 없습니다.

기왕에 수학과 산수 이야기가 나왔으니 한 번 계산해 봅시다. 앞에 있는 숫자가 바로 인간의 힘이고 뒤에 있는 숫자가 하나님의 능력이라면, 빌립이 제시한 수식은 0×1억=0입니다. 반면 예수님의 수학은 빌립의 1에 1억을 곱하는 것으로서, 결과는 1억이 나옵니다.

예수님도 인간 스스로 모든 것을 할 수 있다고 보지 않으십니다. 인간이 할 수 있는 것은 사소하고 작은 일입니다. 하지만 그 작은 일이라도 믿음으로 나아가기만 한다면 하나님의 상수에 의해서 큰 위업이 될 수 있습니다. 떡 다섯 덩이와 물고기 두 마리가 예수님의 권능을 만나게 되면 추산 1만 명을 배불리 먹이고도 열두 바구니의 음식물을 남깁니다. 즉 '오병이어 × 예수님의 능력 = 1만 명분 음식물 + 남은 음식 열두 바구니'가 됩니다. 남은 것이 시작한 것보다 더 많습니다.

오병이어의 숫자 즉 5+2는 7로서 완전수를 나타냅니다. 남은 음식물의 숫자 12도 완전수입니다. 남은 음식 열두 바구니는 열두 지파를 내포하고 있습니다. 결국 오병이어를 예수님께 내어놓았더니, 일인분의 음식이 만 명이 먹을 수 있는 음식으로 늘어났습니다. 여기 만 명분을 혼자 먹는 방법과 일인분으로 만 명을 먹일 수 있는 방법이 나옵니다.

너희에게 얼마나 있느냐

우리는 무슨 일을 할 때 없는 것부터 생각하는 경향이 있습니다. 무엇이 없다고 핑계하며 못하겠다고 합니다. 그때 주님은 있는 것을 상기시켜 주십니다. "너희에게 얼마나 있느냐?" 너희 안에 있는 해결의 가능성을 보라는 말씀입니다. 예수님은 우리 안에 있는 잠재력을 보십니다.

빌립에게 하신 질문 중에 우리가 눈여겨보아야 할 표현이 있습니다. 예수님은 "어디서"(요 6:5)라고 장소(where is)에 대한 질문을 하셨습니다. "우리가 어디서 떡을 사서 이 사람들을 먹이겠느냐?" 그런데 빌립은 동문서답식으로 '얼마'(how much, 요 6:7)라는 돈의 액수로 답하고 있습니다. "각 사람으로 조금씩 받게 할지라도 이백 데나리온의 떡이 부족하리이다."

보세요. 장소에 대한 질문을 액수로 답변했습니다. 양식이 어디에서 오느냐고 물었는데, 돈이 얼마나 필요한가로 답변합니다. 양식은 정말 어디에서 옵니까? 돈에서 온다고 생각하십니까? 그 많은 인원을 먹일 수 있는 양식은 하나님으로부터 오는 것입니다. 광야에서 사십 년 동안 만나를 내리신 것은, 양식이 하나님으로부터 온다는 것을 가르치는 반복 학습이었습니다. 예수님은 양식의 출처와 양식을 공급할 수 있는 곳을 보라고 하신 말씀인데, 빌립은 엉뚱한 곳을 보고 있습니다. 손가락으로 가리키는 달은 보지 않고 손가락만 보고 있는 격입니다.

옆에서 듣고 있던 안드레는 문제의 답을 내부에서 찾으려고 한 모양입니다. 그런 점에서 빌립보다는 좀 나아 보입니다.

안드레는 빌립과 달리 예수님의 말씀에 무엇인가 뜻이 있을 것이라고 생각하고, 그 뜻을 풀어낼 단서를 찾았습니다. 음식물을 찾다가 결국 보리떡 다섯 개와 물고기 두 마리를 가지고 있는 한 아이를 발견하여 예수님께 데려왔습니다. 안드레는 당시에 별로 주목하지 않던 아이, 그리고 그가 가지고 있는 것까지 살피는 사려 깊은 사람입니다.

하지만 그의 믿음도 여기까지입니다. 그 역시 현재의 상황으로는 예수님의 말씀에 응답할 수 없다는 답변을 하고 있기 때문입니다. "그러나 그것이 이 많은 사람에게 얼마나 되겠사옵나이까?"(요 6:9). '이것 가지고 누구 코에 붙이겠어요?'라는 말입니다.

'스페인의 바사노'로 불리는 오렌테는 오병이어의 사건을 사실주의적으로 그렸습니다. 그림 왼쪽 예수님 뒤에 서서 미심쩍은 눈으로 바라보고 있는 사람은 빌립입니다. 안드레는 예수님과 소년 사이에 서서 서로를 연결시킵니다. 손으로는 예수님을 가리키고 시선은 소년을 향합니다. 소년은 두 손으로 예수님께 양식을 바칩니다. 바구니 위에 다섯 개의 떡이 보입니다. 이적 이후 제자들은 부지런히 음식을 나르고 있습니다. 오른쪽 아이에게 젖을 먹이고 있는 어머니의 모습은 목자 없는 양 같은 군중을 먹이시는 예수님의 마음과 사역을 드러냅니다. 이는 목자 없는 양 같은 무리에 대한 예수님의 동정과 연민의 긍휼 사역입니다.

오병이어의 기적

제자들은 하나같이 그들과 함께 있는 예수님, 임마누엘의 하나님의 능력을 아직도 제대로 파악하지 못하지만 예수님은 기적을 일으키셨습니다.

오병이어의 기적에는 예수님의 능력, 안드레의 인도, 어린아이의 헌물이 합동으로 역사합니다. 예수님의 이적은 아무것도 없는 데서가 아니라 안드레의 사려 깊은 마음과 아이의 헌신이 만나 일어난 것입니다.

■ 우리와 동역하기 원하시는 예수님

예수님은 우리와 동역하기를 원하십니다. 아이가 가지고 있던 음식물 정도는 다른 사람도 가지고 있었을 것입니다. 그 많은 군중이 모였는데 음식물을 가진 이가 어린아이 하나밖에 없었다고 보기는 힘듭니다. 하지만 요체는 그 적은 것을 능력의 주님께 내어드렸는가 그렇지 않은가입니다.

내어드린 것은 놀라운 기적의 재료로 사용되어 수많은 사람들을 유익하게 하지만, 내어드리지 않은 것은 그저 한 사람의 요깃거리입니다.

예수님께 내어드린 것만 기적의 재료가 되어 풍성해질 수 있습니다. 내가 할 수 있는 일을 하면 하나님은 불가능한 일을 이루십니다.

나에게 있는 것과 하나님의 능력이 함께 역사할 때 위대한 역사가 일어납니다. 우리에게 주신 하나님의 은혜와 은사를 생각해 봅시다. 그리고 비록 적은 것이라도 믿음으로 우리가 가진 보리떡 다섯 개와 물고기 두 마리를 주님 앞에 내어놓아 봅시다.

"주님, 비록 적은 것이지만 믿음으로 내어놓습니다. 이 위에 축복하셔서 주님의 역사가 나타나게 하소서." 이 적은 것에서, 온전한 헌신에서부터 하나님의 위대한 역사는 시작됩니다. 세상은 1만 명분을 혼자서 먹는 사람을 잘 사는 사람이라 합니다. 그러나 하나님은 1만 명을 먹이는 사람을 잘 사는 사람이라 하십니다.

■ 취함, 축복, 깨트림, 주심

보리떡 다섯 개와 물고기 두 마리밖에 없어서 할 수 없다고 말하는 제자들에게 예수님이 시범을 보여 주십니다. 우선 50명씩 무리를 지어 앉히셨습니다. 5,000명이면 100그룹이 되었을 것입니다.

그리고 예수님은 연속되는 네 동작을 하셨습니다.

- 취함(taken)

- 축복(blessed)

- 깨트림(broken)

- 주심(given)

여기 예수님의 네 가지 동작은 성만찬을 떠올리게 합니다. 예수님이 떡과 물고기를 '가지사'(taken) 하늘을 우러러 '축사'(blessed)하시고 '떼어'(broken) 제자들에게 '주어'(given) 무리와 나누게 하셨습니다.

이 네 단계는 예수님이 제자들과 마지막 성찬을 나누신 방식이기도 합니다(막 6:41, 막 8:6, 막 14:22, 고전 11:23-24). 이것은 예수님의 전 생애를 함축한 행위입니다. 예수님은 하나님께 붙들린(taken) 인생을 사셨고, 하나님께 감사하는(blessed) 삶을 사셨고, 십자가에서 자신의 몸을 깨트리셨고(broken), 자신의 몸을 우리 모두에게 나누어 주셨습니다(given).

이것은 예수님의 사역과 십자가를 생각나게 합니다. 그러므로 빈들에서의 이 양식은 바로 예수님의 몸에서 나온 것입니다. 그러면 그들이 먹은 것은 다름 아닌 예수님의 몸입니다. 이 일이 유월절 가까운 때에 이루어진 것은 바로 이 사실을 증언하고 있습니다(요 6:4). 가버나움에서 예수님은 이 사건을 하늘로부터 내린 만나와 생명의 떡에 대한 것으로 분명하게 말씀하셨습니다(요 6:26-59). 예수님은 먹고 먹어도 남아 있는 양식이며 나누고 나누어도 없어지지 않는 양식입니다.

■ 나눌수록 풍성해지는 양식

이 이적은 예수님의 몸의 이적 비유입니다. 예수님은 나눌수록 더욱 풍성해집니다. 사랑, 은혜, 감사, 믿음, 말씀, 하나님께로부터 오는 모든 좋은 것이 다 그렇습니다. 예수님은 영원 무한한 생명의 양식입니다. 먹는 사람이 많을수록 양이 적어지는 것이 아니라, 많은 사람이 먹을수록 더 많이 남는 양식입니다.

서로 먹기 위해 경쟁을 해야 하는 유한한 양식이 아니라 나누어 먹을수록 더욱 풍성해지는 무한한 양식입니다. 혼자 먹기에도 부족한 양식을 나누었더니 만 명도 더 먹고 그 이상이 남았습니다. 자기 밥그릇 챙기기에 혈안이고 경쟁자 제거하기에 몰두하는 이 시대에 공존의 길을 제시합니다. 스스로 자기의 빵을 먹는 것이 아니라 빵을 나누어 먹이는 것입니다.

음식이 한정되어 있는 상황에서 나누어 먹는 것은 부담스러운 일입니다. 그러나 그렇게 함으로써 자신도 풍요로워지는 것을 배웁니다. 이것이 나눔의 기적입니다. 혼자 소유하고 먹으면 떡 다섯 개와 물고기 두 마리에 불과한 한 사람 양식이지만, 나누고 소통하면 만 명이 배불리 먹고도 열두 바구니가 남는 양식이 됩니다. 시작보다 끝이 더 많습니다. 나눌수록 더 많아집니다.

사랑은 참으로 버리는 것, 버리는 것,

버리는 것. 더 가지지 않는 것.

이상하다 동전 한 닢

움켜잡으면 없어지고

쓰고 빌려주면 풍성해져

산 위에 가득하네.

("사랑은 참으로 버리는 것"이라는 찬양의 가사)

유한한 세상 자원은 나눌수록 적어집니다. 그러나 무한한 하나님의 자원은 나눌수록 많아집니다. 예수님이 축복하시고 나누어 주시는 순간 물질 카피(copy)가 일어났습니다. 요사이 3D 프린터에 대한 관심이 많습니다만 성경에는 이미 있는 개념입니다. 물질 이적은 성경에 많이 나타납니다.

광야 시절에 내린 '만나 이적'은 자연 상태의 음식, 엘리야로 인해 사렙다 과부에게 공급된 음식(왕상 17:8-16)은 재료, 오병이어는 가공된 완전식품으로 공급됩니다. 모두 감사의 기적, 나눔의 기적입니다. 감사기도 뒤에 나눔으로 발생하는 기적입니다. 긍휼히 여기는 마음이 기적의 시작이라면 감사기도가 기적의 수단입니다. 감사기도를 하고 나누어 먹으면 모두가 충분히 먹고도 많이 남습니다.

이에 거두니 보리떡 다섯 개로 먹고 남은 조각이 열두 바구니에 찼더라(요 6:13)

■ **궁핍을 풍성함으로 바꾸는 방법**

여기에서 예수님은 무엇을 가르쳐 주려고 하셨을까요? 궁핍함을 풍성함으로 바꾸는 방법입니다. 배고픔을 배부름으로 바꾸는 방법입니다. 감사가 구체적인 나눔의 행동으로 이어지면 모든 사람이 배부르고도 남는다는 것입니다. 이 때 감사는 이미 주신 음식에 대한 것뿐 아니라 앞으로 행하실 이적에 대한 것이기도 합니다. 이 감사기도는 하나님을 향한 것으로 끝나지 않고 무리를 향한 기적으로 나타났습니다.

무리는 음식을 배불리 먹고도 남은 것은 아마 처음이었을 것입니다. 들판이 푸른 잔디로 바뀌고 살림 운동이 일어났습니다. 헤롯이 고관대작들과 함께한 왕궁의 잔치는 세례 요한을 죽이는 죽임의 식탁으로 끝났지만(마 14:1-12), 예수님이 군중과 함께하신 들판의 잔치는 살림의 식탁으로 마무리됩니다(마 14:13-21). 종말론적 대반전입니다.

하지만 백성들은 아직 그 깊은 의미를 깨닫지 못한 듯합니다. 빵의 문제를 해결해 주자 백성들은 당장에 예수님을 왕으로 삼으려 합니다. 오늘날에도 경제 대통령이 되겠다고 말하는 사람이 얼마나 많습니까? "문제는 경제야!" 그러나 예수님은 진정 우리가 먹어야 할 빵이 무엇인지를 알려주십니다. 이것은 수가 성의 사마리아 여인에게 주신 말씀과 일맥상통합니다. "이 물을 마시는 자마다 다시 목마르려니와 내가 주는 물을 마시는 자는 영원히 목마르지 아니하리니 내가 주는 물은 그 속에서 영생하도록 솟아나는 샘물이 되리라"(요 4:13-14).

피터 브뤼겔은 예수님이 물 위를 걸으시고, 홀로 기도하시고, 말씀을 가르치시는 여러 광경을 그리면서 오병이어 사건을 중심에 놓음으로써 모든 예수님의 사역이 생명의 양식을 나누어 주시는 것임을 표현하였습니다.

영적 훈련으로서의 드림

드림은 믿음의 행위이고, 기적의 행위입니다. 자기의 것을 바친 아이는 도시락이 없어졌으니 제대로 먹을 수 없었을까요? 아닙니다. 더 많이 먹을 수 있었습니다. 더 많이 되돌려 주셨습니다. 다음에 이런 상황이 생기면 아이는 어떻게 할까요? 스스로 찾아와서 드릴 것입니다. 이 일로 아이의 평생은 풍요로워졌을 것입니다. 예수님의 능력으로 기적을 체험한 뒤에는 자원해서 드릴 것입니다.

드림은 하나님이 갚아 주실 것을 믿는 신뢰의 행위입니다. 헌신의 행위이자 맡김의 행위입니다. 드릴 때 믿음이 성장하게 됩니다. 또한 드림은 농작의 원리입니다. 농작의 원리는 심어야 거둡니다. 심은 것보다 더 많이 거둡니다. 이런 관점에서 보면, 많이 심는 것이 두려운 것이 아니라 적게 심는 것이 두렵습니다. "주라 그리하면 너희에게 줄 것이니 곧 후히 되어 누르고 흔들어 넘치도록 하여 너희에게 안겨주리라"(눅 6:38).

드림은 영적인 훈련입니다. 나눌 때 우리의 신뢰 방향이 돈에서 하나님으로 전환됩니다. 영적 안정감을 더하게 됩니다. "얻을 수 있는 모든 것을 얻고, 아낄 수 있는 모든 것을 아끼며, 드릴 수 있는 모든 것을 드리라"(요한 웨슬리).

단순히 감사하기 때문에 드리는 것이 아닙니다. 그렇다고 받기 위해 드리는 것도 아닙니다. 더 많이 드리기 위해 드리는 것입니다. 받기 위해 드림이 아니라 더 많이 드리기 위한 드림입니다. 드림의 사이클은 '드림-받음-더 많이 드림-더 많이 받음-더더욱 많이 드림'입니다. 복을 순환시키는 것입니다. 복의 통로가 되는 것입니다.

기독교 신앙의 핵심은 모든 복이 하나님으로부터 온다는 것을 아는 것입니다. 모세의 율법을 통해 하나님은 유대인들에게 3대 절기를 규정하셨습니다. 유월절, 오순절, 초막절입니다. 이 세 절기에 이스라엘의 모든 남자는 반드시 예루살렘에 와서 하나님을 뵈어야 하며, 그때는 빈손으로 나오지 않고 하나님이 주신 것을 통해 힘껏 하나님께 드려야 합니다.

이것은 하나님께 무엇이 부족해서도 아니고 그들의 드림을 통해 하나님이 어떤 유익을 얻기 위함도 아닙니다. 하나님께는 아무 부족함이 없습니다. 뿐만 아니라 인간이 갖고 있는 모든 것, 문자 그대로 모든 것이 다 주님의 것입니다.

누가 먼저 내게 주고 나로 하여금 갚게 하겠느냐 온 천하에 있는 것이 다 내 것이니라(욥 41:11)

하나님은 우리에게 더 큰 복을 주시고 또한 물질의 노예가 아니라 물질의 주인이요 신실한 청지기로 살게 하고자 우리에게 바치라고 하시는 것입니다.

스탠 톨러 목사가 쓴 『드림의 비밀』에는 57페니로 인해 축복 받은 한 소녀의 이야기가 실려 있습니다.

수년 전 필라델피아의 한 작은 주일학교에 들어가고 싶은 소녀가 더 이상 새 학생을 받을 자리가 없다는 말을 듣고 주일학교에 좀 더 많은 자리가 생기도록 돕기 위해 동전을 모으기 시작했다. 그런데 2년 후 아이는 병으로 죽고 말았다.

아이의 베개 밑에서 발견된 작은 꾸러미에는 57페니와 쪽지 한 장이 들어 있었다. "예배당을 더 크게 지어서 더 많은 아이들이 주일학교에 갈 수 있도록 돕고 싶어요."

목사는 그 이야기를 교인들에게 들려주었고 이 일이 지역신문에 기사화되면서 헌금이 답지하기 시작했다. 3,300명이 앉을 수 있는 교회와 수천 명을 수용할 수 있는 템플 대학과 템플 병원 그리고 템플 주일학교가 세워졌다. 그 모든 것은 57페니에서 시작되었다.

오병이어의 이적을 통하여 무엇을 배웁니까? 예수님이 해결하실 수 없을 만큼 큰 문제는 없다는 것입니다. 예수님이 쓰실 수 없을 만큼 작은 것도 없다는 것입니다. 예수님이 채우실 수 없을 만큼 깊은 배고픔도 없습니다. 하나님은 헌신하는 우리를 통하여 풍성한 역사를 이루십니다.

다볼 산

시돈 •
페니키아
사렙다 •
시리아
다메섹 •
두로 •
헬르몬 산 ▲
빌립보 가이사랴 •

훌레 호수 •

돌레마이 •
갈릴리
고라신 •
벳새다 •
가버나움 •
갈릴리
바
다
가나 •
막달라 •
거라사 •
나사렛 •
디베랴 •
갈멜 산 ▲
다볼 산
가다라 •
나인 •

므깃도 •

가이사랴 •
사마리아
길보아 산
데가볼리
애논 • 살렘 •
요
단

지중해
사마리아 •
에발 산 ▲
세겜 •
수가 성 ▲
단
요
단
강
샤
론
평
지
그리심 산

실로 •
아이 •

이
스
라
엘
벧호론 •
벧엘 •
시험산 ▲
욥바 •
여리고 •
베레아
아리마대 •
기럇여아림 •
감람산 ▲
엠마오 •
쿰란 •
아스돗 •
벤세메스 •
예루살렘 • 베다니 •
느보 산 ▲
베들레헴 •
유
대
광
야
아스글론 •
사
해
헤브론 •
마케루스 •
가사 •
엔게디 •

가드 •

마사다 •

브엘세바 •

세렛 강

12

다볼 산
Mt. Tabor

너희는 그의 말을 들으라

누가복음 9:28-36

본문은 베드로의 신앙고백 그리고 이어 십자가의 죽음과 부활을 말씀하시고 "엿새 후에"(마 17:1, 막 9:2) 또는 "팔 일쯤 되어"(눅 9:28) 베드로와 야고보와 요한을 데리고 예수님이 '높은 산'에 기도하려고 올라가셨을 때 있었던 일을 기록하고 있습니다.

높은 산

이 사건은 공관복음 모두에 기록되어 있습니다(막 9:2-8, 마 17:1-8, 눅 9:28-36). 그런데 마태는 약속의 성취, 마가는 이적, 누가는 기도에 강조점을 두는 것 같습니다. 이것은 모세가 시내 산에 올라 구름 속에서 하나님의 영광을 보았던 사건을 연상시킵니다. 그때는 하나님이 쓰신 십계명을 받았지만 이번에는 하나님의 음성을 직접 듣습니다. 이곳에서 영광(계시)과 두려움(경외)을 동시에 경험합니다.

다볼 산 위에서 본 주변

　두려움과 놀람을 느끼면서 하나님의 임재와 영광에 거하는 순간, 초월을 경험합니다. 사실 우리의 삶에도 신비한 경험이 필요합니다. 신비는 일상을 구원하고, 일상을 새롭게 보는 눈을 열어 줍니다.

　베드로와 야고보와 요한은 제자 중의 제자로서 예수님 가까이에 있었습니다. 회당장 야이로의 딸을 살리실 때도 이들은 예수님과 함께 있어 치유의 역사를 직접 목격하는 특권을 누렸습니다(막 5:37). 겟세마네 동산에서 주님이 피와 땀을 흘리며 기도하실 때에도 가장 가까운 곳에서 주님과 함께 있었습니다(막 14:33).
　예수님이 제자들과 함께 오르신 '높은 산'(마 17:1)은 이스르엘 계곡 북동쪽, 나인 성이 있는 모레 산 맞은편에 있는 다볼 산(히브리어 '하르

다볼 산의 모습

타볼'은 '높은 산'이란 뜻)으로 알려지는데, 예수님이 변모되셨다고 하여
변모산이라고도 부릅니다.

　이 산은 602미터 높이(해발 560미터)의 종 모양으로 되어 있는 아름
다운 산입니다. 주변이 평지이기 때문에 사방 어디에서나 높게 잘 보
이는 전망 좋은 산입니다. 구약 시대에는 잇사갈, 스불론, 납달리 지
파의 경계(수 19:10-39)였으며, 사사 시대에는 전략적 중요 지역이었
고(삿 4:6-7, 5장), 하나님의 거룩한 산으로 언급되기도 하였습니다(신
33:18-19, 시 89:13). 비잔틴 시대와 십자군 시대에는 다볼 산 정상에 예
수님, 모세, 엘리야를 기념한 교회가 세워졌지만 파괴되었습니다. 지
금은 프란시스코 수도회에서 변모산 기념 교회당을 세웠습니다. 후대
사람들은 기어이 이 높은 산 위에 아름다운 건물을 지었고, 변모산

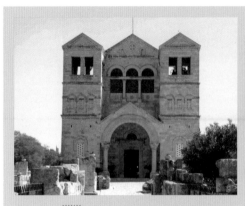

변모산 기념 교회   변모산 정상의 유적지

기념 교회 입구 양 옆에는 엘리야의 방, 모세의 방을 구획해 놓았습
니다. 베드로의 염원을 후세대가 이루어 준 것입니다. 예수님의 방이
없는 이유는 교회 전체가 주님께 드려진 공간이기 때문일 것입니다.

　예수님이 변모하신 산이 다볼 산이 아니라 헬르몬 산이라는 주장
도 있습니다. 베드로가 신앙고백을 한 빌립보 가이사랴에서 6일(혹은 8
일) 만에 다볼 산까지 온다는 것은 무리이기 때문에 빌립보 가이사랴
에서 가까운 헬르몬 산을 지목합니다. 더구나 헬르몬 산은 이스라엘
에서 가장 높은 산입니다. 그리고 당시 다볼 산에는 사람들이 거주하
고 있어서 한적한 곳이 아니었다는 이유도 있습니다. 하지만 다볼 산
이론을 포기하게 할 만큼 강력한 근거는 아닙니다.

　베드로는 이때의 체험을 이렇게 회상했습니다.

　우리 주 예수 그리스도의 능력과 강림하심을 너희에게 알게 한 것이 교묘

변모산 기념 교회 원경

모세의 방

히 만든 이야기를 따른 것이 아니요 우리는 그의 크신 위엄을 친히 본 자라 지극히 큰 영광 중에서 이러한 소리가 그에게 나기를 이는 내 사랑하는 아들이요 내 기뻐하는 자라 하실 때에 그가 하나님 아버지께 존귀와 영광을 받으셨느니라. 이 소리는 우리가 그와 함께 거룩한 산에 있을 때에 하늘로부터 난 것을 들은 것이라(벧후 1:16-18)

마가복음은 베드로의 간증에 기초하여 기록되었을 것으로 추정되는데, 베드로는 자기가 전하는 것이 예수님의 능력과 재림을 꾸며낸 이야기가 아니라 자신을 비롯하여 여러 명(최소한 3명의 증인)이 직접 보고 들은 사실이라는 것을 증거하고 있습니다. 그래서 베드로는 이 '높은 산'을 '거룩한 산'(성산)이라고 불렀습니다.

이 거룩한 산에서 베드로는 예수님의 참 모습을 보았고, 하나님을 만나 그분의 음성을 직접 듣는 영적 체험을 하였습니다. 하나님을 경험하는 곳이 바로 거룩한 땅입니다. 하나님을 보고 듣는 체험을 하게

엘리야의 방

교회당 내부의 천정 그림

되면 그곳이 바로 성전이 됩니다.

기독교는 체험의 종교입니다. 베드로는 자신이 보고 들은 것을 말한다고 하였습니다. 초대교회의 사도들은 핍박과 유혹 속에서도 자신이 보고, 듣고, 깨달은 진리를 말하지 않을 수 없다고 하였습니다. 변모산 기사를 통해 우리는 몇 가지 영적인 통찰력을 얻을 수 있습니다.

성산의 체험

베드로, 요한, 야고보, 이 세 제자는 말로 형용할 수 없는 황홀한 체험을 했습니다. 그들의 영안이 열려 변모되신 예수님의 진면목과 시공을 초월하여 나타난 모세와 엘리야를 보게 되었습니다. 그리고 영적 귀가 열려 삼자간의 대화를 듣게 되었고, 이어서 하늘에서 들리는 음성도 들었습니다.

열두 제자 가운데 세 명이 경험한 이 성산의 체험은, 신앙 체험의 역사성, 공간성, 신비성, 개별성과 공동체성을 모두 보여 줍니다. 물론 다른 제자들도 오순절의 역사나 여러 가지 체험을 할 기회가 있었습니다. 체험은 유일회적인 것이 아니고 여러 번 반복되었습니다. 그러나 중요한 것은 언제나 소수의 사람들이 경험을 한다는 사실입니다.

예수님을 따르던 모든 제자가 다 같은 신앙 체험을 한 것이 아닙니다. 이 말은 교회 안에 모여 예배하는 우리가 모두 체험적인 신앙을 가진 것은 아니라는 말입니다. 언제 이러한 역사가 임할지 알 수 없기 때문에 열심히 준비된 심령으로 참여해야 합니다. 그러므로 세상의 근심과 죄와 욕심을 버리고 사모하는 마음으로 주 앞에 나와야 합니다. 신비한 것을 보는 눈과 신령한 음성을 듣는 귀가 열려야 합니다.

예수님의 변모

예수님이 기도하기 위해 산에 오르신 기사는 복음서 여러 곳에서 발견되는데, 이번에도 예수님은 기도하기 위해 '따로' 높은 산에 오르셨습니다(눅 9:28-29).

체험적인 신앙을 갖는 것이 매우 중요합니다. 그리고 신앙적인 체험은 대부분 기도를 통해서 옵니다. 우리는 기도를 통하여 체험적인 신앙을 가질 수 있습니다. 기도하기 위해 시간과 장소를 구별하십시오. 예수님도 제자들을 데리고 산에 기도하러 올라가셨고, '기도하실 때' 용모가 변모되셨습니다(눅 9:28-29).

누가에 따르면, 예수님께 성령이 비둘기같이 임하신 때는 세례 요한에게 세례 받은 직후가 아니라 요단 강에서 올라와 기도하실 때였습니다(눅 3:21-22). 그때 하늘문이 열리고 음성이 들렸습니다

누가는 기도를 강조합니다. 확실히 변모산 체험은 예수님이 산에서 기도하실 때 일어난 사건입니다. 베드로, 요한, 야고보는 졸고 있다가 이런 놀라운 광경을 목격했습니다. 기도할 때 변화가 일어납니다. 여기에서 제자들은 기도의 효과를 실재적으로 체험했을 것입니다. 기도하시던 예수님이 변모되고 옷이 희어지고 광채가 났습니다. 하나님의 영광이 임한 모습입니다. 스위치를 올리면 전구에 불이 들어오듯이 기도는 일상이 초월에 접하여 영광으로 화하는 것입니다.

교회에서 모이면 편리하게 더 많이 모일 수 있을 텐데, 왜 한적한 곳에 가느냐고 묻는 분들도 있습니다. 그런데 예수님도 종종 그렇게 하셨습니다. 특별히 세상의 일에서 벗어나 조용한 산 속에서 하나님과 함께하는 조용한 시간을 가질 때, 확실한 체험을 할 수 있습니다.

그러나 아무리 무인산중에 깊숙이 들어간들 마음속에 온갖 세상의 것들을 가지고 간다면 무슨 소용이 있겠습니까?

사실 기도는 내 뜻대로 하나님이 일하시는 것이 아닙니다. 하나님 뜻대로 내가 살 수 있기를 구하는 것입니다. 그러므로 기도를 통하여 변하는 것은 하나님이 아니라 나입니다. 기도할 때 내가 점점 변모됩니다. 내가 점점 하나님을 닮아가고, 하나님을 알아가고, 하나님을 느끼게 됩니다.

> 베드로와 및 함께 있는 자들이 깊이 졸다가 온전히 깨어나 예수의 영광과 및 함께 선 두 사람을 보더니(눅 9:32)

나의 기도는 주변에 영향을 미치기도 합니다. 예수님의 기도는 졸고 있던 제자들까지도 그 기도의 상황으로 들어가게 합니다. 기도의 능력은 주변 사람들에게 영향을 끼쳐 신비한 체험을 하게 만듭니다.

신앙 체험의 중심

베드로와 야고보와 요한은 자기들 앞에서 변모되신 예수 그리스도를 보게 됩니다. 시공을 초월하여 모세와 엘리야가 나타났습니다. 모세는 출애굽 시대에 이집트와 광야에서 살았습니다. 엘리야는 아합 왕 재위 기간에 북이스라엘에 살았습니다. 예수님은 1세기 로마 식민지 시대에 갈릴리를 중심으로 활동하셨습니다. 이런 시공간의 차이를 뛰어넘어 위대한 인물이 한 곳에 모여 서로 소통했습니다.

예수님을 중심으로 하면 세대와 공간의 차이를 뛰어넘는 소통이 가능합니다. 예언자를 대표하는 엘리야와 율법을 대표하는 모세가 나타나 예수님과 더불어 대화합니다. 예수님의 사역이 바로 율법과 예언의 완성이라는 것입니다.

구약과 신약의 연결 고리를 확인시켜 주는 대목입니다. 그 내용은 장차 지실 십자가에 대한 것이었습니다(눅 9:31). 구약의 율법과 예언을 이루는 길은 예수님이 예루살렘에서 십자가를 지시는 것입니다. 모세와 엘리야가 영광 가운데 나타나 예수님의 별세에 대해 말하는 것은, 영광의 십자가를 미리 확증해 주는 것입니다. 억울한 죽음이 아니라 하나님의 뜻을 이루는 대속의 죽음입니다.

이렇게 모세와 엘리야의 사역은 예수님으로 수렴됩니다. 구약의 모든 율법과 예언이 십자가로 성취됩니다. 그렇습니다. 예수님의 십자가는 율법의 완성이며, 모든 예언의 성취입니다. 그리스도의 복음은 율법과 예언의 마침입니다.

산치오 라파엘로는 바로 이 장면으로 「그리스도의 변모」를 그렸습니다. 이 그림은 바티칸 라파엘로의 방에 전시되어 있습니다. 이것은 그의 마지막 작품으로 미완성 작품으로 남을 뻔 했습니다. 하지만 그가 37세의 나이로 죽은 후 하단부를 그의 제자 줄리아 로마노가 라파엘로의 밑그림을 따라 완성했다고 합니다.

그림은 세 층으로 나누어집니다. 상층에는 예수님이 엘리야, 모세와 더불어 공중에 떠 계십니다. 삼각구도의 정점에 예수님이 계시고, 모세와 엘리야는 예수님께 집중하고 있습니다. 시선뿐 아니라 몸도 예수님을 향합니다.

예수님은 두 손을 펴고 전면을 드러내고 계십니다. 예수님 우편에는 돌판을 가진 모세, 왼편에는 말씀을 가진 엘리야가 예수님을 향해

「그리스도의 변모(The Transfiguration)」, 1520, 산치오 라파엘로(Sanzio Raffaello), 목판에 유화,
405×278cm, 바티칸 박물관, 바티칸.

솟아오릅니다. 공중부양입니다. 하늘입니다. 두 사람은 말씀을 가지고 오르고 예수님은 몸만 보여 주는 것이 참 흥미롭습니다. 중간에는 잠을 자다가 깨어난 듯한 베드로, 요한, 야고보가 영광의 광채에 눈을 가리고 두려워하는 모습입니다.

그림 왼쪽에 무릎을 꿇고 기도하는 두 사람은 성경에 나오지 않는 사람으로 라파엘로 화가 자신이거나 그림을 의뢰한 사람으로 추정됩니다. 하단에는 간질병에 걸려 눈이 돌아간 아들을 붙들고 있는 아버지와 도움을 요청하는 어머니가 있습니다. 남아 있는 제자들에게 도움을 요청하는 가운데 제자들의 손길이 예수님을 향하여 모아지는 것이 보입니다. 이 손이 위에 계신 예수님과 연결시켜 주고 있습니다. 여기에서도 삼각과 원형의 구도가 보입니다.

변모산 사건은 역사의 중심이 예수임을 보여 주고 있습니다. 모든 것의 정점에 예수님이 계십니다.

잠에서 깨어 예수님의 영광을 본 베드로는 자기도 모르게, 초막 셋을 짓고 엘리야와 모세와 예수님을 모시자고 말했습니다. 그러나 잠시 후에 모세와 엘리야는 사라지고 예수님만 보였습니다. "오직 예수 외에는 아무도 보이지 아니하더라"(마 17:8), "오직 예수와 자기들뿐이었더라"(막 9:8), "오직 예수만 보이더라"(눅 9:36).

신앙 체험의 중심은 모세도 아니요, 엘리야도 아니고, 어떤 목사도 아니고, 오직 예수 그리스도이십니다. 예수님을 만나시기를 바랍니다. 율법도 아니요, 예언도 아닙니다. 그리스도의 피 묻은 십자가의 복음입니다. 십자가의 복음을 중심으로 율법이 해석되고, 예언서도 읽혀야 합니다.

하늘의 음성

제자들의 영적 체험은 시각적인 것만이 아닙니다. 그들은 하늘로부터 들려오는 음성을 들었습니다. 이는 영원에서 시간으로 들려오는 음성입니다. "이는 내 사랑하는 아들이요 내 기뻐하는 자니"(마 17:5). 예수님에 대한 하나님의 직접적인 선언입니다. 하나님의 보증이요 하나님의 계시입니다. 이 음성은 예수님이 세례를 받으신 후에도 들렸습니다. "너는 내 사랑하는 아들이라 내가 너를 기뻐하노라"(눅 3:22).

이 음성은 예수님의 정체성을 분명히 드러내고 있습니다. 예수님은 하나님의 아들로서, 하나님이 기뻐하시는 삶을 사셨습니다. 누가에 따르면, 세례 받을 때에는 예수님께만 이 말씀이 들린 반면 지금은 세 제자에게 선포되었습니다. 예수님의 사역과 말씀에 대한 하나님의 보증입니다.

하나님은 세 제자에게 "너희는 그의 말을 들으라"(눅 9:35)고 말씀하십니다. 시편 2편, 왕의 즉위 시편을 보십시오. 왕위를 계승할 때 선왕은 새로운 왕을 소개하면서 나에게 순종했던 것처럼 저에게 순종하라고 합니다. 하나님이 예수님을 자신의 아들로 선포하시고, 왕들과 나라들에게 그의 말을 들어야 한다고 선포하십니다. 예수님이 왕으로 즉위식을 하신 것입니다. 메시아 등극 선언이라고 할 수 있습니다.

변모산에서 들린 음성은 하나님이 예수님을 직접 증언하시는 것입니다. 율법이나 선지자를 통해서도 예수님에 대해 알 수 있지만, 하나님의 음성을 듣는 체험을 해야 합니다. 이것이 우리가 들은 말씀, 배운 말씀에 대하여 확실한 보증을 해줍니다. 하나님과 성경은 예수님의 말씀을 보증해 주고 있습니다. 그래서 예수님의 말씀이 권위가 있습니다.

우리가 들어야 할 음성

우리도 예수님이 들으셨던 이 음성을 들어야 합니다. "너는 내 사랑하는 자녀요 내 기뻐하는 자라." 우리는 다른 사람이 말하는 것이나 자기가 가진 것이나 자기가 하는 일에서 자기 정체성을 찾으려고 합니다. 그런 삶은 기복이 심할 뿐 아니라 확신도 없습니다. 당신은 당신이 하는 일이나 남들이 하는 말이나 당신이 소유한 것으로 정의할 수 없습니다.

하나님의 음성을 들으십시오. "너는 내 사랑을 받는 자다. 내가 기뻐하는 자다." 세상이나 마귀의 말에 귀를 막으십시오. "너는 쓸모없다. 못생겼다. 한심하다. 소망이 없다. 버려졌다." 이런 부정적인 소리가 하도 커서 때때로 자신을 거부하는 지경에 빠집니다. 자기거부는 영적 삶의 가장 큰 적입니다. 그러나 하나님은 우리에게 이같이 말씀하십니다. "태초부터 나는 너를 선택했고, 너를 사랑했다. 너는 내 것이다. 나는 너의 머리털까지 세고 있고, 네가 어디를 가든지 함께하겠다. 너와 나는 하나다."

성산의 체험은 천국의 경험

여기에서 우리는 천국의 모습을 부분적으로나마 엿볼 수 있습니다.

■ 우리는 천국에서 영광스럽게 변모됩니다

예수님이 제자들 앞에서 변형되었는데, 광채가 나며 세상에서 그렇게 희게 할 수 없을 만큼 희어졌다고 했습니다(막 9:2-3). 바울은 부활의 날에 구원 받은 자가 신령한 몸을 입는다고 말하면서, 그것은 썩지 아니하고 영광스러우며 강한 것(고전 15:42-44)이라 설명하였습니다. 이것은 하늘에 속한 자의 형상(고전 15:49)입니다.

변모(transfiguration)는 변화(transformation)와 다릅니다. 변화는 본질은 그대로 두고 점진적으로 외형이 바뀌는 것입니다. 그러나 변모는 베일이 벗겨지는 순간을 체험하면서 본체가 드러나는 것입니다. 새로운 차원이 열리는 것입니다. 계시와 같습니다. 제자들에게 그것을 보는 눈이 열렸습니다.

■ 천국은 시공을 초월하는 세계입니다

소련 보이즈 1호를 타고 달에 착륙한 가르디니가 "다 살펴보았어도 하나님을 못 보았다"고 한 말은 어리석은 것입니다. 모세는 당시로 보면 1,800년 전의 사람입니다. 그리고 엘리야는 1,000년 전의 사람입니다. 이들이 시공을 초월하여 제자들 그리고 예수님과 함께할 수 있는 것이 천국입니다.

우리는 지금 3차원에 살고 있기 때문에 시간과 공간의 제약을 받고 있습니다. 그러나 천국은 우리가 살고 있는 3차원의 세계보다 더 높은 차원입니다. 그러므로 우리가 천국을 이해하고 설명한다는 것은 너무나도 부족하여 옛날 청동 거울로 얼굴을 비추어 보는 것과 같습니다. 그러나 그날에는 대면하여 보는 것처럼 확실히 볼 것입니다(고전 13:12).

천 년이 하루 같고 하루가 천 년 같은 하나님의 지혜를 누가 측량할 수 있겠습니까? 그날에는 시간과 공간의 차이가 없어집니다.

■ 천국에서는 서로 소개 없이도 알 수 있습니다

제자들은 엘리야와 모세를 본 적이 없었고 사진도 없는 시대였지만, 그들은 소개도 없이 단번에 엘리야와 모세를 알아보았습니다(마 17:3). 우리가 천국에 가게 되면 내가 예수님을 알고 예수님이 나를 알아보시고, 내가 아브라함을 알아보고 그가 나를 알아보고, 내가 베드로를 알고, 베드로가 나를 압니다. 서로 영으로 통하는 것입니다.

■ 그 나라에서는 진정으로 보고, 듣고, 말하게 됩니다

신령한 세계가 열립니다. 제자들에게 신령한 세계를 보는 눈이 열렸습니다. 누가 소개하지도 않았는데 즉각적으로 모세와 엘리야를 알아보았습니다. 다음으로 입이 열렸습니다. "주여 우리가 여기 있는 것이 좋사오니" 하고 초막 셋을 짓고 살자고 제안을 했습니다. 마가는 베드로가 무서워서 말했다고 했고(막 9:6), 누가는 자기도 모르게 말했다고 했습니다(눅 9:33). 이유야 어떻든 뭔가 말씀드려야 할 것 같았습니다. 얼마나 황홀했던지 자신들을 위한 초막은 고려하지도 않았습니다. 그러는 사이에 귀가 열려 하나님의 음성을 듣게 되었습니다. "이는 나의 아들 곧 택함을 받은 자니 너희는 그의 말을 들으라." 모세와 엘리야뿐 아니라 하나님이 직접 예수님을 증거하시는 말씀을 들었습니다.

이렇게 세 제자는 예수님과 함께할 때 신령한 눈과 신령한 귀가 열려 보지 못하던 것을 보았고, 듣지 못했던 음성을 들었습니다. 산 아래 있을 때 보기는 보아도 알지 못하고, 듣기는 들어도 깨닫지 못하던 사람들이 아니었습니까? 이들이 이제 말할 수 없는 것을 보고 듣고 말하게 됩니다. 영적 눈이 열리고, 귀가 열리고, 입이 열리는 순간입니다. 그러나 이 모든 체험 중에도 오직 예수님께 초점을 두는 믿음이 중요합니다.

■ 천국의 경험은 너무나도 황홀하였습니다

베드로는 예수님께 진지한 제안을 했습니다. 산에 천막 세 개를 짓자고 했습니다. 하나는 예수님, 하나는 모세, 하나는 엘리야를 위하여 드리고, 자기들은 바닥에서 하늘을 지붕 삼아 노숙하겠다는 것입니다. 그 자리에 영원히 머무르고 싶고 복잡한 세상으로 다시 내려가고 싶지 않다는 것입니다.

천국은 영원히 머무르고 싶은 그런 곳입니다. 천국이 있는 것이 너무 확실한 것은, 천국에 갔다가 아직까지 가족이 보고 싶어 다시 돌아온 이가 없다는 사실입니다.

산 아래, 삶의 현장을 지향하는 체험

초막 셋을 짓자는 베드로의 제안은 다름 아닌 '산 위의 종교'를 만들자는 것입니다. 이것이 변모산 신드롬입니다. '여기가 좋사오니'(안주), '우리끼리'(편협한 이기주의) 보내자는 것입니다.

그런데 산 위에만 살고 있으면 어떻게 됩니까? 지금 산 아래는 귀신들린 아들을 데리고 나아와 애타게 예수님을 기다리는 아버지가 있습니다. 아무리 천국이 좋다고 하더라도 아직은 아닙니다.

바울은 "내가 차라리 세상을 떠나서 그리스도와 함께 있는 것이 훨씬 더 좋은 일이라 그렇게 하고 싶으나 내가 육신으로 있는 것이 너희를 위하여 더 유익하리라"(빌 1:23)라고 했습니다. 이 말씀은 바울이 당장이라도 육신을 떠나 천국에서 주님과 더불어 살고 싶지만 너희들을 위하여 이 땅에 거하며 복음을 전한다는 것입니다. 지금은 하나님이 보내신 사명을 수행해야 합니다.

우리의 신앙은 반드시 삶의 현장에서 실천되어야 합니다. 산 아래에는 이런 체험을 하지 못한 아홉 제자가 있고, 벙어리에다 간질병까지 걸린 아들을 데리고 예수님을 기다리는 아버지가 있습니다. 예수님을 죽이려는 음모가 있고, 먹을 것을 걱정해야 하는 가난한 자들이 있고, 온갖 부조리와 억압과 죄와 더러움으로 얼룩진 세상이 있습니다.

예수님은 무엇을 선택하셨을까요? 예수님은 베드로의 제안에 대꾸도 하지 않으시고 그저 묵묵히 산 아래로 내려가셨습니다. 저들이 본 사실조차 일정 기간 비밀로 하라고 강하게 요구하셨습니다. 산 위의 체험은 산 아래를 지향합니다. 산 아래에서도 산 위에서처럼 하나님을 체험하며 살아야 합니다.

우리의 믿음은 산 위가 아니라 산 아래의 삶을 통하여 증명됩니다. 그것은 사람들이 이해하지 못하는 신비스러운 말을 통해서가 아니라 사람들이 알 수 있는 삶의 실천을 통해서입니다. 물론 산 위의 체험, 특별히 변화 체험이 신자들에게는 필수불가결합니다. 먼저 기도와 말씀으로 변화를 받아야 합니다. 그러나 그 체험은 산 위의 생활을 위한 것이기보다 산 아래의 생활을 위한 것입니다.

변화 체험 없이 세상에만 머무는 것도 위험하고, 변화 체험만 추구하고 내려가지 않는 것도 위험합니다. 우리의 영적 체험은 교회 안에만 머무르지 않고 부단히 삶의 현장으로 옮겨가야 합니다. 그래서 '세상의' 소금과 '세상의' 빛이 되어야 합니다.

영적 체험이 교회 안에만 머물면 독선과 교만에 빠지기 쉽습니다.

또 준비되지 않은 영성이 사회에 나가면 놀림감으로 전락할 우려가 있습니다. "산은 내려오기 위해 오른다"고 누군가 말했듯이 우리는 세상의 변화를 위해서 신앙 체험의 산에서 내려가야 합니다. 그것이 진정한 부흥입니다.

예루살렘 성과 베다니

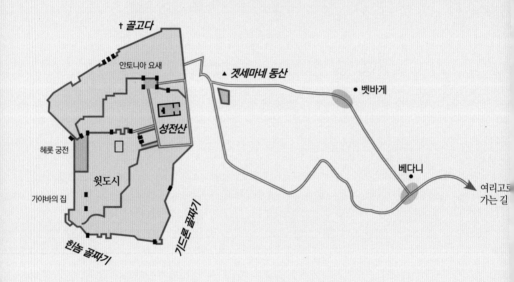

† 골고다

안토니아 요새

▲ 겟세마네 동산

• 벳바게

성전산

헤롯 궁전

베다니 •

가야바의 집

윗도시

여리고로 가는 길

힌놈 골짜기

기드론 골짜기

13

베다니
Bethany

네가 많은 일로 염려하고 근심하나
누가복음 10:38-42

사복음서에는 '베다니'라는 지명이 12번 나옵니다. 마태복음 2번, 마가복음 4번, 누가복음 2번, 요한복음 4번 나오는데, 요한복음 1장 28절에 요한이 세례를 베풀던 베다니는 '요단 강 건너편 베다니'로서 다른 지역이므로, 총 11번이 나오는 셈입니다. 누가는 마르다와 마리아가 살았던 마을의 이름을 명시하지 않았지만, 이곳도 베다니입니다.

베다니는 예루살렘에서 동쪽으로 3킬로미터, 도보로 40분 정도면 갈 수 있는 감람산 동남쪽 산기슭에 있는 작은 마을입니다. '베다니'라는 지명은 '빈자의 집', '곤궁의 집'이라는 뜻을 가지고 있습니다. 특권층 사람들이 예루살렘에 모여 살았다면, 여기는 성 밖 가난한 사람들이 사는 지역이었습니다. 예루살렘에 거주하지 못하는 사람들이 모여 살았고, 주후 1세기에는 공동묘지가 있었던 곳입니다.

예루살렘 사역의 베이스캠프

예수님은 예루살렘에 오실 때마다 베다니에서 유숙하셨습니다. 밤에는 베다니에서 묵으시고, 낮에는 감람산 너머 예루살렘에서 활동하셨습니다(마 21:17, 막 11:11-12, 눅 21:37). 바로 이곳에 나사로, 마르다, 마리아가 살고 있었습니다.

예수님이 성육신하여 이 세상에 오실 때 베들레헴에서는 아기 예수를 맞이할 방이 없었고, 공생애 중에는 "인자는 머리 둘 곳이 없다"(마 8:20)고 자신의 처지를 말씀하셨지만, 그래도 베다니에서는 언제나 예수님을 따뜻하게 맞이해 주었습니다. 이곳에서 예수님은 안식하실 수 있었습니다.

갈릴리 사역의 거점이 가버나움이었다면 예루살렘 사역의 거점은 베다니였습니다. 그래서 저는 이곳에 꼭 한번 가보고 싶었습니다. 2012년 3월 성서 현장에 갔을 때, 제일 먼저 갈 곳으로 베다니를 꼽았습니다. 이전에 여러 번 성서 현장을 갔지만 베다니는 보지 못했기 때문입니다.

예루살렘 센터에 짐을 풀자마자 차를 빌리고 내비게이션을 의지하여 베다니를 찾아나섰습니다. 하지만 주변에서만 맴돌 뿐 베다니까지 데려다 주지를 않았습니다. 정말 이스라엘 내비게이션 여자(음성)는 너무 말이 없습니다. 자세히 가르쳐 주지도 않고 길을 잘못 들기라도 하면 아예 꺼져버리는 것이 아니겠습니까! 거기 비하면 한국 내비게이션 여자는 지나칠 정도로 친절합니다.

나중에 알고 보니, 사람들이 팔레스타인 지역에 접근하지 못하도록 이스라엘 정부가 내비게이션을 통제해 놓았기 때문에 그런 현상이 생기는 것이었습니다. 목적지가 이스라엘 지역이라고 해도 아랍 지역

베다니 팔레스타인 지역과 유대인 지역의 경계를 나타내는 장벽

을 관통해야 할 때는, 아랍 지역이 아닌 우회도로를 알려주어서 멀리 돌아가는 것이었습니다. 그래서 나중에는 내비게이션을 반납하고 아예 지도를 보고 다녔습니다.

다른 사람의 도움 없이 혼자 힘으로 베다니를 찾아가고 싶었습니다. 그런데 예루살렘에서 자동차로 10분 거리인 베다니를 들어가기가 무척이나 힘들었습니다. 세 번이나 시도했으나 번번이 실패했습니다. 네 번째로 차를 돌리자 아내는 더 이상 참지 못하고 화를 냈습니다. "왜 그렇게 베다니에 집착하세요? 지금 똑같은 길을 계속 헤매잖아요? 정 가고 싶으면 가이드를 구해서 가든지, 왜 혼자 하겠다고 고집을 피우세요?"

나사로 기념 교회

나사로 무덤

비잔틴 시대 교회 유적

간신히 찾은 베다니는 벳바게와 장벽으로 가로막혀서 입구를 찾기가 힘들었습니다. 그래도 오기를 부려 벳바게에서 장벽을 따라 골목골목을 따라 내려가 검문소에 이르렀습니다. 차량 통행은 되지 않아 걸어서 통관을 하고 베다니로 들어가야 했습니다. 차를 검문소 앞에 세워 두고 아내와 함께 여권 검사를 받고 들어갔습니다. 이 지역에서는 영어를 알아듣는 사람을 만나기가 힘들었습니다. 가까스로 택시 운전사를 만나 나사로 기념 교회 사진을 보여 주며 그곳까지 데려다 달라고 하였습니다.

베다니에는 성 나사로 교회, 나사로 무덤, 비잔틴 시대와 십자군 시대의 교회터, 마르다와 마리아의 집터(베다니의 우물)가 있습니다.

교회와 무덤 그리고 집을 찾아 골목골목을 돌아다녔습니다. 오랜 시간이 지난 후 다시 나오려고 택시를 잡았는데, 말이 통하지 않고 검문소도 여럿이라 어디에서 들어왔는지를 설명할 길이 없었습니다. 도중에 기사가 막무가내로 내리라고 하는 통에 길거리에 내렸습니다. 낯선 아랍 사람들이 경적을 울리고 길도 찾을 수 없고 말도 통하지 않아 한참이나 길을 헤맸습니다. 급기야 아내는 "당신은 모험심이 많아서 같이 다니기가 겁이 난다"고 한탄을 했습니다.

왜 그토록 저는 그곳에 가려고 했을까요? 예수님의 마음을 느끼고 싶었기 때문입니다. 지금은 전혀 상황이 달라졌지만 그때 예수님이 편히 쉬실 수 있었던 곳, 인정 많고 정겨운 사람들이 살던 곳, 예수님이 가장 인간적인 면모를 드러내셨던 곳이기 때문입니다. 베다니는 예수님의 눈물이 떨어졌던 땅입니다. 나사로, 마리아, 마르다에게 개인적으로 주셨던 친근한 말씀들을 그곳에 가면 들을 수 있을 것 같았습니다. 사실 그때 제게는 그런 예수님이 필요했습니다.

예수님 당시 순회 전도자들에게 편히 쉴 수 있는 잠자리와 따뜻한 음식은 얼마나 귀했을까요? 저는 그때 이스라엘 한국대사공관에서 일주일, 예루살렘센터에서 2주일, 그리고 호텔에서 묵었는데, 대사관 저에서는 편했고, 예루살렘센터에서는 공동 생활이라 불편한 것이 많았고, 호텔은 잠만 자면 짐을 싸야 하는 고단함이 있었습니다. 선교사님들도 안식년에 고국에 오면 제일 큰 문제가 숙소라고 합니다. 그래서 선교사님들을 위한 안식관이 필요합니다.

마음 편하게 먹고 쉬고 잘 곳이 있다는 것, 길을 나서서도 집 같은 곳이 있다는 것은 행복입니다. 그래서 미국 사람들은 손님을 초대하고 "당신 집처럼 지내세요!"(Make your home)라고 말하곤 합니다. 이것이 그리스도인의 환대(hospitality)입니다. 베다니에 마리아와 마르다가 있어서 감사합니다.

베다니는 예루살렘 사역의 베이스 캠프였습니다. 더구나 이곳에서는 예수님의 생애에 있었던 일들이 골고루 일어났습니다. 예수님 전체 사역의 축소판이라고도 볼 수 있습니다. 만일 복음서가 사라진다 해도 베다니의 일들을 복원하면 예수님 사역의 윤곽을 알 수 있습니다. 베다니에는 섬김과 헌신의 이야기, 치유와 부활의 생명 이야기, 축복과 승천의 승리 이야기가 있습니다. 베다니에는 섬김, 생명, 헌신의 메시지가 있습니다.

섬김의 이야기

예수님이 베다니에 들어가셨을 때, 마르다는 예수님을 자기 집으로 영접했습니다. 자신의 집을 기꺼이 내어놓는 것이 얼마나 힘들고 귀한 일인지는 모두가 잘 알고 있을 것입니다. 마르다는 어려운 일을 자청

마르다와 마리아의 집을 방문하신 그리스도(Christ with Mary and Martha)」, 1567, 틴토레토
(Tintoretto), 유화, 197×131cm, 알트 피나코텍 미술관, 뮌헨.

하였습니다.

이들은 부유한 사람들이 아니었습니다. 예수님 오시기 전부터 어느 정도 준비를 했을 테지만, 예상 밖으로 많은 사람들이 몰려들자 준비가 부족함을 안 마르다는 부엌에서 음식 마련으로 분주합니다. 그런데 동생 마리아는 한가하게(?) 예수님의 발치에 앉아 말씀을 듣고 있습니다. 언니 마르다로서는 복장이 터질 노릇입니다. 신호를 보내도 못 본 체합니다. 눈치도 없이 예수님 앞에 자리를 차지하고 앉아 있는 마리아를 좋게 봐 줄 수가 없습니다. 좋게 시작한 일인데 마음에 불평이 올라옵니다.

틴토레토의 그림 「마르다와 마리아의 집을 방문하신 그리스도」에서는 예수님의 말씀을 듣고 있는 마리아에게 마르다가 와서 불만스러운 모습으로 무엇인가 따지고 있습니다. 틴토레토는 예수님과 마리아 두 사람의 시선을 통해 하나님 나라에 대해 이야기를 나누고 있었음을 암시합니다. 마르다는 제삼자로 끼어든 셈입니다. 인물은 베네치아 귀족들의 모습이고, 배경도 베네치아 건물 양식으로 그렸습니다.

참다 못한 마르다가 예수님께 하소연을 합니다.

주여 내 동생이 나 혼자 일하게 두는 것을 생각하지 아니하시나이까 그를 명하사 나를 도와주라 하소서(눅 10:40)

다소 격앙되어 있는 마르다를 향해서 예수님이 말씀하십니다.

마르다야 마르다야 네가 많은 일로 염려하고 근심하나 몇 가지만 하든지 혹은 한 가지만이라도 족하니라(눅 10:41-42)

왜 예수님은 이렇게 두 번씩이나 이름을 부르셨을까요? 분명 책망하시기 위해서는 아니라고 봅니다. 사랑스럽게 말씀하시는 것이지요. "너무 많이 차리려고 애쓰지 마라, 네 마음 다 안다. 나 식성 좋다. 그냥 김치 한 가지면 된다." 이런 식입니다. 예수님의 말씀은 너무 많이 준비하려고 하지 말라는 배려의 말씀입니다.

예수님이 마르다에게 들어와 앉으라고 하고 마리아에게 대신 나가서 준비하라고 하셨으면 더 좋지 않았겠나 하는 생각도 듭니다. 마르다도 마리아처럼 예수님 발 앞에 앉아 말씀을 듣고 싶었음을 예수님이 아셨을 것입니다. 마리아가 부럽지만 그렇게 할 수도 없는 처지입니다. 마리아가 도와주면 더 빨리 마칠 수 있을 텐데. 조금 있다가 모두 같이 예수님 말씀을 들으면 더 좋을 텐데.

마르다의 마음이 충분히 이해가 됩니다. 살림을 책임지고 있는 언니로서 이렇게 말하는 것은 당연하다고 봅니다. 저는 마리아보다는 마르다 쪽에 가까운 사람입니다. 마리아처럼 그렇게 차분하게 앉아 있을 성격이 못 됩니다. 귀한 손님이 오시면 마음이 조급하고 흥분이 되어 허둥지둥합니다. 마음만 급해서 제정신이 아니었던 적 없으세요? 뭘 더 해주고 싶고, 그래서 화도 나고 실수도 하는 사람. 심방을 해 보니 이런 마르다와 같은 교인들이 많이 계십니다. 귀한 분들입니다.

그런데 중세 교회의 전통은 "마리아는 이 좋은 편을 택하였으니 빼앗기지 아니하리라"라는 예수님의 말씀을 강조하여, 예수님이 음식 준비에 분주한 마르다보다는 말씀을 듣던 마리아를 칭찬하셨다고 해석했습니다.

말씀을 듣고 관조하는 생활이 음식을 준비하고 섬기는 생활보다 우위에 있다고 해석한 것입니다. 그래서 말씀과 섬김을 이분법처럼 나누어 놓고 차별했습니다. 이것은 성직과 일상의 일을 차별하고 나누는 경우로까지 발전했습니다. 말씀을 듣는 것은 거룩하고, 음식을 장만하는 것은 세상적인 일로 치부하기도 했습니다. 그러나 이것은 예수님의 본뜻이 아닙니다.

때에 적합한 행위

칼뱅은 이 특별한 사건을 일상의 모든 일에 일반적으로 적용하여, 일(섬김)을 경시하는 것은 잘못된 해석이라고 보았습니다. 그는 모든 사람은 여러 가지 일로 부름을 받았으며, 자신의 부름에 충실한 것보다 하나님을 더 기쁘시게 하는 제사는 없다고 하였습니다. 그리고 마리아와 마르다의 기사는 '일에 대한 구별'이 아니라 '때에 적합한 행위'라는 차원에서 보아야 한다고 하였습니다. 그때는 마리아의 행위가 적합한 것이었지만, 때로는 마르다의 행위가 더 적합할 수 있다는 것입니다. '때'에 대한 이야기는 나사로의 죽음을 두고도 생각해 볼 문제입니다.

말씀의 요점은 때에 대한 분별이지 일에 대한 구별이 아니라는 것입니다. 이것이 종교개혁자들의 정신입니다. 성직과 일상의 일을 차등 구분하는 이분법을 반대하는 것입니다. 칼뱅의 말도 설득력이 있지만, 저는 두 행위의 균형이 필요하다고 생각합니다. 말씀 안에서 사귐의 거실과 구체적인 음식을 나누는 섬김의 부엌 사이에 조화가 필요합니다.

토미 테니는 그의 책 『균형의 영성』에서 마리아는 예수님의 발아래에서 말씀을 들음으로써 예수님의 신성의 필요를 채워 드렸고, 마르다는 음식으로 섬김으로써 예수님의 인성의 필요를 채워 드렸다고 말합니다. 성품이나 믿음을 표현하는 방식이 달랐을 뿐 어느 것도 틀린 것이 아닙니다.

마리아는 예배의 영성이 탁월했다면, 마르다는 섬김의 영성이 탁월했습니다. 마리아와 마르다의 조화는 하나님을 향한 열정(passion)과 사람을 향한 긍휼(compassion)입니다. 이들은 좀 다르지만 남남이 아니라 자매입니다. 그러므로 함께해야 합니다. 마리아의 제단과 마르다의 부엌 둘 다가 필요합니다. 예수님은 온전한 하나님이자 온전한 사람이셨기 때문에, 마르다와 마리아의 집에서 그분의 두 품성이 환대를 받으셨습니다.

사귐과 섬김의 조화

예배와 일, 들음과 드림, 사귐과 섬김의 조화가 필요합니다. 은사가 달라도 서로 합력하여 선을 이룰 수 있습니다. 문제는 다른 것을 틀린 것으로 보고 비판하거나 원망하거나 조종하려고 조급을 부리는 것입니다.

마르다는 활동적이고 충동적이며 분주한 성격이었던 반면, 마리아는 침착하고 조용하고 내향적인 성격이었던 것으로 보입니다. 성경의 마리아와 마르다는 실제로 두 사람이지만, 이를 우리 안에 있는 두 가지 성향으로도 볼 수 있습니다. 둘 사이의 조화로운 균형이 필요합니다. 마르다처럼 섬기고 마리아처럼 예배해야 합니다.

사막의 교부 아바 실바누스의 이야기입니다.

한 사제가 시내 산에 거하는 아바 실바누스를 만나러 갔다. 그곳에서 열심히 일하는 수사들을 발견하고는 한 노인에게 말했다. "썩는 양식을 위해 일하지 마시오(요 6:27). 마리아는 좋은 편을 택하였습니다(눅 10:42)." 그러자 노인은 제자 한 사람에게 말했다. "사가랴, 저 사제에게 책 한 권 외에 아무것도 주지 말고 방에 들어가게 해라."

그렇게 아홉 시간이 흘렀고 방문 온 사제는 누군가 와서 식사하러 오라고 말하지 않을까 기다리며 문을 바라보고 있었다. 아무도 그를 부르지 않자 그는 일어나 노인을 찾아가서 말했다. "수사들이 오늘은 금식합니까?" 노인은 이미 식사를 했다고 말했다. 그러자 그는 물었다. "그러면 왜 저를 부르지 않았습니까?" 그때 노인은 말했다. "당신은 영적인 사람이라 그런 종류의 음식이 필요 없지 않습니까? 우리는 육적이라 먹기를 원하고 그래서 일합니다. 당신은 좋은 편을 택하였으니 하루 종일 책을 읽고 육적인 음식 먹기는 원치 않았던 것 아닙니까?"

사제는 이 말을 듣고 엎드려 말하였다. "부디 저를 용서해 주십시오." 이에 노인이 말했다. "마리아에게는 마르다가 필요합니다. 마리아가 칭찬받을 수 있었던 것은 실로 마르다 때문이지요"(토미 테니, 『균형의 영성』, 65쪽).

그러나 마르다 같은 삶을 사는 사람에게는 예수님의 사랑스런 조언이 필요합니다. "좀 늦는다고, 좀 부족하다고, 좀 보잘것없다고, 안달복달하고 염려하고 근심하지 말라. 그것이 죽고 사는 일이 아니지 않니? 내가 너에게 많은 것을 요구하는 것이 아니니 그냥 있는 그대로 해라."

열심히 섬기는 마르다가 조용히 예배하는 마리아를 판단해서는 안 됩니다. 교회는 결코 무슨 활동을 위한 곳이 아닙니다. 교회는 주님을

「마르다와 마리아의 집을 방문하신 그리스도(Christ in the house of Marthe and Marry)」, 1618, 벨라스케스(Diego Velázquez), 캔버스에 유화, 60×103.5cm, 런던 내셔널 갤러리, 런던.

경배하고 그분의 말씀을 듣기 위한 처소입니다. 우리는 활동에 매몰되어서 주님을 상실하는 순간 위험에 빠지게 됩니다. 예수님도 주님 없는 분주함을 기뻐하지 않으십니다. 서로의 은사를 존중하며 함께 섬길 줄 알아야 합니다. 예수님은 마르다와 마리아가 함께 사는 집에 거하기 원하십니다.

벨라스케스의 「마르다와 마리아의 집을 방문하신 그리스도」는 베다니 상황에 더욱 사실적으로 어울립니다. 화가는 전면의 마르다에게 초점을 맞추면서도 원경에 있는 마리아와 대조를 보이고 있습니다. 거친 옷에 머리띠를 질끈 두르고 억센 팔로 절구를 찧고 있는 마르다는 뿌루퉁한 얼굴입니다. 그녀 주위에는 손질을 기다리는 음식 재료들이 널려 있습니다. 반면 동생 마리아는 건너편 밝은 데 예수님이 앉아 계신 곳에 숄을 걸치고 다소곳이 앉아 있습니다.

화가는 마르다와 마리아의 뒤에 각각 한 노파를 배치하고 있습니다. 마리아는 뒤에 있는 노파에 아랑곳하지 않지만 마르다는 크게 영향을 받고 있는 모습입니다. 노파가 마르다에게 "얘야, 너 혼자 힘들지! 마리아 좀 나오라고 해라" 하고 염장을 지르는 것 같습니다. 이는 성경에 "준비하는 일이 많아 마음이 분주한지라"와 "네가 많은 일로 염려하고 근심하나"라고 하신 예수님의 말씀을 통해, 마르다의 마음이 나뉘어지고 흩어졌음을 상징하는 것입니다.

대접하는 일이 아무리 귀해도 분주함, 염려, 근심으로까지 나아가는 것을 하나님은 원하지 않으십니다. 주님의 제자는 근심 대신 평안을 소유한 자들이기 때문입니다.

생명의 이야기

어떤 병자가 있으니 이는 마리아와 그 자매 마르다의 마을 베다니에 사는 나사로라(요 11:1)

예수님이 사랑하시는 나사로가 위독하자, 누이들은 예수님께 급히 전갈을 보냈습니다. 어떤 학자는 나사로를 베다니 한센병환자 시몬과 동일인으로 추정하기도 합니다.

나사로는 죽기 전에 병석에 누워 많이 아팠을 것입니다. 하지만 예수님은 그곳에 자주 다니시면서도 나사로를 고쳐 주지 않으신 듯합니다. 다른 사람들은 잘도 고쳐 주시면서 왜 정작 사랑하는 나사로는 그냥 두셨을까요? 아니, 급하게 전갈을 보냈는데도 달려가지 않고 "그 계시던 곳에서 이틀을 더"(요 11:6) 유하셨을까요? 사랑하면 '즉시' 가야 이치에 맞는데, 특별한 이유도 없이 이틀을 지체하셨습니다. 결국 나사로는 죽고 맙니다.

저는 임종기도를 부탁받아 같은 분에게 세 번까지 간 적이 있습니다. 가서 기도하면 소생하고, 다시 회복되고 해서 세 번까지 가게 된 것입니다. 나중에는 위독하다는 연락을 받아도 의심이 들 정도였습니다. 하지만 임종예배 요청을 받을 때마다 만사 제쳐놓고 달려가게 됩니다. 가족들이 다급하게 연락했는데 내가 지체하다가 임종을 놓치면 어떻게 하나 싶어서입니다.

하나님의 시간

예수님은 사람의 시간이나 요구가 아니라 하나님의 시간과 하나님의 뜻에 따라 움직이십니다. 하나님의 뜻을 하나님의 시간에 맞추어 하십니다. 우리는 열심히 기도해야 하지만 응답이 항상 우리가 원하는 방식대로 되는 것은 아닙니다. 이 경우에 하나님의 뜻은, 나사로가 완전한 죽음에 이르도록 기다려 더 이상 소망이 없다고 생각되는 상황에서 나사로를 다시 일으키는 것입니다.

나사로의 죽음과 다시 살아남을 통하여 예수님이 부활이요 생명이라는 것을 보여 줌으로써 많은 사람이 하나님께 돌아오기 원하셨습니다. 나사로가 죽으나 사나 하나님께 영광 돌리는 사람이 되기를 원하셨습니다.

우리는 예수님의 역사가 죽음 이전의 상황에서만 유효한 줄로 알지만 예수님의 역사는 인간의 죽음을 넘어서도 나타납니다. 하나님이 손을 쓰시지 못하는 시간은 없습니다. 기도 응답이 늦어지고, 우리가 원하는 방식대로 되지 않더라도 다 그만한 이유가 있습니다.

> 마르다는 예수께서 오신다는 말을 듣고 곧 나가 맞이하되 마리아는 집에 앉았더라(요 11:20)

여기에서도 두 사람의 성품이 그대로 드러납니다. 적극적으로 행동하는 마르다는 예수님을 맞이하러 나갔습니다. 예수님을 만난 마르다는 다소 섭섭함이 섞인 말을 합니다.

> 주께서 여기 계셨더라면 내 오라버니가 죽지 아니하였겠나이다(요 11:21)

이 말은 "왜 이제야 오셨습니까! 조금만 더 일찍 오시지. 급하게 전갈을 보냈었는데…"라는 말입니다. 예수님은 아직 때가 아님을 말씀하시고, 마르다는 때가 지났음을 말합니다.

예수님은 "네 오라버니가 다시 살아나리라"라고 말씀하십니다. 마르다는 "마지막 날 부활 때에는 다시 살아날 줄을 내가 아나이다"라고 말합니다. 예수님이 말씀하신 '때'와 '다른 때'를 말했습니다.

마르다의 믿음은 내세의 부활이지, 현재의 부활이 아닙니다. 예수님은 그녀에게 물으셨습니다. "나는 부활이요 생명이니 나를 믿는 자는 죽어도 살겠고 무릇 살아서 나를 믿는 자는 영원히 죽지 아니하리니 이것을 네가 믿느냐"(요 11:25-26). 이때 마르다는 베드로와 같은 신앙고백을 했습니다. "주여 그러하외다 주는 그리스도시요 세상에 오시는 하나님의 아들이신 줄 내가 믿나이다"(요 11:27). 이것은 예수님 생애에 유일하게 소개된, 여성의 신앙고백입니다.

예수님의 눈물

마르다는 마리아를 불러 예수님이 찾으신다고 전해 줍니다. 마리아는 예수님 발 앞에 엎드려 웁니다. 예수님도 이들을 보시고 불쌍히 여기셔서 눈물을 흘리셨습니다(요 11:35). 예수님의 눈물은 사랑하는 자의 아픔에 대한 연민에서 오는 인간적인 슬픔입니다. 어려운 형편을 공감하는 눈물입니다. 하나님의 영광을 나타내는 과정이 힘들고 아프기 때문에 예수님이 눈물을 흘리셨습니다.

사랑하지만 하나님의 때를 기다려야 하는 마음, 사랑하기 때문에 죽음의 전과정을 겪고 고통당하는 저들을 보고 우셨습니다. 이는 예수님의 사랑이 얼마나 지극했는가를 보여 줍니다. 결국 예수님의 눈물이 나사로를 살렸습니다. 겟세마네, 골고다에서 흘리신 그 눈물이 우리를 살렸습니다.

회당장 야이로의 딸이나 나인 성 과부의 청년 아들을 살린 것보다 나사로의 경우는 더욱 어렵습니다. 이미 장례 절차를 마치고 사흘이 되었습니다. 예수님은 무덤으로 가서 생명과 죽음을 나누고 있는 돌을 옮기라고 하십니다(요 11:39). 마르다는 "죽은 지가 나흘이 되었으매 벌써 냄새가 나나이다"라고 말합니다. 그러나 예수님은 무덤을 향해 "나사로야 나오라"고 명령하십니다.

말씀이 떨어지는 순간 나사로가 무덤에서 일어나 무덤 밖으로 나옵니다. 한국의 무덤 구조를 생각하면 이해가 안 됩니다. 동굴을 파고 그 안에 시체를 놓아 두던 유대 무덤 구조를 생각해야 합니다.

「나사로의 다시 살아남(The raising of Lazarus)」, 1517–1519, 세바스티아노 델 피옴보(Sebastiano del Piombo), 캔버스에 유화, 381×299cm, 런던 국립 미술관, 런던.

예수님은 "풀어놓아 다니게 하라" 하십니다. 구약에서 수넴 여인의 섬김과 죽은 아들의 다시 살아남을 말하는 엘리사 기사와, 마르다의 섬김과 오라버니 나사로의 다시 살아남을 이야기하는 예수님의 기사 사이에 어떤 연관이 있어 보입니다.

세바스티아노 델 피옴보의 그림 「나사로의 다시 살아남」을 살펴보십시오. 예수님의 하늘을 향해 편 손과 나사로를 지목하는 손에서 하늘과 사람을 연결시키는 생명의 능력이 나타납니다. 냄새를 피하는 듯 몸을 돌리는 여인은 마르다입니다. 그 뒤로도 코를 수건으로 막은 여인들이 있습니다. 무릎을 꿇고 예수님께 간청하는 여인은 마리아입니다. 세마포에 싸인 나사로와 그것을 푸는 두 사람의 모습도 보입니다.

헌신의 이야기

예수님 공생애 중에 베다니에 있었던 일을 보고하는 기사들은 다음과 같습니다.

예수께서 베다니 나병환자 시몬의 집에 계실 때에(마 26:6)

예수께서 베다니 나병환자 시몬의 집에서 식사하실 때에 한 여자가 매우 값진 향유 곧 순전한 나드 한 옥합을 가지고 와서 그 옥합을 깨뜨려 예수의 머리에 부으니(막 14:3)

유월절 엿새 전에 예수께서 베다니에 이르시니 이곳은 예수께서 죽은 자

가운데서 살리신 나사로가 있는 곳이라(요 12:1)

예수님께 옥합을 드린 사건은 공관복음 모두에 기록되어 있지만 묘사하는 구체적인 정보는 약간씩 다릅니다. 이 일이 한 번 있었는지 두 번인지, 마리아인지 아니면 익명인지, 발에 부었는지 머리에도 부었는지, 옥합을 깨트렸는지 부어 드렸는지, 나사로와 시몬이 동일 인물인지 다른 사람인지 정확히 알기는 어렵습니다.

■ 연합하여 드리는 아름다운 헌신

예수님은 마지막 유월절 6일 전에 베다니에 도착하십니다. 나사로가 다시 살아났으니 예수님께 감사하는 잔치가 벌어졌을 것입니다. 나사로, 마르다, 마리아 이 세 사람 모두 나름대로 최선을 다하고 있습니다. 나사로는 예수님과 함께 앉아 말씀을 듣는 대접을 하고 있고, 음식 솜씨가 좋은 마르다는 부엌에서 예수님과 그 일행에게 대접할 맛있는 음식을 장만하고 있습니다.

마리아는 평생 모은 값비싼 향유 순전한 나드 한 근을 예수님의 발에 부어 헌신을 표현합니다. 여기에서 마리아의 헌신 행위는 일면 마르다에게 배운 것 같아 보입니다. 결국 이렇게 마르다는 마리아에게서, 마리아는 마르다에게서 서로 배워야 하는 것입니다.

여기에는 마르다의 불편함이 전혀 보이지 않습니다. 향유에는 실질적인 가장이었던 마르다의 수고가 들어 있었을 것이고 따라서 마르다가 마리아에게 그 일을 시켰을 수도 있습니다. 마르다의 후원과 협조 아래 마리아가 기름을 붓고 있는 것입니다. 오라버니 나사로를 살려 주신 예수님께 향유를 붓는 마리아의 헌신을 마르다도 기뻐했을 것입니다. 이 아름다운 광경은 나사로, 마르다, 마리아가 연합하여 드리는 헌신입니다.

■ 거룩한 낭비

그런데 여기에서 가룟 유다가 마리아의 대적으로 등장합니다. "이 향유를 어찌하여 삼백 데나리온에 팔아 가난한 자들에게 주지 아니하였느냐"(요 12:5)고 역정을 냈습니다. 그것을 받으시는 예수님까지 나무라는 듯한 태도입니다. 향유 나드 한 근의 값이 얼마나 되는지 몰랐는데, 가룟 유다 덕분에 알게 되었습니다. 노동자 일 년 연봉에 해당하는 액수입니다. 그것을 한 번에 부어 드렸다니 정말 놀라운 일입니다. 더욱이 그것은 마르다의 가정으로서는 엄청난 액수입니다. 이것은 계산으로는 할 수 없는 일입니다.

가룟 유다는 이것을 낭비로 보았지만, 예수님은 준비로 보셨습니다. 예수님은 그 일은 세상의 죄를 지고 가실 십자가를 준비하는 것으로 여겨 주셨습니다. 예수님은 "가난한 자들은 항상 너희와 함께 있거니와 나는 항상 있지 아니하리라"(요 12:8)라고 때에 대한 이야기를 하십니다.

지금은 예수님의 장례를 준비해야 하는 응급상황입니다. 그래서 예수님이 우선입니다. 가난한 사람들은 항상 우리 곁에 있습니다. 그러므로 가난한 사람을 돕는 일은 늘 해야 하는 일입니다. 그러나 예수님은 이제 가십니다. 이번이 아니면 다시는 기회가 없습니다. 예수님은 이 여인들의 헌신을 기념하라 하셨습니다.

사랑과 섬김, 위로의 집

베다니는 십자가의 길을 걷는 예수님께 잠시나마 육신적으로 위로를 준 곳입니다. "여우도 굴이 있고 공중의 새도 거처가 있으되 인자는 머리 둘 곳이 없다"(마 8:20) 하시던 예수님, 예수님의 사명을 이해하지 못하고 자리다툼을 벌이는 제자들, 겟세마네에서 "내 마음이 매우 고민하여 죽게 되었으니 너희는 여기 머물러 나와 함께 깨어 있으라"(마 26:38)라고 세 명의 제자들에게 부탁하시던 예수님, 예수님의 길은 외로운 고난길이었습니다. 하지만 베다니와 베다니에 살고 있던 사람들은 지상에서 예수님께 기쁨을 드렸고 또한 지극한 정성으로 섬겼습니다.

베다니는 비록 궁궐 같은 곳이 아니라 허름한 집이라도 예수님을 사랑하고 섬기던 사람들이 머물던 집이었습니다. 그들은 인류 구원을 위해 고난 길을 걷는 예수님을 위해 하나님 아버지께서 주신 선물인지도 모르겠습니다. 누가복음 마지막에는 예수님이 부활하신 후 승천하시면서 축복하시는 기사가 나옵니다(눅 24:50-51). 베다니에서입니다. 베다니는 하늘로 통하는 문입니다. 그래서 그 베다니에 가고 싶었습니다. 다시 한 번 가고 싶습니다.

예수님이 걸어가신 땅

예수님 시대의 예루살렘 성

후에 성벽을 쌓은 지역

북
동 4 서
남

사마리아로 가는 길

베그다

골고다
동산 묘지

베데스다
못

엠마오와
욥바로
가는 길

어문

안토니아 요새

이스라엘의 샘

양문

성전

수사문

겟세마네 동산

감람산

다리

탑의 못

하스모네 궁전

헤롯의 궁전

윗도시

뱀 못

가바야의 집

다락방

아랫도시

성전 꼭대기

성전 계단

기혼 샘

히스기야의 터널

기드론 골짜기

베다니와
여리고로
가는 길

실로암 못

수문

힌놈 골짜기

에느로겔 샘

베들레헴과
헤브론으로 가는 길

사해로 가는 길

14

베데스다
Bethesda

네가 낫고자 하느냐?
요한복음 5:1-9

예루살렘은 800미터 산지에 있기 때문에 물이 아주 귀합니다. 예수님 당시 예루살렘에는 15개 정도의 못이 있었다고 합니다. 그런데 모두 성 밖 샘에서 끌어온 물입니다. 베들레헴 남서쪽 5킬로미터에 있는 알카데르(al-Khader)에 솔로몬의 못(Solomon's Pool)이라고 불리는 길이 100미터, 폭 65미터, 깊이 10미터의 저수지가 세 개 있는데, 헤롯은 솔로몬의 못에서 예루살렘까지 지하로 물을 끌어오는 시설을 만들었습니다. 예루살렘 성전 안뜰까지 물을 끌어들여 정결 목욕탕(Mikveh)을 채웠습니다.

여기에는 상징적인 의미도 있습니다. 우리에겐 연못이 많이 있지만 그 못을 채울 수 있는 샘은 오직 예수님뿐입니다. 샘에서 공급을 받지 못하면 연못은 아무 소용이 없습니다.

베데스다와 실로암의 치유 기적

예수님의 치유 사역은 대부분 갈릴리에서 일어났지만, 예루살렘에서는 베데스다 연못과 실로암 못에서 있었습니다. 예수님 당시 실로암은 성 안에 있고, 베데스다는 성문 밖에 있었지만, 둘 다 물이 차 있는 연못이고, 그 주위에는 어려움을 겪는 사람들이 모여 있었다는 공통점이 있습니다.

구하기 전에 예수님이 먼저 찾아가 고쳐 주셨고, 그들은 고치시는 분이 누구인지를 모르고 있다가 후에야 비로소 예수님임을 알게 된다는 것도 같습니다. 예수님을 몰랐기에 예수님에 대한 신앙을 고백하지도 않았지만 순종함으로 기적을 체험했고, 그분에 대해 차츰 알게 됩니다.

두 기사 모두 치유의 기적이 일어난 날이 안식일이라 유대인들과 안식일 논쟁도 벌어지게 됩니다. 안식일에는 이런 선한 일이 일어나야 한다는 것을 가르쳐 주시기 위해 안식일에 치유하신 것 같습니다.

두 치유의 기적에는 차이점도 있습니다. 베데스다에서 38년 된 병자를 고치실 때는 잘못된 미신을 타파하기 위해 말씀으로만 고치십니다. 반면에, 실로암에서는 맹인에게 믿음을 주기 위해 물질을 사용하십니다. 예수님은 침으로 흙을 반죽하여 눈에 바르시고 실로암 물에 가서 씻으라고 명령하십니다.

베데스다에서는 연못을 등지고 떠나가라 하신 반면에 실로암은 물을 향해 들어가라고 하십니다. 38년 된 병자에게는 "더 심한 것이 생기지 않게 다시는 죄를 범하지 말라"(요 5:14)고 하심으로써 그에게 죄의 문제가 있었던 것을 암시하는 반면, 맹인에게는 그의 형편이 죄와 상관없이 하나님의 영광을 나타내기 위해서라고 하십니다.

....
「눈 먼 자를 고치시는 예수(The miracle of Christ healing the blind)」, 1570, 엘 그레코(El Greco), 캔버스에 유화, 119.4×146.1cm, 드레스덴 국립 박물관, 드레스덴.

주전 8세기부터 있었던 베데스다는 원래 빗물을 모아두는 용도로 건조되었습니다. 그러다가 주전 2세기 시몬 대제사장 때, 길이 52미터, 폭 40미터, 깊이 7-8미터인 북쪽 저수지와 함께 길이 57미터, 폭 48미터인 남쪽 저수지를 쌍둥이 연못으로 조성했습니다. 북쪽 연못에 물이 차면 남쪽 연못으로 물을 흘려보내는 구조였습니다. 초기에는 성전에 물을 공급하거나 제물을 씻는 용도로 사용되었을 것입니다.

현재는 예루살렘 동쪽 성문인 스데반 문을 통과하여 들어가면 성 안나 기념 교회 옆에 있지만, 예수님 당시에 여기는 성 밖이었고, 성전으로 들어가는 양문(Sheep Gate) 곁이었습니다(느 3:1, 32, 12:39). 베데스다의 다른 이름은 '양 못'이었습니다.

성경 본문만 보면 베데스다가 간헐천처럼 솟아나는 샘물이나 온천

베데스다 유적지

성 안나 기념 교회

안나와 마리아 상

처럼 읽히는데, 실상은 거대한 저수조입니다. 북쪽 저수지의 물이 일
정량 이상이 되면 병자들이 기다리던 남쪽 저수지로 흘려보냈다는
주장이 있습니다. 아마도 이를 두고 천사의 전설이 생겨난 듯합니다.

　　로마 시대에 베데스다는 예루살렘의 종합병원인 아스클레페
이온과 관련이 있었습니다. 그리스의 의학의 신 아스클레피오스
(Esculapius)를 떠올리면 됩니다. 베데스다 옆에는 주후 1100년 십자군
시대에 세운 성 안나 기념 교회가 있습니다. 안나는 마리아의 어머니
이니 예수님의 외할머니가 되는데, 그곳에서 마리아가 탄생했다고 합
니다. 거기에는 안나와 마리아 상이 있고, 어린 마리아가 목욕을 하
는 그림도 있습니다. 성 안나 기념 교회는 건물 구조상 공명이 잘 되

실로암 연못   히스기야 터널

기 때문에 이곳에서 찬양하는 사람들을 쉽게 볼 수 있습니다. 이 교회 부근에서 비아 돌로로사가 시작되기도 합니다.

베데스다와 정반대 방향에 있는 실로암 못(16×5.4미터)은 예수님 당시에는 성 안에 있었습니다. 주전 701년 앗시리아 산헤립이 유다의 수도인 예루살렘을 침공했는데, 유다 왕 히스기야(주전 715-687년)가 앗수르의 침략을 대비하여 예루살렘 성 밖에 있는 기혼 샘의 물을 성 안으로 끌어들이는 수로 공사를 해서 생긴 못입니다.

> 히스기야가 산헤립이 예루살렘을 치러 온 것을 보고 그의 방백들과 용사들과 더불어 의논하고 성 밖의 모든 물 근원을 막고자 하매 그들이 돕더라(대하 32:2-3)
> 히스기야가 또 기혼의 윗샘물을 막아 그 아래로부터 다윗 성 서쪽으로 곧게 끌어들였으니 히스기야가 그의 모든 일에 형통하였더라(대하 32:30)

앗수르 군대가 들이닥치기 전에 공사를 빨리 끝내야 했기 때문에 양쪽에서 동시에 암반을 뚫는 공사를 시작했고, 결국 산혜립이 예루살렘에 도착하기 전에 개통할 수 있었습니다. 양쪽 인부들은 중간 지점에서 만나 터널 개통을 축하하는 실로암 비문을 남겼습니다.

3규빗(1.5미터)쯤 남았을 때. 반대편에서 상대방을 부르는 목소리가 들렸다. 터널이 뚫렸을 때 동료들은 얼싸안고 도끼를 서로 부딪쳤다. 물은 샘으로부터 1,200규빗(525미터)을 흘러나왔다.

히스기야 터널은 지하 암반을 뚫어 만든 길이 525미터, 폭 60센티미터, 높이 2미터의 터널입니다. 그런데 기울기는 0.06%, 양쪽 고도 차이가 32센티미터밖에 안 되는 정밀한 토목공사였습니다.

2012년 3월에 예루살렘에 갔을 때, '다윗의 도시' 발굴 현장으로 들어가 기혼 샘에서 히스기야 터널까지 물길을 따라 40분 정도 걸어서 실로암까지 가는 체험을 해 보았습니다. 깜깜한 터널에 랜턴을 비추면서 차가운 물길을 따라 걸었는데, 물이 허벅지까지 차올랐습니다. 지금도 기혼 샘에서 나온 물이 히스기야 터널을 통해 실로암 못으로 흐릅니다. 실로암은 기드론 골짜기와 힌놈 골짜기가 만나는 지점에 있습니다.

기혼 샘은 예루살렘 급수원 중 가장 중요한 곳이었습니다. 다윗은 기혼 샘 물길을 따라 여부스 족에게서 예루살렘을 빼앗았고, 나중에 솔로몬은 이곳에서 왕으로 기름부음을 받았습니다(왕상 1:33-34). 기혼 샘은 앗수르가 예루살렘을 포위하는 동안 예루살렘 주민들의 식수를 해결해 주었습니다. 결국 산혜립은 본국의 쿠데타 소식을 듣고 철수하였고, 고국에서 칼에 죽임을 당했습니다(사 37:7). 초막절에는 실로암 못의 물을 길어 제단에 부었고, 성전 정결 의식도 실로암 물로 했으며, 절기에는 실로암 못에서 제사장이 물의 예전을 행했습니다.

예수님도 이곳에서 명절 끝날에 "누구든지 목마르거든 내게로 와서 마시라 나를 믿는 자는 성경에 이름과 같이 그 배에서 생수의 강이 흘러나오리라"(요 7:37-38) 하셨습니다. 누가복음에는 실로암 망대가 무너진 시사 사건을 보도하는 대목도 나옵니다(눅 13:4).

자비의 집 베데스다

예수님이 어떤 경위로 베데스다 연못에서 38년 된 병자를 고치셨을까요? 예수님은 유대 절기에 갈릴리에서 다시 예루살렘으로 올라가셨습니다. 그리고 예수님이 처음 찾아가신 곳은 양문 곁 베데스다입니다. 명절에도 성전에 갈 수 없었던 사람들이 그곳에 머물고 있었습니다. 사람들이 절기 행사에 취하여 있는 시간에 예수님은 병들고 소외되어 있는 사람들을 찾아가셨습니다.

■ 먼저 찾아가시는 예수님

베데스다 연못은 버려진 사람들이 있는 곳입니다. 많은 병자, 맹인, 다리 저는 사람, 혈기 마른 사람들이 있었습니다. 예수님은 언제나 소외되고 병든 자, 외로운 자를 먼저 찾아가셨습니다. 사실 어려운 사람들은 명절에 더 어려운 법입니다. 노숙자들, 외국인 노동자들은 추석 같은 명절에 더욱 외롭고 쓸쓸합니다. 그들에게 위로의 손길이 필요합니다. 명절일수록, 축제의 시간일수록 주변을 살펴보는 긍휼과 배려가 필요합니다.

'양문'은 사람들이 양떼를 몰고 다녔기 때문에 붙여진 이름입니다.

성전 바깥에 양을 파는 시장이 형성되어 있었고 여기서 구입한 양을 몰고 이 문으로 들어오면 곧바로 성전에 들어설 수 있습니다. 바로 그 양문 곁에 베데스다 연못이 있었습니다.

베데스다 연못이 제물을 씻는 곳으로 사용되지 않았을까 추측하는 사람도 있습니다. 하지만 예수님 당시에는 병자들이 그곳에 모여 있었습니다. 성전으로 들어가는 문이라 구걸하기 좋은 장소였기 때문일 것입니다. 거기 다섯 행각이 있었는데 이는 모세 오경을 상징하는 듯합니다. 하지만 모세오경을 상징하는 행각 밑에 있을지라도 병자들은 치유와 회복을 경험할 수 없었습니다. 율법의 한계를 보여 주는 것 같습니다. 많은 사람들이 여전히 그 밑에서 신음하고 고통스러워하고 있을 뿐입니다.

고대 권위 있는 사본 중에 "물의 움직임을 기다리니 이는 천사가 가끔 못에 내려와 물을 움직이게 하는데 움직인 후에 먼저 들어가는 자는 어떤 병에 걸렸든지 낫게 됨이러라"(3b-4절)는 내용이 없는 것이 많습니다. 따라서 이 구절은 예수님의 질문에 대한 병자의 대답(7절)을 이해시키기 위해서 고대의 성경 필사자가 기록해 넣은 것으로 학계에서는 추정하고 있습니다. 아마도 이 표현은 당시 사람들의 전설, 혹은 베데스다 연못에서 신비한 치유의 능력을 경험하고 싶은 병자들의 소망을 묘사한 것이 아닌가 생각됩니다.

성경에는 하나님이 직접 원인이 아닌 이런 전래적인 방식의 치유 기사는 어디에도 없습니다. 그러나 베데스다 연못에 그런 치유의 능력이 있든 없든, 병자들은 그렇게 믿고 있었고, 그래서 그곳을 떠나지 못하고 얽매여 있었던 것도 사실입니다. 게다가 그 전설에서는 천사가 물을 움직일 때 제일 먼저 들어가야 치유를 받는다고 했습니다.

■ 누가 먼저

물이 동할 때 누가 제일 먼저 베데스다에 들어갈 수 있겠습니까? 맹인, 다리 저는 사람, 피부병 환자가 있다면 말입니다. 아마 피부병 환자가 제일 먼저 들어갈 수 있고, 다음은 다리 저는 사람이고 마지막이 맹인일 것입니다. 장애가 상대적으로 덜할수록 행동이 쉽기 때문입니다.

그렇다면 심각한 병에 걸린 사람일수록 치유 받을 가능성은 줄어듭니다. 중한 병일수록 치료받기가 어렵습니다. 치료가 절실히 필요한 사람은 오히려 맹인, 다리 저는 사람, 피부병 환자 순일 텐데 말입니다. 선착순으로 일을 해결하는 경쟁 사회는 언제나 이런 문제를 안고 있습니다.

■ 은혜 없는 은혜의 집

베데스다는 '은혜의 집', '자비의 집'이라는 뜻을 가지고 있지만 이런 실상은 잔인한 집으로 만들 뿐입니다. 정말 역설적입니다. 물결이 조금만 움직여도 서로 먼저 물에 들어가려 경쟁하였을 것입니다. 더 좋은 자리를 차지하고 더 빨리 들어가기 위해 신경전을 벌였을 것입니다. 아예 물에 몸 한 쪽을 담그고 기다리는 사람도 있을 법한 상황입니다. 이런 상황을 이용하여 자릿세를 받고 있는 사람은 없었는지 모르겠습니다.

아픈 사람들끼리도 서로 견제하고 경쟁해야 하는 살벌한 풍경입니다. 은혜의 집에 은혜가 없습니다. 아픈 상처와 병자와 살벌한 생존 경쟁만 있습니다. 그래서 베데스다는 오히려 은혜가 필요한 곳, 자비가 필요한 곳입니다. 그런데 이들은 물만 바라보고 있습니다.

네가 낫고자 하느냐

예수님이 주목하신 사람은 가장 심각한 병에 걸린 사람입니다. 그는 '혈기 마른 사람들' 축에 들었을 것입니다. 예수님은 그 사람을 주목하여 보셨습니다. 그리고 그 누운 것을 보시고는 병이 오랜 줄을 아셨습니다. 그래서 그에게 물으셨습니다. "네가 낫고자 하느냐?"(요 5:6).

38년 동안 질병으로 고통 받는 병자에게 이렇게 묻다니, 불문가지 (不問可知) 아니겠습니까? 병 낫기를 원하지 않는 사람이 세상에 어디 있겠습니까? 하지만 조금만 더 생각해 보면 그 질문의 이유를 알 수 있습니다.

처음에는 그도 기대를 가지고 나왔다 할지라도 38년이란 장구한 세월이 흐르면서 자기가 왜 그곳에 있는지조차 잊어버리고 나름대로 그런 생활에 적응하고 있었을 것입니다. 병도 익숙해집니다.

처음에는 고침받기 위해 왔겠지만 그곳에서 지내면서 나름대로 도움도 받고 적응도 하면서 세월이 갑니다. 그에게 병이 없었던 때보다 병과 함께 산 시간이 더 길었는지 모릅니다. 평생에 안 아팠던 기억이 없습니다. 할 수 있는 것은 다 해 보았기 때문에, 이제는 누가 와서 무슨 말을 해도 듣지도 믿지도 않습니다. '이 병에 대해서는 내가 제일 잘 알아! 네가 뭘 안다고 해. 고칠 수 없는 병이야.' 그러고는 팔자를 탓하고, 환경을 탓하고, 다른 사람을 탓합니다. 38년을 누워 있는 동안 고질병은 완전히 치유의 소망을 잃어버리게 만들었을 것이고, "여기가 좋사오니"하는 생각까지 하게 되었을 것입니다.

처음에는 육체가 병들었지만 점점 마음이 병들어 갑니다. 그래서 그 마음이 더욱 움직이지 못하게 만드는 것입니다. 그래서 진짜 병은 육체의 병이 아니라 마음 깊은 곳에 든 병입니다. 그 병명이 무엇인지 아십니까? 만성의욕상실증입니다. 세상에서 제일 무서운 병은 만성의욕상실증입니다. 먼저 이 병을 고치지 못하면 어떤 조치도 효과가 없습니다.

그러므로 예수님은 그 사람의 육체를 고치기 전에 먼저 그 마음을 고치셔야 했습니다. 마음의 병이 육신으로 이어지기도 하고, 육신의 병이 마음의 병으로 번지기도 합니다. 전인적인 치료는 육신과 마음의 병이 동시에 치료되어야 합니다. 그래서 "네가 낫고자 하느냐?"고 물으셨던 것입니다. 낫고자 하는 의지가 있느냐는 것입니다.

식었던 열정을 되살리는 말씀입니다. 38년이나 되는 긴 시간 동안 얼마나 기대와 실망을 반복했겠습니까? 그러다 보니 이제는 소원조차 없어졌을 수도 있습니다.

사람에게는 여러 종류의 힘이 있습니다. 육체의 힘인 체력, 지식의 힘인 지력, 의지의 힘인 심력, 믿음의 힘인 영력입니다. 모든 힘을 골고루 갖추어야 능력 있는 사람이 되지만 영력, 심력 같은 상위에 있는 힘은 아래에 있는 힘을 보완해 줄 수 있습니다. 장애를 가지고 사는 분들도 심지가 굳으면 장애를 극복할 수 있을 뿐 아니라 건강한 육체를 가진 사람보다 더 위대한 일을 할 수 있습니다. 심력이 체력의 한계를 보완해 주기 때문입니다. 심력과 영력은 그렇게 중요한 것입니다. 대체로 심력은 긍정적인 결과를 기대하는 것에서 옵니다.

요즘 경제난, 취업난 속에 회사에 취업을 하려고 지원해도 자꾸 떨어지다 보니 나중에는 지원 자체를 포기하는 사람이 있습니다. 의욕 상실, 기대 상실, 꿈의 상실입니다. 기대가 없으면 기적은 절대로 일어날 수 없습니다. 스스로 포기하면 아무런 도움도 효과가 없습니다. 지금이야말로 꿈과 열정에 다시 불을 붙여야 할 시기입니다.

당신의 문제를 해결하고 싶습니까? 믿음생활을 잘 하고 싶습니까? 진정 변화되고 싶습니까? 자녀들이 온전한 삶을 회복하기 원하십니까? 그러면 "그렇다"고 대답하십시오. 다른 이야기는 하지 마십시오. 예수님의 질문은, '지금 네 질병이 38년 되었지만 지금 네 마음속에 낫기를 기대하느냐?' 하는 것입니다. 무력감 안에 주저앉아 속수무책의 상황에서는 가만히 있는 게 더 낫다고 하고, 상황을 다만 견디려고 한다면 그것은 전형적인 우울증입니다.

예수님의 질문에 '예' 또는 '아니오'로 짧게 대답하면 되는데, 대신 그는 불평하면서 남과 환경과 운명을 탓하고 있습니다. 남에게 책임을 전가하는 이야기나 하고 있습니다. "주여, 물이 움직일 때에 나를 못에 넣어 주는 사람이 없어 내가 가는 동안에 다른 사람이 먼저 내려가나이다"(요 5:7). 그냥 고쳐 달라고 말하면 될 것을 왜 이렇게 필요 없는 말을 하고 있습니까?

불행의 원인 찾기

불행의 원인을 자신에게서 찾는다면 변화가 쉽지만 다른 데서 찾으면 변화가 어렵습니다. '물이 움직일 때'는 요행을 바라는 말입니다. '왜 나한테는 행운이 오지 않습니까?'라는 말입니다. 수동적인 기다림입니다. 주도적인 삶이 아니라 운명에 맡기는 삶에는 소망이 없습니다.

"나를 못에 넣어 줄 사람이 없어"는 도움이나 배경이 없다는 불평입니다. 환경 탓입니다. "다른 사람이 먼저 내려가나이다"는 남탓입니다. 소원 대신 원망을 늘어놓는 것입니다. 자기가 소원하는 바를 말하면 될 것을 자꾸 환경과 남을 탓합니다.

고쳐 달라고, 낫고 싶다고 말하면 될 텐데 왜 이렇게 필요 없는 말만 하고 있습니까? 몸의 질병이 마음의 병으로 번졌기 때문입니다. 예수님께 '푸쉬 맨'(push man)이 되어 달라는 것입니까? 예수님은 치유자(healer)이십니다. 이제 제발 환경 탓, 운명 탓, 남의 탓 그만하고 당신의 삶의 주인이 되십시오.

우리는 다른 사람에게 책임을 전가하는 문화 속에서 살고 있습니다. 하나님이 아담에게 왜 선악과를 먹었느냐고 하셨을 때, "하나님이 주셔서 나와 함께 있게 하신 여자 그가 그 나무 열매를 내게 주므로 내가 먹었나이다." 그때 하와는 무엇이라고 답변했습니까? "뱀이 나를 꾀므로 내가 먹었나이다." 뱀은 무엇이라고 대답했을까요? 추측하건대 "자기들이 먹고 싶어 먹고선 왜 나보고 뭐래?" 혹은 "하나님이 선악과를 만드셨기 때문이 아닙니까!"라고 했을지도 모릅니다.

그 병자가 제기했을 법한 변명은 다음과 같습니다.

"나는 움직일 수 없다. 밀어 주는 사람도 없다. 나는 38년이나 이 상태다. 나는 상태가 가장 심각하다. 나는 돈도 없다. 힘도 없다. 나는 혼자서는 아무것도 못한다. 나에게 관심 있는 사람은 없다."

"나도 몇 번 시도를 해 보았다. 그러나 번번이 늦었다. 나에게 유리한 규칙이 아니다. 내 장기가 아니다. 다른 환자가 나를 붙들었다. 장애물이 나를 막았다. 나보다 늦게 온 녀석이 새치기를 했다. 질서도 없다. 법도 없다. 자비도 없다. 머리부터 잘못 처박혀서 물만 잔뜩 먹었다. 2등을 한 적이 딱 두 번 있고 지난 20년 동안 5등 안에도 들어본 적이 없다. 나는 아무리 기를 써 봐도 안 된다. 이제는 더 이상 하고 싶지 않다."

"괜히 기대했다가 조마조마하고 실망만 더 크다. 나는 부모가 원망스럽다. 나는 하나님이 원망스럽다. 세상은 나를 버렸다. 나는 불구자다. 나는 버려졌다. 나는 인생 쓰레기다. 나는 실패자다. 나는 낙오자다. 나는 불쌍하다. 나는 할 수 없다. 나는 죽지 못해 살고 있다."

다른 사람에게 책임을 전가하면 걱정, 죄책감, 부담감은 줄어들지 모르지만 문제 해결에는 전혀 도움이 되지 않습니다. 그게 하루이틀도 아니고 38년이나 계속되었다면 그건 말도 안 됩니다. 계속 남이 변하고 세상이 변해야 한다고 생각하면 영원히 문제는 해결되지 않습니다.

거짓 신화

그는 이렇게 말하고 싶었는지 모릅니다. "나는 솔직히 물이 움직일 때 못에 들어가면 치료된다는 그 말을 믿을 수 없습니다. 처음부터 믿지 않았습니다. 그러나 진실을 아는 것은 더 두렵습니다. 그냥 그렇다고 인정하고 사는 것이 편하지요. 사실 별별 약을 다 써 보았는데도 효과가 전혀 없었어요. 그런데 물이 움직일 때 들어간다고 고쳐지겠어요? 다 이곳에 사람을 모아 두기 위해 꾸민 말입니다. 사실 그 핑계 때문에 나도 그럭저럭 살고 있어요. 그렇게 산 세월이 38년입니다. 건강해진다고 무슨 수가 있겠어요? 남들 동정이나 받으면서 이렇게 살다가 죽어야지요."

이제 거짓 신화를 깨트려야 합니다. 자신의 감옥에서 나와야 합니다. 운명과 숙명을 거부해야 합니다. 변명하지 않겠다고 결심해야 합니다. 요행이나 바라고 남들과 경쟁하고 남의 탓이나 하는 생활에서 떠나야만 합니다.

새로운 이미지를 만드시는 분

예수님은 새로운 이미지를 만드는 분이십니다. 그분은 하나님으로부터 인정을 받으셨습니다. "너는 내 사랑하는 아들이라 내가 너를 사랑하노라." 이 말씀은 예수님만 들은 것이 아니라 우리 모두가 들어야 할 말씀입니다.

우리는 자신에 대한 긍정적인 자화상, 긍정적인 이미지를 만들어야 합니다. '나는 가망이 있다', '나는 변할 수 있다'라는 의식으로 평생 동안 가지고 온 부정적인 이미지를 버려야 합니다.

과거의 부정적인 자화상을 떨쳐버리고 주님과 더불어 새로운 자기 이미지를 만들어야 합니다. 자신이 처한 연약함을 부정하라는 말이 아닙니다. 그 약함은 그대로 인정해야 합니다. 죄도 인정해야 합니다. 자신의 무능을 인정해야 합니다. 자신에게 방법이 없음을 인정해야 합니다.

그러나 기대까지 저버리지는 말라는 것입니다. 그럴 때 그 약함 가운데 주님을 만나게 됩니다. 복을 받게 됩니다. 내가 약할 그때에 주님은 강하게 역사하시는 법입니다. 또한 의지를 보여야 합니다. 주님이 물으실 때 식어진 가슴에 불을 붙여야 합니다. 열정의 온도가 인생을 결정합니다.

> 너희 안에서 행하시는 이는 하나님이시니 자기의 기쁘신 뜻을 위하여 너희에게 소원을 두고 행하게 하시나니(빌 2:13)

질병, 자녀, 사업 등 당신에게 38년 된 문제는 무엇입니까? 아프다는 핑계로 열외, 책임회피, 특별대우, 동정, 연민을 기대하지는 않았습니까? 이제 병자의 생각과 습관과 생활 방식을 버리겠습니까? 이제는 당신의 인생을 책임지겠습니까? 이제는 사명을 감당하겠습니까?

원하는 것이 아니라 필요한 것을

비록 이 병자가 원망하고 불평했지만 그도 나름대로 치유받기 위해서 노력했음을 볼 수 있습니다. "내가 가는 동안에"(7절). 그래서 예수님은 이제 권능 있는 말씀으로 치유를 명령하십니다. 창조주의 권세로 질병을 떠나가게 하고 온전한 육신이 되도록 하십니다. 예수님은 (스스로) "일어나" (안주하던 곳에서) "네 자리를 들고" (믿음으로) "걸어가라"고 말씀하십니다.

무리요의 그림 「베데스다 연못에서 중풍병자를 고치시는 예수님」을 살펴보십시오. 물 한 병과 지팡이 그리고 동냥에 의지하여 살아가던 38년 된 병자가 예수님을 향해 두 손을 내밀며 자비를 구합니다. 그는 아마도 예수님께 단순히 물질적 도움을 구했을 것입니다.

그러나 그가 구한 물질은 그의 상태를 연장시켜 줄 뿐 근원적인 문제를 해결해 주지 못합니다. 예수님은 그를 향해 빈손을 내미시지만 그의 근원적인 문제를 해결하고 계십니다. 때로 우리가 원하는 것이 진정 우리에게 필요한 것이 아닐 때가 많습니다. 예수님은 우리가 원하는 것이 아니라 우리에게 필요한 것을 주십니다. 예수님은 병자에게 오른손을 내밀어 일어나라고 명령하십니다.

「베데스다 연못에서 중풍병자를 고치시는 예수님(Christ healing the Paralytic at the Pool of Bethesda)」, 1667–1670, 바르톨로메 에스테반 무리요(Bartolome Esteban Murillo), 캔버스에 유화, 237×261cm, 런던 내셔널 갤러리, 런던.

믿는 마음으로 순종하면

아직 치유가 일어나지 않았지만 네가 믿는 마음으로 순종하라는 것입니다. 그리하여 하나님의 능력과 힘을 믿고 결단하고 일어서라는 말입니다. "고쳐 주셔야 일어나죠. 일어나야 자리를 들죠. 발이 말을 들어야 걸어가죠"라고 말하지 마십시오.

예수님은 치유를 믿고 행동하라고 요구하십니다. 기도하는 마음으로 적극적으로 행동할 때 능력이 나타납니다. 믿음의 기적은 행동을 요구합니다. 자신의 한계를 넘는 일을 시도해야 합니다.

베데스다 연못으로 들어가는 것이 아닙니다. 오히려 반대 방향입니다. 베데스다 연못을 벗어나는 것입니다. 생명이 없는 곳에서 벗어나라는 것입니다. 그곳에 목을 매고 있는 한 새로운 인생은 불가능합니다. 몸과 마음을 병들게 합니다. 병든 생각과 결별하라는 것입니다.

물이 아니라 말씀이 동할 때 치유가 일어납니다. 치유의 연못은 예수님입니다. 예수님의 말씀에 순종했을 때 그 치유는 즉각적이고 완전했습니다. 그 완전함은 그 병자가 자신이 누워 있던 침상을 들고 걸어간 것으로 증명됩니다. 예수님이 진정한 치유의 근원이셨습니다.

실로암 못으로 보냄을 받음

초막절에는 '물을 붓는 예식'과 '빛의 예식'이 있었습니다. 그래서 예수님은 "나는 생명의 물", "나는 세상의 빛"이라고 말씀하셨습니다. 초막절은 예수님을 보여 주는 것이고, 예수님은 초막절의 주인공이십니다. 예수님은 "나는 세상의 빛이니 나를 따르는 자는 어둠에 다니지 아니하고 생명의 빛을 얻으리라"(요 8:12) 하셨는데, 날 때부터 맹인이었던 사람을 실로암 못에서 치유하신 것은 바로 예수님이 누구신가를 보여 주는 것입니다(요 9:1-12).

■ 누구의 죄인가

날 때부터 맹인이었던 사람에게 제자들은 죄 때문이라고 결론을 내려 놓고, 다만 누구의 죄인가에 관심을 두었습니다. 죄는 분명한데 부모냐 맹인 자신이냐가 궁금했습니다. 사람은 문제를 당하면 우선 문제의 책임을 당사자의 잘못으로 돌리는 경향이 있습니다. 이것은 명백한 '희생자 비난하기'입니다. 어려움을 당한 사람을 도와주기는커녕,

그에게서 문제를 찾는 잔인한 행동입니다. 이렇게 말하는 의도는 돕지 않는 자신을 합리화하고, 그들에 대하여 영적·도덕적 우월감을 가지려는 태도입니다.

그러나 예수님은 그들에게 하나님의 섭리가 있음을 말씀하셨고, 하나님의 영광을 나타낼 기회라고 말씀하십니다. 이것은 운명론적인 생각을 가진 사람들과 전혀 다른 시각입니다.

여기 세상의 빛이신 예수님은 그가 부탁도 하지 않았음에도 불구하고 맹인을 치유해 주십니다. 맹인에게 믿음을 주기 위해 예수님은 침과 진흙과 실로암 물을 사용하십니다. 이는 창세기의 역사를 떠올리게 합니다. 생명을 주는 빛과 물과 흙이 결합되어 나타나는 방식입니다. 그러고 나서 예수님은 실로암에 가서 씻으라고 말씀하십니다. 실로암은 '보냄을 받았다'는 뜻입니다(요 9:7-9).

■ 하늘과 땅과 인간이 함께 만드는 기적

예수님의 치료 행동과 맹인의 순종 행위가 협동하여 이적을 만들어 냅니다. 거기에 자연(진흙과 못물)이 동원됩니다. 하늘과 땅과 인간이 함께 만드는 기적입니다.

맹인은 처음에는 알지 못했지만 말씀에 순종하고 행동하였습니다. 그러자 치유의 결과가 나왔습니다. 그리고 그 사건을 통하여 믿음을 얻고, 나아가 그 일의 증인이 되었습니다.

사람들 사이에서는 그 맹인을 "그와 비슷하다", "바로 그 사람이다"라며 의견이 분분했습니다(요 9:9). 눈이 열리자 그는 새사람이 된 것입니다. 이 사람은 예수님을 만나고 나서 완전히 달라졌습니다. 이 맹인은 예수님이 필요한 사람이었고, 하나님의 영광을 드러낼 사람이었습니다. 그는 육신의 치유에 이어 영혼까지 치유를 받습니다. 그리고 예수님의 익명의 제자가 되어 영적 맹인들을 깨우치고 있습니다.

　베데스다 연못과 실로암 못은 물을 공급하던 곳에서 예수님의 치유의 이적이 나타난 곳으로 변했습니다. 예수님은 생명의 물, 생명의 빛이십니다.

신약 시대의 팔레스타인

—— 행정구역

아빌레네

다메섹

시돈

사렙다

수리아

헬르몬 산

두로

베니게

빌립보 가이사랴

훌레 호수

돌레마이

갈릴리

고라신
가버나움

벳새다

갈릴리
바다

갈멜 산

가나

나사렛

막달라
디베랴

거라사

다볼 산

가다라

지중해

나인

므깃도

가이사랴

사마리아

길보아 산

데가볼리

애논

살렘

샤론평지

사마리아

에발 산

세겜

수가 성

요단강

그리심 산

실로

아이

욥바

벧호론

벧엘

베레아

기럇여아림

시험산

아리마대

엠마오

감람산

여리고

아스돗

벧세메스

예루살렘

베다니

쿰란

느보 산

아스글론

베들레헴

유대
광야

마케루스

가사

유대

헤브론

사해

엔게디

가드

이두매

마사다

브엘세바

세렛 강

15

빌립보 가이사랴
Caesarea Philippi

주, 그리스도, 하나님의 아들
마태복음 16:13−28

어떤 분은 예수님과 제자들이 개고기를 좋아했다고 합니다. 어떻게 그걸 아느냐고 물었더니 마태복음 16장을 보라고 합니다. '예수께서 가이사랴(개를 사려?) 빌립보 지방에 가셨다'(13절)고 읽는 것입니다. 그런 오해 때문인지는 모르겠지만 개역개정판에서는 '가이사랴 빌립보'를 '빌립보 가이사랴'로 바꾸어 놓았습니다.

빌립보 가이사랴는 이스라엘 북쪽 해발 2,814미터인 헬르몬 산 남쪽 기슭 '나할 헬르몬'('헬르몬의 강'이라는 의미)의 물 근원 주변에 세워진 도시입니다. 이곳에서 시작되는 나할 헬르몬은 훌레 호수를 거쳐 갈릴리 바다로 유입됩니다. 갈릴리 호수에서 북쪽 40킬로미터 지점에 위치하고 있으면서 자연 경관이 수려하고 비옥한 지역입니다.

구약에서는 이곳을 '바알갓'(수 11:17, 12:7, 13:5) 또는 '바알 헤르몬'(삿 3:3, 대상 5:23)이라고 부르고 있습니다. 요단 강의 발원지인 세 개의 샘

판 신전의 동굴

중의 하나인 나할 파니아스도 있습니다. 원래는 '판(Pan) 신의 이름을
따라 '판(자연의 신)의 도시'라는 뜻을 가진 '파네아스'였는데, 분봉왕
빌립이 자신의 이름과 가이사 황제의 이름을 합쳐 가이사랴 빌립보라
고 불렀습니다. 현재의 지명은 바니아스(Banias)입니다.

유대에 있는 가이사랴, 가이사랴 빌립보, 티베리아 모두 로마 황제
에게 바쳐진 도시라는 공통점을 가지고 있습니다. 본문은 복음서에서
예수님 사역의 분수령을 이루고 있습니다. 이 기사는 말씀을 가르치고
이적을 행하는 사역에서 십자가와 부활로 진입하는 관문이 됩니다.

예수님 당시 판 신전 추정도

모두가 반드시 답해야 할 한 가지 질문

예수님은 이방인들이 살고 있는 '풍요의 신'(판)과 '로마의 황제'를 숭배하는 도시 "빌립보 가이사랴 지방에 이르러 제자들에게 물어 이르시되 사람들이 인자를 누구라 하느냐?"(마 16:13)고 물으셨습니다. 우상과 세상 앞에서 예수님에 대한 의견을 물으신 것입니다. 우상 신전 앞에서 하나님에 대한 우리의 믿음을 밝히는 깊은 뜻이 담겨 있습니다. 이 세상 한복판에서 당신은 예수님을 누구라고 고백하겠습니까?

세상에는 수많은 질문이 있습니다. 그러나 그 모든 것에 대답해야 하는 것도, 대답을 알아야 하는 것도 아닙니다. 얼마든지 모르고도 살 수 있는 것들이 많습니다. 그러나 오늘 예수님은 우리에게 궁극적인 질문을 하십니다. 이것은 모든 인류가 반드시 홀로 직접 대답해야만 합니다. 누구도 그 답을 대신 해줄 수는 없습니다. "예수님, 그분은 누구신가?" 온 인류가 대답하고 지나가야 할 질문입니다.

이전에도 간간히 당시 사람들 사이에서 이 질문은 제기되었습니다. 누가복음 9장 9절에서 헤롯이 "이 사람이 누군가?"라고 했고, 마태복음 8장 27절에도 제자들 사이에서 "이 사람이 어떠한 사람이기에 바람과 바다도 순종하는가?" 하였습니다. 바리새인과 서기관들 사이에도 "무슨 권세로 이런 일을 하느냐?"라는 질문이 제기되었습니다.

인자를 누구라 하느냐?

예수님의 질문은 단순히 정보 수집 차원에서 던지신 것이 아닙니다. 그렇다고 나의 대답이 주님의 본질을 결정짓는 것도 아닙니다. 오히려 그 반대입니다. 그 대답이 나의 상태를 결정짓습니다.

내가 믿든 그렇지 않든 그분은 하나님의 아들이자 구세주이십니다. 나의 대답은 그분의 본질에 아무런 영향도 미치지 못합니다. 다만 그 고백이 나의 삶에 절대적인 영향을 미칠 뿐입니다.

예를 들면 '지구가 어떻게 생겼느냐?'는 물음에 내가 편편하게 생겼다고 대답한다고 해서 갑자기 둥근 지구가 편편해지는 것이 아닙니다. 지구는 여전히 둥글고, 내 대답은 나의 무식을 드러낼 뿐입니다.

예수님은 역사를 두 토막으로 나누셨습니다. 우리는 예수님 탄생 이전을 주전(BC: Before Christ, '그리스도 이전'), 탄생 이후를 주후(AD: Anno Domini, '우리 주님의 해')라고 구별 짓습니다. 예수님은 역사뿐 아니라 우리의 삶을 갈라놓는 분기점입니다. 우리는 모두 '예수님이 누구인가'라는 질문 앞에 섭니다. 예수님께 어떻게 반응하느냐에 따라 내 운명이 영원히 결정됩니다.

■ 예수님의 정체성과 우리의 정체성

우리의 대답은 예수님을 결정하는 것이 아니라 나를 결정합니다. 예수님에 대한 인식은 자신에 대한 인식을 결정합니다. 예수님을 아는 것은 결국 나 자신을 아는 것과 연결되어 있습니다. "예수는 누구인가?"는 "나는 누구인가?"와 밀접한 연관이 있습니다.

예수님의 정체성과 우리의 정체성은 연관되어 있습니다. 예수님이 주인이시라면 나는 종입니다. 예수님이 그리스도라면 나는 구원받은 죄인이고, 예수님이 하나님의 아들이라면 나는 하나님의 사랑받는 자녀입니다.

'하쿠나 마타타'라는 말을 아십니까? 미국의 애니메이션 "라이언 킹"에서 미어캣 시몬과 혹멧돼지 품바가 주인공인 아기 사자 심바에게 하는 말입니다. '하쿠나 마타타'는 아프리카 스와힐리어로 '근심 걱정 모두 떨쳐 버려!'라고 번역할 수 있습니다. 시몬과 품바는 이 노래로 아기 사자 심바를 위로해 주었습니다. 심바에게 이런 위로가 필요했던 이유는, 아버지 무사파가 죽고 심바는 누명을 쓴 도망자 신세가 되었기 때문입니다. 절망한 심바의 꿈에 아빠가 나타나 그를 책망합니다.

"심바야, 너는 나를 잊었구나!"
"아니에요, 아빠. 어떻게 아빠를 잊을 수 있겠어요?"

"……."

"넌 네가 누군지 잊어버렸구나. 그렇다면 날 잊은 거야. 네가 누군지 기억하렴. 너는 내 아들, 진정한 왕이란다."

결국 용기를 얻은 심바는 마침내 백수의 제왕, 라이온 킹이 됩니다. 아버지가 누구인지를 알 때 자신도 잘 알 수 있고, 결국 인생의 운명이 결정됩니다. 그런데 사람들은 자기의 창조주를 잊었습니다. 그래서 인생의 목적과 의미를 놓치고 말았습니다.

"인자를 누구라고 하느냐?" 이것은 인생관에 대한 선택이요, 삶의 이유와 목적 그리고 방법에 대한 중대한 결단입니다. 예수님은 놀라운 권위로 위대한 교훈들을 깨우쳐 가르치셨고, 많은 이적을 행하셨습니다. 예수님은 사역의 종반을 향해 치닫는 상황에서 중간평가의 질문을 던지십니다.

"사람들이 인자를 누구라 하느냐?" 이것은 좀 쉬운 객관적인 질문입니다. 여론을 대변하고 전달하는 것은 그리 어렵지 않습니다. 제자들은 앞을 다투어 자기들이 들은 대로 다른 사람들의 말을 전했습니다. 우리는 남의 말 하는 것을 참 좋아합니다. 어떤 이는 개혁자라고 말했습니다. 어떤 이는 민중을 대변하는 광야의 외치는 소리, 세례 요한이라고 했습니다. 예수님은 세례 요한처럼 회개의 복음을 소리 높여 외치셨기 때문입니다. 어떤 이는 불을 내린 능력의 종 엘리야라고 했습니다. 예수님 사역에는 은사와 기적이 충만했습니다. 어떤 이는 이스라엘에게 눈물로 말씀을 전했던 예레미야라고 했습니다. 예수님도 사랑의 눈물을 많이 흘리셨습니다.

세간의 평가들은 모두 당시 예수님이 행하시던 사역과 연관되어 보입니다. 예수님은 분명 회개의 메시지를 전하셨고, 은사와 이적을 행하셨으며, 눈물로 가르치셨습니다. 이런 대답은 예수님이 선지자의 반열에 드는 분이라는 것입니다.

■ 이미 오신 예수님을 여전히 기다리는 사람들

그런데 여기 언급된 이들은 메시아가 오기 전에 메시아의 길을 준비한 자들인데, 예수님을 그와 같은 반열에 놓았습니다. 이렇게 대답한 이들은 예수님이 오셨지만 여전히 메시아를 기다리고 있습니다. 이들은 알아야 할 것을 제대로 모르고 있습니다. 결정적인 것을 모르고 있습니다.

그나마 이 대답들은 예수님의 사역을 긍정적으로 보고, 훌륭한 분이라고 인식하는 공통점이 있습니다. 예수님은 훌륭한 성품을 가지고 있는 도덕적 교사이며, 어려운 사람들을 돕는 능력자이며, 진리를 깨우쳐 가르치는 종교지도자이며, 불의한 사회를 변혁하시는 개혁자라는 것입니다. 주님은 이 대답에 일일이 대꾸하지 않으셨습니다.

사실 당시 사람들이 예수님을 이렇게 긍정적으로만 평가한 것은 아닙니다. 바리새인과 서기관을 위시한 종교지도자들은 예수님을 죄인의 친구, 먹기를 탐하는 자, 술을 즐기는 술꾼, 선동꾼, 이단자, 정신병자, 귀신 들린 자, 귀신의 왕, 성전 모독자라는 말도 했었습니다. 제자들은 듣기 거북한 것은 걸러내고, 나름대로 듣기 좋은 것만 전달한 것입니다.

현대인들에게 예수님에 대하여 물어보아도 대답은 비슷할 것입니다. 남을 위해 사신 분, 박애주의자, 해방자, 교육자, 도덕가, 종교창시자, 슈퍼스타… 예수님을 믿지 않는 사람들 가운데에도 예수님을 위대한 분이라고 말하는 사람들이 많이 있습니다.

심지어 다른 종교에서도 예수님을 추앙합니다. 이슬람교 『코란』에서는 예수님을 위대한 예언자로 봅니다. 힌두교인 마하트마 간디는 예수님을 위대한 교사라고 했습니다. 불교의 달라이 라마도 예수님을 보살 중의 하나라고 했습니다. 베트남 불교 승려 틱낫한은 예수님과 부처 두 분은 인류 역사에서 가장 아름다운 두 송이 꽃이라고 했습니다. 그는 매일 예불을 드리는 제단 위에 부처와 예수님의 십자가를 함께 모시고 있다고 합니다. 하버드 교수 하비 콕스는 예수님을 랍비로 보고 『예수, 하버드에 오다』라는 책을 썼습니다. 이렇게 좋은 말로 대답하는 사람들이 많이 있습니다.

그러나 예수님은 여기에서 마음에 드는 답을 찾지 못하셨습니다. 이것은 예수님이 찾으시는 대답이 아닙니다. 그래서 이번에는 단도직입적으로 제자들을 향하여 다시 물으셨습니다.

너희는 나를 누구라 하느냐?

원문상으로도 '너희'라는 단어가 명시적으로 표현되어 강조점이 분명합니다. '다른 사람들은 그렇다고 치고 그러면 너희들은 나를 누구라고 하느냐?'

남의 이야기나 대변하던 사람들은 적잖이 당황했을 것입니다. 신앙은 개별적인 사건이고 고백입니다. 누구도 대신해 줄 수 없는 일입니다. "너희는 나를 누구라 하느냐?" 이 질문은 우리 각자를 향하고 있습니다. 반드시 자신의 뜻을 드러내야 하는 주관적인 질문입니다. 돌아다니는 소문이 아니라 네 생각을 말해 보라는 것입니다.

당신이 지금까지 개인적으로 알아온 예수님에 대해 대답해야 합니다. 몇 년을 따르거나 믿었는가가 중요하지 않습니다. 만일 인격적인 관계를 맺지 못했다면 판에 박힌 대답을 할 수밖에 없을 것입니다. 남들이 말하는 것이나 외우고, 배운 교리를 반복하면 안 됩니다. 그것이 틀렸기 때문이 아니라 그것은 확고하게 당신의 내면에서 나오는 것이 아니기 때문입니다. 그 대답은 예수님에 대한 개인적인 고백이 되어야 합니다. 이제까지 보고 듣고 배우고 깨달은 것을 참고해도 됩니다. 그러나 대답은 어디까지나 당신의 것이어야 합니다.

베드로의 대답은 메시아 비밀을 드러내고 있습니다. 성령님은 베드로의 입을 통해서 이렇게 고백하게 하십니다.

주는 그리스도시요 살아 계신 하나님의 아들이시니이다(마 16:16)

헬라어 원문에서 '주'라는 부분은 '쉬'인데 헬라어 2인칭 단수형 즉 단순히 '당신'이라는 표현입니다. 하지만 복음서 곳곳에서 예수님이 주권을 드러내는 '주'(퀴리오스)라는 단어가 나오기 때문에 여기서도 그렇게 해석하겠습니다. '주'라는 것은 예수님이 모든 것의 주재자 즉 주권을 지니신 분임을, '그리스도'는 인류를 죄와 사망에서 구원하시는 구원자이심을, '하나님의 아들'은 예수님이 여호와 하나님과 갖는 개인적이고 본질적인 관계 즉 신적 본성을 드러내는 말입니다.

베드로의 고백대로라면 우리가 더 이상 다른 이를 기다릴 이유가 없습니다. 예수님이 바로 오시겠다고 약속된 메시아, 우리의 구원자이십니다.

더 크신 분

주님은 '더 크신 분'입니다. 다윗보다(막 12:37), 성전보다(마 12:6), 요나보다(선지자보다, 마 12:41-42), 모세보다(율법보다, 5-7장), 야곱보다(요 8:56, 58), 세례 요한보다(막 1:7), 아브라함보다 더 크신 분입니다. 예수님은 바로 성육하신 하나님이시요 창조의 주이십니다.

베드로의 말은 하나의 대답이 아니라 고백입니다. 자신의 모든 것을 건 고백입니다. 경우에 따라서는 목숨을 걸어야 할 다짐입니다.

> 누구든지 사람 앞에서 나를 시인하면 인자도 하나님의 사자들 앞에서 그
> 를 시인할 것이요, 사람 앞에서 나를 부인하는 자는 하나님의 사자들 앞
> 에서 부인을 당하리라(눅 12:8-9)

기독교의 많은 순교자들이 하나님을 시인하고 고백하다 목숨을 바쳤습니다. 예수님께는 수없이 많은 순교자들이 있습니다. 그러므로 신앙고백에는 비장한 각오가 담겨 있습니다. 베드로의 이 고백은 교회의 반석이 되고, 천국에 이르는 열쇠가 되고, 신약성서의 근간을 이루는 선포(헬라어로는 '케리그마')가 되고, 사도신경의 핵심을 이룹니다. 예수님은 단순히 위대한 어떤 사람이 아니라, 신앙의 대상입니다.

주님을 아는 복

예수님은 이 고백을 들으시고, "바요나 시몬아 네가 복이 있도다"(마 16:17) 하셨습니다. 예수님에 의해서 귀신들이 쫓겨날 때 "나는 당신이 누구인 줄 아오니 하나님의 거룩한 자이니이다"(막 1:24)라고 하면 그들을 꾸짖고 잠잠하게 하신 것과 대조를 이룹니다.

열쇠 모양을 한 로마 성 베드로 대성당의 모습

    예수님은 공생애 기간에 자신이 메시아인 것을 드러내지 못하게 하셨습니다(messianic secret, 메시아 비밀). 하지만 동고동락하고 있는 제자들은 그분의 언행을 통해 그분이 누구신지를 알기 원하신 모양입니다. 비록 한 명이기는 하지만 지금 예수님은 그 목표점에 도달하신 것입니다.

    예수님을 그리스도로 아는 것이 복이 있다고 하셨습니다. 그렇습니다. 세상에서 가장 복된 것은 예수님을 자기의 구세주로 고백하는 것입니다. 주님을 아는 자가 복 받은 자입니다.

    제자들은 예수님에 대해서 "그가 누구이기에 바람과 바다도 순종하는가"(막 4:41) 하면서 자기들끼리 토론도 해 보았을 것입니다. 베드로의 고백은 제자들의 중론이었을까요? 아니면 베드로만의 것일까요? 아마도 후자일 것입니다. 그 이유는, 예수님이 이런 영적 고백을 하는 것이 땅의 지혜로 될 수 없다고 선포하시기 때문입니다.

> 이를 네게 알게 한 이는 혈육이 아니요 하늘에 계신 내 아버지시니라(마 16:17)

예수님을 그리스도로, 하나님의 아들로 고백하는 것은 혈육을 통해서 알 수 없고 하나님으로부터 알게 된다는 것입니다. 예수님을 그리스도로 고백하게 되는 것은 완전히 성령님의 역사입니다.

성령으로 하지 아니하고는 주를 그리스도라 고백할 수 없습니다. 당신이 예수님을 주로, 그리스도로, 하나님의 아들로 고백한다면 성령님이 당신 안에서 고백하는 것입니다. 고백뿐만 아니라 영접하는 것도 마찬가지입니다.

> 영접하는 자 곧 그 이름을 믿는 자들에게는 하나님의 자녀가 되는 권세를 주셨으니 이는 혈통으로나 육정으로나 사람의 뜻으로 나지 아니하고 오직 하나님께로부터 난 자들이니라(요 1:12-13)

베드로의 대답을 들으신 다음, 이제 베드로가 누구인지 예수님이 말씀하십니다. 고백 이후에 시몬에서 베드로로 이름이 바뀝니다. 새 이름이 주어집니다. "너는 베드로라"(마 16:18).

¤ ¤ ¤ ¤ ¤ ¤
「베드로에게 천국의 열쇠를 주심(consegna delle chiavi a san pietro)」, 1480-1482년, 페루지노(Pietro Perugino), 프레스코화, 180×297cm, 시스티나 예배당, 바티칸.

교회, 고백의 공동체

베드로라는 말은 '바위', '반석'이란 뜻입니다. 교회의 반석(초석)은 베드로가 한 신앙고백입니다. 교회(헬라어 '에클레시아')는 예수님을 그리스도로 고백하는 공동체입니다. 이렇게 고백하는 우리가 교회입니다.

예수님에 대한 바른 인식은 우리에게 생명을 가져다줍니다. 음부의 권세가 이기지 못한다는 것은 구원을 받았다는 의미입니다. 지옥의 권세를 이깁니다.

그뿐만 아니라 주님은 베드로와 같은 고백을 하는 자들에게 천국의 열쇠를 주십니다. "내가 천국 열쇠를 네게 주리니 네가 땅에서 무엇이든지 매면 하늘에서도 매일 것이요 네가 땅에서 무엇이든지 풀면 하늘에서도 풀리리라"(마 16:19). 예수님에 대한 올바른 고백은 권세가 있습니다. 매고 푸는 일을 할 수 있습니다. 땅에서 하는 기도의 응답이 약속되어 있습니다. 약속과 위임입니다.

바티칸 시스티나 예배당 벽면을 장식한 그림 중 「베드로에게 천국의 열쇠를 주심」은 가톨릭의 정통성을 나타내는 것으로 보입니다. 예수님이 베드로에게 천국의 열쇠를 주십니다. 다른 제자들은 부러운 듯이 바라보고 있습니다. 뒷배경에 나오는 건물은 판 신전과 로마 황제 신전으로 보입니다. 빌립보 가이사랴를 15세기 도시로 해석한 것입니다.

그러면 나는 어떻게 할 것인가

'예수님은 누구신가?'는 '그러면 이제 그를 어떻게 할 것인가?'로 이어집니다. 어떤 이는 그분을 반란자로 여겨 처형합니다. 어떤 사람은 그분을 이단자로 몰아 심판합니다. 어떤 이는 그분을 마술사와 치유자로 알아 기적을 보려고 몰려듭니다. 어떤 이는 그분을 혁명가로 알아 해방을 기대합니다. 어떤 이는 그분을 경제적 메시아로 알아 빵을 기대합니다. 어떤 이는 그분을 교사로 알아 가르침을 기대합니다. 어떤 이는 그분을 성인으로 알고 따릅니다. 그러나 그분을 하나님의 아들로 아는 이는 믿어 구원을 얻습니다.

저는 친구를 따라 중학교 3학년 때 처음 교회에 나가게 되었습니다. 그때부터 고등학교 2학년 여름방학까지 열심히 교회에 출석하고 바쁘게 봉사활동도 한 것 같은데, 나와 예수님이 어떤 관계가 있는지 모르고 있었습니다. 어느 토요일에 교회 청소를 마치고 텅 빈 교회당에 앉아 이런저런 생각을 하다 불현듯 "대체 예수님이 누구신가?"라는 질문을 하게 되었습니다. '내가 이제까지 예배하였던 그분, 때로는 남들에게 믿어 보라고 권유했던 그분, 이 토요일 오후에 입시 공부를 미루어 놓고 청소하겠다고 나와 있는데, 대체 예수님이 누구시기에 이러고 있는가?'라는 질문이었습니다.

그날부터 교회 생활이 조금씩 달라지기 시작했습니다. 예배에 참석할 때도 마음속으로 물었습니다. "예수님이 도대체 나와 무슨 상관이 있나?" 성경을 읽을 때도 "예수님은 누구신가?"라는 의문을 제기하였습니다. 그렇게 하다가 여름 수양회 도중 예수님을 '나의 주님, 나의 구원 자'로 영접하게 되었습니다. 질문이 있으면 대답이 있기 마련입니다.

세 부류의 사람

파스칼은 세 부류의 사람이 있다고 했습니다. 하나님과 무관한 사람, 하나님을 탐구하는 사람, 하나님을 믿는 사람입니다. 나의 삶은 이 세 단계를 하나씩 거쳐 하나님의 사람이 되었습니다. 우리가 교회에 나오면서도 하나님과 무관한 사람, 하나님을 탐구만 하는 사람이 되어서는 안 됩니다. 하나님을 믿는 사람이 되어야 합니다.

다른 종교의 교주는 가르침을 주는 분입니다. 그러나 예수님은 신앙의 대상입니다. 다른 종교는 창시자가 죽어도 존속합니다. 그러나 기독교는 예수님교이며, 예수님 없이는 존재할 수가 없습니다. 예수님은 부활하셔서 지금도 살아 계십니다.

믿음의 본질

우리에게는 예수님이 '무엇을 가르쳤느냐?'보다 '그가 누구인가?', '그가 우리와 무슨 관계가 있느냐?'가 더 중요합니다. '예수가 죽었다'는 역사입니다. 그러나 '예수가 나를 위해 죽었다'는 복음입니다.

그분은 우리를 대속하기 위해 오셔서 십자가를 지신 그리스도요 하나님의 아들이십니다. 이것이 믿음의 본질이고, 천국 가는 믿음입니다. 당신은 지금까지 예수님을 어떻게 알고 있었습니까? 창조의 주, 임마누엘의 주, 십자가의 주, 부활의 주로 믿으시기를 바랍니다.

옥스퍼드 대학 교수인 C. S. 루이스는 이렇게 말합니다. "우리는 두 가지 중 하나를 선택해야 한다. 예수님의 말씀이 사실이면 예수님은 하나님의 아들이다. 예수님의 말씀이 거짓이면 예수님은 미친 사람이거나 그보다 더 악한 악마일 수 있다. 그러나 절대로 그가 위대한 도덕적 스승이라는 동정적 태도를 취하진 말라. 그분은 우리에게 그런 선택의 여지를 남겨 두지 않으셨다."

예수님은 단순히 위대한 분이 아니십니다. 자신이 하나님의 아들이라고 하셨으니 그분은 진실로 하나님의 아들이든지 아니면 정신병자나 종교 사기꾼입니다. 믿는 자는 그분이 바로 하나님의 아들이심을 믿습니다. 예수님에 대한 고백에는 회색 지대가 없습니다.

수난과 죽음에 대한 첫 예고

"이때부터" 예수님은 제자들이 준비가 되었고, 부활 후의 사역을 감당할 수 있다고 믿고 "자기가 예루살렘에 올라가 장로들과 대제사장들과 서기관들에게 많은 고난을 받고 죽임을 당하고 제 삼 일에 살아나야 할 것을 제자들에게 비로소' 알리셨습니다.

베드로의 고백을 들으신 후, 예수님은 "그리스도는 무엇을 의미하느냐?"를 설명하십니다. 그리스도는 그냥 되는 것이 아닙니다. 십자가를 져야 합니다.

십자가의 복음은 아무나 들을 수 있는 말씀이 아닙니다. 예수님은 베드로의 고백 이후에 '비로소' 십자가의 고난과 부활을 제자들에게 가르치셨습니다. 수난을 예고하시는 것입니다. 이것이 십자가와 부활에 대한 첫 번째 예언의 말씀입니다. 장로와 대제사장, 서기관들에 의해 고난을 받고 십자가에 넘겨질 것과 부활하실 것을 예언하셨습니다.

그런데 예수님을 그리스도로 고백하여 칭찬까지 받았던 베드로가 갑자기 예수님을 만류합니다. 앞선 고백이 무색할 지경입니다. 뭘 모르고 고백한 것 같습니다. "주여 그리 마옵소서 이 일이 결코 주께 미치지 아니하리이다"(마 16:22).

본문 말씀을 읽으면서 문득 유학 생활 중에 경험한 부끄러운 일이 생각났습니다. 교수가 세미나에 모인 학생들에게 질문을 했습니다. 나는 용감하게 단답형으로 대답했습니다. 교수는 모처럼 환한 표정을 보이더니 좀 더 설명을 해 보라는 것이었습니다. 첫 번째 대답이 교수 마음에 들었던 것이라 생각하고 신이 나서 좀 더 길게 열심히 설명을 해 나갔습니다. 그런데 웬일입니까? 교수가 고개를 갸우뚱하는 것이 아닙니까? 첫 번째 대답은 맞았는데 그 설명이나 이유에 대해 전혀 딴소리를 하고 있었던 것입니다. 그러니 교수로서는 앞에 말한 정답도 의심스러울 수밖에 없었던 것입니다. 제대로 모르고 답변을 한 것입니다.

■ 베드로의 만류

베드로는 주님을 붙들고 만류하며, 그렇게 되어서는 안 된다고 완강하게 말하였습니다. "아니, 주님이 고난을 받고 십자가를 지신다는 것은 말이 안 됩니다. 절대로 그렇게 해서는 안 됩니다. 주님의 능력을 발휘하셔서 그것을 도모하는 무리를 멸하고 영광스럽게 하나님 나라를 세워 보십시다." 마치 좋은 친구처럼, 예수님을 가장 위하는 사람처럼 이야기했을 것입니다. '도대체 다른 제자들은 주님을 만류하지 않고 뭘 하고 있는 거야. 역시 예수님을 생각하는 것은 나밖에 없어. 누가 주님을 이렇게 위해 드리겠어!' 베드로는 예수님을 감동시킬 것처럼 말을 했습니다.

그러나 예수님은 기뻐하시는 표정이 아닙니다. 이번에는 예수님의 책망을 받습니다.

사탄아 내 뒤로 물러가라 너는 나를 넘어지게 하는 자로다 네가 하나님의 일을 생각하지 아니하고 도리어 사람의 일을 생각하는도다(마 16:23)

사단의 위장술은 참으로 놀랍습니다. 베드로는 졸지에 성령의 대변인에서 사탄의 대변인으로 추락합니다. 한 번 인정받고 칭찬 받았다고, 항상 옳은 말만 하는 것은 아닙니다. 성령님의 인도를 받지 않으면 순식간에 넘어집니다.

"사탄아, 내 뒤로 물러가라." 이 말씀은 베드로에게 길을 막고 서 있지 말고 내 뒤에서 따르라는 명령입니다. 짧은 순간이지만 베드로는 '천사와 악마' '천당과 지옥' 사이를 오갔습니다. 방금 전에는 하나님으로부터 오는 영감을 받아 예수를 그리스도로 고백하더니, 이번에는 사탄으로부터 오는 생각으로 십자가를 만류하였습니다. 그러므로 예수님은 베드로 속에서 역사하는 사탄의 실체를 목도하시고 "사탄아 물러가라"고 꾸짖으신 것입니다.

■ 사탄의 전략, 십자가 없는 지름길

베드로의 만류는 사탄의 시험과 맥을 같이하고 있습니다. 광야에서 예수님을 시험하던 사탄의 전략이 바로 이것이었습니다. 십자가 없는 지름길을 보이는 것이었습니다. 그 시험은 하나님이 정하신 고난과 십자가의 죽음을 거부하고 사탄이 제시하는 방법인 돌로 빵을 만드는 경제적인 지름길, 성전에서 뛰어내려 기적을 행하는 종교적인 지름길, 사탄에게 한 번 경배함으로써 얻은 권력을 가지고 휘두르는 정치적인 지름길이었습니다. 그때에 예수님은 "사탄아 물러가라" 하시면서 십자가 없는 지름길을 거부하셨습니다.

마귀는 지금 제자 베드로를 통하여 다시 한 번 십자가 없는 지름길을 가라고 유혹하고 있는 것입니다. 어찌하여 우리는 그분의 부활을 찬미하면서 부활의 어머니인 십자가의 죽음을 건너뛰려 합니까? 부활이 없는 십자가는 비참함이지만, 십자가 없는 부활은 거짓이며 위선입니다. 십자가 없는 지름길은 없습니다.

예수님께 그리스도는 군림하고, 대접받고, 찬란한 광채를 나타내는 존재가 아니라, 오히려 고난을 받고, 버림받고, 조롱당하고, 죽임을 당하는 존재였습니다. 그러나 베드로는 주, 그리스도, 하나님 아들, 천국의 열쇠, 이 모두 다 좋지만 십자가는 싫었습니다. 부활은 받아들일 수 있지만 십자가는 마음에 걸립니다.

이것은 기독교 무신론입니다. 예수님은 믿지만 십자가는 지고 싶지 않습니다. 지금 교회 안에는 무늬는 신자이지만 행위로는 무신론자들이 많이 있습니다. 십자가를 모르고서 어떻게 예수님을 제대로 알 수 있습니까? 부활을 모르고서 어떻게 예수님을 제대로 알 수 있습니까? 십자가와 부활을 믿으며 "주는 그리스도시요 살아 계신 하나님의 아들이다"라고 고백하는 것이 진정한 신앙고백입니다.

■ 하나님의 일과 사람의 일

여기에 하나님의 일과 사람의 일에 대한 설명이 나옵니다. 사람의 일을 하면서 하나님의 일을 하는 사람이 있고, 하나님의 일을 하면서 사람의 일을 하는 사람이 있습니다. 우리는 우리의 일로 하나님의 영광을 드러내야 합니다. 자기를 부인하고 자기 십자가를 지는 것, 그것이 하나님의 일입니다.

참된 제자도

주님은 제자들에게 '제자는 무엇을 의미하는가?'를 설명해 주십니다. '그리스도는 무엇을 의미하는가?'에서 '제자는 무엇을 의미하는가?'로 나아갑니다.

주님은 제자도를 세 단계로 말씀하십니다. 제자는 사람에게 대접받고, 자기의 야망을 성취하고, 이 땅에서 세도를 부리는 자가 아니라, 예수님이 그러하셨던 것처럼 자기를 부인하고, 자기 몫의 십자가를 지고, 주님을 따르는 자입니다.

'나를 따르라', '자기 십자가를 지라', '자기를 부인하라.' 이 길은 예수님만이 걷는 길이 아닙니다. 제자가 되기 위해서는 누구나 자기를 부인하고 자기 십자가를 지고 따라야 합니다. 자기를 부인한다는 것은 이기심, 자기 주장, 자기 자랑을 버리는 것입니다. 어디든지, 언제든지, 무엇이든지 따르는 것입니다. 그리스도가 십자가와 부활을 의미한다면, 제자도 마찬가지입니다. 그리스도의 길이 그리스도인의 길입니다.

참 그리스도의 길, 참 제자의 길은 일치합니다. 그것은 십자가의 길입니다. 그래서 갈라디아서 2장 20절에서 바울은 이처럼 고백합니다.

내가 그리스도와 함께 십자가에 못박혔나니 그런즉 이제는 내가 사는 것이 아니요 오직 내 안에 그리스도께서 사시는 것이라 이제 내가 육체 가운데 사는 것은 나를 사랑하사 나를 위하여 자기 자신을 버리신 하나님의 아들을 믿는 믿음 안에서 사는 것이라

우리도 이처럼 고백해야 합니다. 예수님이 원하시는 것은 팬이 아니라 제자이기 때문입니다.

역설의 진리

기독교에는 중요한 역설(paradox)의 진리가 있습니다.

누구든지 제 목숨을 구원하고자 하면 잃을 것이요 누구든지 나를 위하여 제 목숨을 잃으면 찾으리라 (마 16:25)

긍정을 위한 부정입니다. 죽고자 하면 살고, 살고자 하면 죽고. 높아지고자 하면 낮아지고, 낮아지고자 하면 높아지고. 처음 된 자가 나중 되고, 나중 된 자가 먼저 됩니다. 우리의 구원은 스스로 노력하

여 얻어지는 것이 아니라 주님을 위하여 목숨을 바칠 때 주어집니다.

단순히 자신을 부인하는 것이 아니라 더 나은 긍정을 바라고 자신을 내려놓는 것입니다. 우리의 구원도 그렇지만 우리의 목숨도 스스로 지킬 수가 없습니다. 그렇다고 우리의 생명이 가치 없다는 것이 아닙니다. 우리의 영혼은 천하를 주고도 살 수 없는 귀한 것입니다. 그러나 그 귀한 생명이 구원을 얻는 길은 예수님을 위해 자기의 생명을 내어드리는 것입니다. 우리의 생명은 천하보다 귀한 것이지만 예수님은 우리의 생명보다 귀한 분입니다.

윌리엄 보덴이라는 선교사가 있었습니다. 그는 백만장자의 상속자로서 고등학교를 졸업했을 때 부모가 세계여행을 시켜 줄 정도로 부유한 가정에서 자랐습니다. 부모는 그 아들로 하여금 전 세계를 다니며 견문을 넓히게 하려 했는데 뜻밖에도 그 아들은 여행 도중에 부모님에게 이런 편지를 보냈습니다. "저는 이제부터 선교사가 되어 남은 인생을 바치겠습니다." 그리고 그는 자신의 성경책 뒷장에 이런 기록을 남겼습니다. "아무것도 남기지 않으리라"(No Reserve).

그는 신학교에 들어가 탁월한 사역을 전개하였고 장래가 촉망되는 사람으로 인정받았습니다. 그는 졸업할 때쯤 유수의 기업으로부터 러브콜을 받았지만 모두 거절하고 자신의 성경책에 또 다시 이렇게 썼습니다. "물러서지 않으리라"(No Retreat). 초심을 잃지 않고 선교의 비전을 갖고 있었던 것입니다.

그는 그렇게 선교 사역을 감당하다 이집트에서 척수뇌막염에 걸려서 죽었습니다. 그의 나이 26세였습니다. 얼마나 아깝습니까. 그는 자신의 성경책에 이런 마지막 메시지를 남겼습니다. "후회하지 않으리라"(No Regret).

 '남김 없이', '후퇴 없이', '후회 없이' 사는 것, 이것이 바로 제자의 길입니다[카일 아이들먼, 『팬인가, 제자인가』(두란노), 291쪽].

예수님의 예루살렘 입성 경로

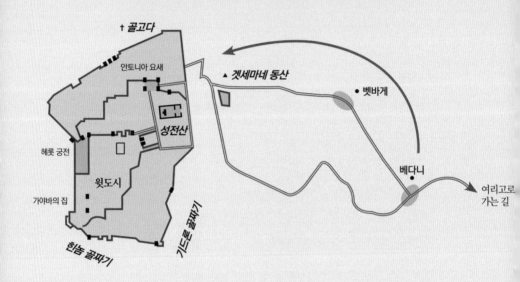

† 골고다

안토니아 요새

▲ 겟세마네 동산

• 벳바게

헤롯 궁전

성전산

윗도시

가야바의 집

베다니

여리고로
가는 길

기드론 골짜기

한놈 골짜기

16

예루살렘
Jerusalem

호산나 찬송하리로다
마가복음 11:1-11

본문에는 예수님의 생애 마지막 일주일이 시작되는 소위 종려주일 사건이 기록되어 있습니다. 그리고 고난주간의 일들이 시작됩니다. 예수님과 제자들은 예루살렘에 입성하여 그곳에서 유월절을 지냅니다. 이것은 유월절 양 되신 예수님이 예루살렘에 입성하셔서 십자가의 고난을 겪고 부활의 역사를 일으키는 마가복음의 결론 부분입니다.

고난 주간

마가는 이 마지막 일주간의 사건을 강조합니다. 이제까지 예수님의 행적과 말씀들은 십자가 사건을 위한 준비였습니다. 11장부터 16장까지 마가복음의 3분의 1이 넘는 분량을 할애하여 고난주간에 생긴 일들을 상세히 기록하고 있습니다. 11장 1-18절의 내용은 세 부분으로 나눌 수 있는데, 예수님이 군중의 환호 가운데 예루살렘에 입성하신 일, 열매 없는 무화과나무를 저주하신 일, 성전을 청결케 하신 일입니다. 이 사건들은 예수님의 주권과 권위를 드러냅니다. 예수님은 인간과 자연과 교회의 주님이십니다.

예루살렘 입성

예수님은 예루살렘에 들어가실 때 앞으로 당할 십자가의 일들을 잘 알고 계셨습니다. 반면 제자들이나 군중은 앞으로 일어날 일을 잘 알지 못하고 있었습니다. 예수님은 우리의 죄를 멸하고 죄에 빠진 우리를 구원하기 위하여 예루살렘에 입성하셨습니다. 예수님은 분명한 목적과 굳은 각오로 예루살렘에 들어오십니다. 그것은 만인의 죄를 대속하기 위한 십자가의 길이었습니다. 하나님이 예수님을 이 땅에 보내신 목적이기도 합니다. 예루살렘에 입성하시는 주님은 바로 그 십자가의 죽음을 향하여 행진하십니다.

당시 예루살렘은 이스라엘의 수도로서 비교적 발달된 문화를 이루고 있었고, 부유한 생활을 하는 사람들이 모여 있었습니다. 그리고 성전이 위용을 자랑하고, 소위 지식층이 모여 있으며, 종교적으로 권위 있는 사람들, 정치적으로 권세 있는 사람들, 경제적으로 세력 있는 사람들이 모여 있었습니다. 한편 예루살렘은 종교의 중심지이면서도 죄악과 거짓과 위선과 음모와 불경스러움이 도처에 산재해 있었습니다. 예수님은 그 예루살렘에서 모든 잘못된 것을 몰아내고 십자가를 지기 위해 입성하셨습니다.

예수님은 예루살렘에 입성하실 때 아직 사람이 타 보지 않은 나귀 새끼를 타셨습니다. 이스라엘에 가 보면 베두인 목동들이 작은 나귀

나귀를 타는 베두인 목동

를 타고 양과 염소를 치고 있는 모습이 곳곳에서 목격됩니다. 말하자면 나귀는 가난한 서민들의 교통 수단입니다. 좁은 길이나 비탈진 곳을 이동하려면 작은 짐승이 필요하기 때문입니다.

나귀를 타신 예수님의 모습은 당시 권력이나 재산을 가지고 있던 사람들의 행차와는 극적인 대조를 이룹니다. 예루살렘 시민들은 여러 가지 퍼레이드를 목격하곤 했는데, 그 중에서 개선장군들의 행진은 대단했습니다. 로마 장군은 멋진 유니폼을 입고, 무장을 하고, 마차와 훈장과 코끼리를 앞세우고, 장식한 큰 말이나 낙타들을 타고 악대의 장중한 행진곡에 맞추어 환호를 받으면서 화려하게 예루살렘으로 들어오곤 했습니다. 행렬 앞에는 포로들이 포승에 묶여 끌려오고, 전쟁에서 얻은 전리품들이 따라옵니다. 이렇게 정복과 폭력과 피로 물든

·······
「예수님의 예루살렘 입성(Entry of Christ into Jerusalem)」, 1320, 피에트로 로렌체티(Pietro Lorenzetti), 프레스코화, 성 프란시스코 대성당, 아씨시.

로마 군대의 긴 행렬을 예루살렘 시민들은 종종 목격했습니다.

피에트로 로렌체티도 예수님이 예루살렘에 입성하시는 모습을 그리고 있습니다. 예수님 바로 뒤에는 베드로 그리고 후광이 없는 가룟 유다와 제자들이 따르고 있습니다. 종려나무를 꺾으려고 나무에 올라간 아이들은 여리고의 세리장 삭개오를 연상시킵니다.

마태는 예수님이 입성하실 때 암나귀와 그 새끼가 함께 간 것으로 묘사하고 있습니다. 사람들이 예수님 가시는 길에 옷을 펴는 모습이 이 그림의 핵심입니다. 사랑과 존경의 뜻을 담아 환영하는 것입니다.

벳바게 기념 교회 내부

아이들은 즐거워하는 반면 어른들은 의혹의 눈초리로 관망하는 자세를 보입니다. 이것은 앞으로 있을 십자가 사건을 암시하는 듯합니다.

■ 두 행렬

실제로 주후 30년 봄 유월절에는 예루살렘에 입성하는 두 행렬이 있었습니다. 이것은 마치 두 왕국의 대결처럼 보입니다. 나사렛과 갈릴리에서 여리고, 베다니와 벳바게를 거쳐 감람산에서 동쪽 문을 통해 예루살렘 성전으로 들어오는 예수님의 초라한 행렬입니다. 예수님은 한 번도 타 본 적이 없는 나귀 새끼를 타셨습니다. 이 나귀는 한 번도 사람을 태워 본 적이 없는 왕초보입니다. 예수님이나 제자들의 행색도 그에 못지않게 촌스럽습니다. 그러나 하나님 나라에 대한 메시지를 전파하며 들어오고 있습니다.

다른 하나는 지중해 연안의 가이사랴 항구 로마 주둔지에서 출발하여 예루살렘 서쪽 문을 통해 예루살렘 성전이 내려다보이는 안토니아 요새로 들어오는 본디오 빌라도의 찬란한 군사 행렬입니다.

이두매와 유대와 사마리아 전역을 통치하는, 로마 제국의 권력을 상징하는 총독의 행진은 위용이 대단했습니다. 악대를 앞세우고 군대가 따르고 낙타, 코끼리, 말을 타고 입성합니다. 기병과 보병들은 가죽 갑옷과 투구를 착용하고, 병기와 깃발들을 앞세우고, 군화소리, 북소리를 울리며 들어오고 있습니다.

요세푸스에 따르면 예수님 당시 예루살렘에는 3만 명 정도가 거주하고 있었고, 명절에는 각 지역에 흩어져 있던 유대인이 예루살렘으로 군집하여 30만 명 수준까지 이르렀다고 합니다. 치안 유지를 위해 빌라도가 군대를 동원하여 위협적인 행진을 벌였을 것이 자명합니다.

■ 겸손과 평화와 사랑의 행진

나귀 새끼를 타신 예수님과 제자들의 행렬은 보잘것 없습니다. 나귀에다 안장도 씌우지 못하고 겨우 옷으로 덮은 채 갈릴리 어부 출신 제자들과 함께 예루살렘 성으로 들어오시는 예수님의 모습은 초라하게 보입니다.

그러나 이 행렬이 우리의 인생을 바꾸어 놓았습니다. 우리의 인생뿐 아니라 인류의 역사를 바꾸어 놓았습니다. 이 행렬이 인류의 잘못된 역사를 바로잡아 주었습니다. 예수님은 겸손과 평화와 사랑의 행진을 하십니다. 나귀를 타신 왕은 더 이상 전차나 말이나 활이 필요 없도록 전쟁을 몰아내고 평화를 가져다주실 것입니다. 만왕의 왕으

예루살렘 전경

나귀를 매어 놓았던 돌기둥

로 오신 예수님은 정복자나 통치자로 오신 것이 아니라 자신을 낮추
고 죽기까지 자신을 내어주는 섬기는 분으로 사셨습니다.

과연 나는 이 예수님의 대열에 서 있습니까? 나는 예수님을 따르는
자들 가운데 있습니까? 화려하게 무장한 로마 군대의 대열에 서기보
다는 비록 초라하게 보이지만 사랑과 겸손과 순종으로 옷입고 죄인들
을 위하여 오시는 예수님의 십자가 대열에 서고 싶습니다.

■ 어린 나귀라도

심지어 나귀 새끼조차 그 주인에게 "주가 쓰시겠다"(11:3)고 하여 잠시
빌려 쓰십니다. 주님이 쓰시면 어린 나귀라도 귀한 일을 감당하게 됩
니다. 우리의 인생은 누가 쓰느냐에 따라 달라집니다. 거리에 매여 있
던 이 어린 나귀는 사람들이 보기에 별 쓸모가 없어 보였을 것입니다.
그러기에 주인조차도 제자들에게 '나귀 새끼를 풀어 무엇 하려느냐'
고 반문하고 있습니다(5절).

아무 쓸데없는 인생처럼 보일지라도 주님이 쓰시면 위대한 일을 감당할 수 있습니다. 다윗도 어렸을 때는 아버지 이새조차 그의 인물됨을 알아보지 못했습니다. 그러나 하나님은 그를 알아보시고 사무엘을 통하여 기름을 부어 쓰셨습니다. 왜 다 자란 나귀나 말을 쓰지 않고, 아니 잘 길들여진 당나귀나 낙타를 쓰지 않고, 사람을 태워 보지도 않은 어린 나귀를 쓰셨습니까? 주님의 뜻이 그러하셨기 때문입니다.

내가 이해하지 못하는 것이 주님께 있습니다. 내가 할 수 없는 것을 주님은 하십니다. 어떤 열악한 처지와 불가능한 상황이라도 주님이 하시면 하십니다. 쓸모없어 보이는 새끼 나귀도 주님이 쓰시면 유용하게 쓰일 수 있습니다. 만일 예수님이 어린 나귀를 쓰셨다면 왜 나와 당신을 하나님의 영광을 위하여 쓰지 않으시겠습니까? 오늘 "주가 쓰시겠다"고 우리를 부르십니다.

주님이 쓰시는 사람들

여기에 예수님의 말씀과 요구에 순종하여 쓰임을 받은 것들이 나와 있습니다. 예수님의 제자를 비롯하여 나귀의 주인과 나귀 새끼, 그리고 길에 자리를 펴는 사람들입니다. 이들은 주님이 쓰시는 사람들입니다. 예수님께 쓰임을 받기 위해서는 대단한 자격이 요구되지 않습니다. 부르심을 믿고 맡기고 순종하는 마음만 있으면 됩니다.

예수님과 나귀 주인 사이에 쓰이는 패스워드는 "주가 쓰시겠다"입니다. 만나 본 적도 없는데 그것으로 서로 통합니다. 참으로 신비합니다. "주가 쓰시겠다"는 말에 무조건 내줍니다. 나귀 주인은 순종함으로 주님께 나귀를 제공하였습니다. 주님께 드려질 때 새로운 역사가 일어났습니다. 많은 사람들의 환호 속에 주님을 예루살렘까지 모셔 드렸고 주님을 통하여 거룩하게 되었고 축복으로 돌아오게 되었습니다.

예수님께 쓰임을 받게 되면 영광도 함께 받게 됩니다. 하지만 그때 그 영광을 자신의 것으로 돌려서는 안 됩니다. 만일, 나귀가 사람들의 환호를 자신을 향한 것이라고 착각하고 우쭐대며 날뛰었다면 어떻게 되었겠습니까? 그 위에 앉아 계신 주님을 떨어뜨렸을 것입니다. 그러므로 사람들이 환호하면 그것이 내 위에 계신 주님 때문이라는 사실을 알고 더욱 겸손하게 섬겨야 합니다. 하나님께 자신을 드리는 것은 손실이 아니라 나를 깨끗하게 하고, 쓰임 받게 하고, 유익하게 하고, 영광스럽고 복되게 살아가도록 하는 것입니다.

어린 나귀를 타고 입성하시는 예수님의 모습에 대하여 이미 구약 스가랴 선지서는 이렇게 예언하였습니다.

시온의 딸아 크게 기뻐할지어다 예루살렘의 딸아 즐거이 부를지어다 보라 네 왕이 네게 임하시나니 그는 공의로우시며 구원을 베푸시며 겸손하여서 나귀를 타시나니 나귀의 작은 것 곧 나귀 새끼니라(슥 9:9)

예언의 말씀이 이루어진 것입니다. 이때는 몰랐지만 나중에 예수님이 십자가에 죽으시고 부활 승천하신 다음 구약의 예언이 성취되었다는 것을 알게 됩니다.

카우보이들의 야생마 길들이기를 보신 적이 있습니까? 사람이 타는 순간 그 말은 좌우로 날뛰며 탄 사람을 떨어뜨리려고 난리를 칩니다. 야생마는 오랜 반복을 통하여 훈련을 마친 다음에야 비로소 유용하게 쓰입니다. 하지만 예수님이 타신 어린 나귀는 처음부터 그의 임무를 잘 수행하였습니다.

주님 앞에 나올 때 나의 경험 없음과 알지 못하는 것을 두고 절망할 필요가 없습니다. 믿음으로 주님께 맡길 때 주님이 나를 통하여 주님의 일을 하십니다. 사실 이것 자체도 이적입니다. 주인이 한 번도 본 적 없는 사람의 요구에 응하여 자신의 귀한 나귀 새끼를 내어준 일, 한 번도 사람을 태운 적이 없는 나귀가 사람을 떨어뜨리지 않고 목적지까지 잘 모시고 갈 수 있었던 일이 그러합니다.

"여호와여 구하옵나니 이제 구원하소서 여호와여 우리가 구하옵나니 이제 형통하게 하소서 여호와의 이름으로 오는 자가 복이 있음이여 우리가 여호와의 집에서 너희를 축복하였도다." 이같이 시편 118편 25-26절에 예언된 대로, 많은 사람들이 '호산나, 호산나' 하면서 주님을 맞이하였습니다.

호산나 찬송하리로다 주의 이름으로 오시는 이여 찬송하리로다 오는 우리 조상 다윗의 나라여 가장 높은 곳에서 호산나 하더라(막 11:9-10)

'호산나'라는 뜻은 '지금 나를 구원하소서'(save now)입니다. 바로 지금 주님은 우리 모두를 구원하기 위하여 오셨습니다. 십자가를 통한 구원을 저들은 몰랐을 수도 있으나, 저들이 원하는 구원은 오직 십자가를 통해서만 주어집니다.

우리가 알지 못한 방법

하나님은 우리의 기도에 응답하시되 때때로 우리가 알지 못하던 방법으로 행하십니다. "내 생각이 너희의 생각과 다르며 내 길은 너희의 길과 다름이니라 여호와의 말씀이니라"(사 55:8).

이렇게 모두 들떠 환호하니 병행본문인 누가복음 19장 39–41절에는 바리새인들이 저들을 잠잠하게 해 달라고 주님께 항의합니다. 이에 예수님은 "만일 이 사람들이 잠잠하면 돌들이 소리 지르리라"라고 반박하셨습니다. 저는 이 말씀을 무척 좋아합니다. 하나님은 능히 돌들을 들어서라도 주님을 찬양케 하실 수 있습니다.

실제로 성서 유적지를 돌아보면 돌들이 소리 지르고 있는 것을 들을 수 있습니다. 폐허가 되어 버린 돌들에게 많은 것들을 배울 수가 있습니다. 세상에서 학식 많고, 권세 있고, 재력 있고, 배경 좋은 똑똑한 사람들이 많이 있는데도 나같이 부족한 자가 하나님의 복음을 증거하고 있는 것이 그러합니다. 그들이 잠잠하기 때문에 나에게 하나님을 찬양할 기회가 주어졌다고 믿습니다. 하나님을 찬양할 줄 모르는 유식한 벙어리보다는 차라리 길가의 돌이 되어 주님을 목청껏 찬양하고 싶습니다.

사명 받은 우리는 명심해야 할 점이 있습니다. 내가 잘나서 이 일을 하고 있고, 내가 하나님을 위해 큰일을 하고 있다고 생각해서는 안 됩니다. 나 아니면 안 된다는 교만도 금물입니다. 특정한 목사가 없으면, 아무개 집사가 없으면 하나님의 일에 큰 지장이 있을 것이라는 생각은 착각입니다. '나 죽으면 하나님 손해다'라는 말도 해서는 안 됩니다. 하나님은 능히 저 돌들로도 그 일을 하실 수 있습니다.

하나님이 하나님의 일을 하십니다. 하나님이 나를 사용하시는 것은, 부족해도 내게 하나님의 일을 할 기회를 주시기 위해서입니다. 따라서 우리는 하나님의 일을 하면서 더 감사하고 더 찬송하고 더 헌신적으로 섬겨야 합니다. 주님을 높여야 합니다.

심판과 기도에 대한 교훈

예루살렘에 입성하신 예수님은 두 가지의 심판과 그 사이에 기도에 대한 교훈을 주십니다. 무화과나무에게 일어난 일과 성전에서 있었던 일은 상호연관되어 있습니다. 비유적으로 말하면 무화과나무에 열매가 없는 것은 성전의 타락을 상징하고 있습니다.

성전 파괴는 열매 없음에 대한 하나님의 심판입니다. 예수님은 회개하는 죄인들에게는 용서와 사랑과 구원의 주님으로 나타나시지만 회개할 줄 모르는 죄인들에게는 심판의 주로 나타나십니다.

예수님은 예루살렘에 들어오셔서 열매 맺지 못한 무화과나무를 심판하셨습니다. 무화과나무가 예수님 말씀 한마디에 뿌리부터 말라버린 이 이적은 마가복음에 기록된 마지막 이적입니다. 다른 이적들은 인간의 유익을 위하여 주님이 고치시고 먹이시고 가르치신 것들인데, 이 이적은 유일하게 멸하는 이적입니다. 예수님은 구원의 주가 되시지만 심판의 주도 되십니다.

무화과나무는 이스라엘과 유대종교를 상징적으로 나타냅니다(호 9:10). 예수님은 시장하시던 차에 잎이 무성한 무화과나무 한 그루를 보셨습니다. 제자들과 함께 열매를 찾아보았더니 밖으로 드러난 그 위용과는 대조적으로 열매가 하나도 없었습니다. 주님은 그 나무를 말씀으로 심판하셨습니다. 그리고 그 말씀대로 되었습니다. 이 일을 본 사람들이 모두 놀라며 경각심을 갖게 되었습니다.

이 사건에는 예수님이 우리에게 가르쳐 주시는 종말론적인 진리가 담겨져 있습니다. 버트란트 러셀 같은 이는 이 대목을 들어 '무자비한 예수님'이라고 비난합니다. 하지만 예수님은 인간의 영혼, 천하 만물보다 귀한 영혼을 살리기 위하여 나무의 희생을 치르더라도 실물 교육을 하셨고, 생생히 그 교훈을 두고두고 오는 세대에 각인시켜 주셨습니다. 이 무화과나무는 우리를 위해 희생된 것입니다. 그 희생을 헛되이 하지 않는 길은, 예수님 앞에 열매 맺는 삶을 사는 것입니다.

열매를 찾으시는 주님

주님은 우리를 찾으실 때 우리에게서 열매를 보십니다. 우리는 주님 앞에 섰을 때에 그분께 열매를 보여 드릴 수 있어야 합니다. 그분이 찾으시는 것은 잎이 아닙니다. 열매입니다. "착하고 좋은 마음으로 말씀을 듣고 지키어 인내로 결실"(눅 8:15)해야 합니다. 잎만 무성한 나무가 되어서는 안 됩니다. 입만 살아있는 교인이 되어서는 안 됩니다. 그분이 찾으시는 것은 말이 아니라 능력(행위의 열매)입니다.

당시 유대인들은 종교성은 있었지만 생명력은 없었습니다. 말은 있었지만 능력이 없었습니다. 당신에게는 거듭난 증거가 있습니까? 진심으로 주님을 만났다면 그 증거가 있을 터인데 정말 당신의 삶은 변화되어 있습니까? 입교식을 했다고, 세례를 받고 직분도 받았다고, 성경을 늘 가지고 다닌다고 말하지 마십시오. 그것은 잎일 뿐입니다. 물론 그것도 있어야 하겠지만 더 중요한 것은 열매입니다.

열매 없는 무화과나무에 대한 심판은, 입술로는 하나님을 존경하되 마음은 하나님을 멀리 떠난 완악한 이스라엘과 위선과 외식에 치중한 타락한 유대 종교와 그들의 형식적인 예배를 심판하신 것입니다.

외식이 나쁜 것은, 사람들에게 기대하게 하고, 사람들을 속이며, 사

「예루살렘 성전의 파괴(The Destruction of the Temple at Jerusalem)」, 1637, 니콜라 푸생 (Nicolas Poussin), 147×198cm, 빈 미술사 박물관, 빈.

람들을 실망시키는 데 있습니다. 하지만 유대인들은 예수님의 이 경고에도 불구하고 회개하지 않았고 오히려 그 마음을 금강석처럼 더욱 완악하고 완고하게 하여 하나님의 아들을 십자가에 못박았습니다. 그 결과 무화과나무가 마른 것처럼 주후 70년에 로마에 의해 예루살렘은 철저히 파괴되었고, 유대인들은 세계 각지에 흩어져 유랑하는 민족이 되어 시련을 당하게 되었습니다.

평화와 왕, 참된 왕, 겸손한 왕 예수님을 거절한 예루살렘은 주후 70년에 로마 디도 장군에 의해 철저히 파괴되었습니다.

푸생은 그의 그림에서 백마를 탄 디도 장군을 폭력과 살육으로 로마의 통치를 확증하는 군인으로 묘사합니다. 디도가 예루살렘을 정복했을 때(주후 70년) 황제는 그의 아버지 베스파시아누스였습니다. 디도는 78년 부왕의 사망 후 즉위하였습니다.

장차 이 모습을 예견하셨던지 예루살렘에 입성하시던 예수님은 예레미야처럼 울부짖으셨던 것입니다. "가까이 오사 성을 보시고 우시며 이르시되 너도 오늘 평화에 관한 일을 알았더라면 좋을 뻔 하였거니와 지금 네 눈에 숨겨졌도다"(눅 19:41-42).

주님은 십자가를 향한 마지막 일들을 챙기시면서도 그 사이사이(막 11:11, 19)에 기도하셨고 제자들에게 기도의 방법과 능력에 대해서 말씀하셨습니다(막 11:22-25). 기도는 산처럼 여겨지는 신앙의 장애물을 움직일 수 있는 능력이 있음을 역설하셨습니다.

성전 청결

15절에서 18절까지는 성전 청결 사건이 기록되어 있습니다. 사랑 많으시고 온유하신 주님이 성전을 더럽히는 일들에 대해서는 의분을 드러내셨고, 그들을 심판하셨습니다. 칼 헨리(Carl F. Henry)는 "말세에 하나님의 심판이 교회로부터 임한다"고 말했습니다. 예수님이 성전과 성도들에게 거시는 기대가 남다르기 때문에 교회가 먼저 예수님의 매를 맞습니다.

본문 말씀을 잘 이해하기 위해서는 당시의 성전 제사 관행을 알아야 합니다. 유월절 절기를 지내기 위해 사람들은 이스라엘 각 지역에서 예루살렘 성전으로 모여들었습니다. 자연히 성전에서 통용되는 세겔(화폐)로 바꾸어 주는 환전상들이 생겼고, 제물로 쓸 짐승들을 성전 가까이에서 구입하면 편리하므로 그곳에 시장이 형성되었을 것입니다.

문제는 이런 관행들이 굳어지고 오래 되면서 부패하기 시작했다는 점입니다. 성전에서만 통용되는 화폐를 만들고, 이곳 시장에서 취급되는 제물만을 정결하게 여김으로써 제물을 꼭 여기에서만 사도록 강요했을 것입니다. 환차익을 챙겼을 것이고, 이곳 제물이 효험도 크다며 비싸게 팔았을 것입니다. 모두 다 장삿속입니다. 상인들은 더 좋은 자리를 차지하기 위해 피 튀기는 경쟁을 했을 것이고, 이권이 오가는 이면에서 소위 마피아 같은 조직도 활개 쳤을 것입니다.

성전을 중심으로 서서히 먹이사슬로 얽힌 후에는 이 먹이사슬의 최상층에 사제들이 앉게 되었을 것입니다. 제사장들은 자릿세를 받고 뇌물을 받고 장사치들에게 좋은 자리를 제공했을 것입니다. 이렇게 성전에서 장사하는 자들은 하나님의 집을 강도의 소굴로 만들었습니다. 가장 거룩해야 할 곳이 가장 더러운 곳이 되었습니다. 기도하는 집이 강도의 소굴이 되었습니다. 하나님께 영광을 돌려야 하는데, 서로의 이익만 추구하고 있습니다.

이사야 선지자는 "내 집은 만민이 기도하는 집이라 일컬음이 될 것임이라"(사 56:7) 했는데, 오히려 가난한 자들을 착취하고 이권을 챙기는 곳이 되었습니다. 예레미야가 "내 이름으로 일컬음을 받는 이 집이 너희 눈에는 도둑의 소굴로 보이느냐"(렘 7:11) 책망했는데, 유대인들은 성전을 강도의 소굴로 만들었습니다.

인간의 편의주의와 물질주의 그리고 세속주의가 어우러져 성전의 거룩함은 오간 데 없고 시장의 장삿속만 남아 있었습니다. 예배는 관심 밖이고 대목잡기에만 바빴습니다. 더욱이 유월절같이 큰 명절에는 한몫을 잡으려 무리가 혈안이 되었을 것입니다. 그 온유하신 예수님이 환전하는 상을 엎으시고 채찍을 들어 짐승을 내쫓으시며 의분을 토하셨습니다. "내 집은 만민이 기도하는 집(인데) … 너희는 강도의 소굴을 만들었도다"(막 11:17).

˙˙˙˙˙˙
「성전 청결(Christ expulses the money changers out of the temple)」, 1610, 카라바조(Cecco del Caravaggio), 베를린 국립 회화관, 베를린.

　카라바조의 그림 「성전 청결」은 예루살렘에 입성하신 예수님이 성전을 청결하게 하기 위해 꼰 노끈으로 환전상의 상을 엎으시고, 희생 제물을 성전에서 쫓아내는 장면을 그리고 있습니다.

　모두가 성전 반대 방향으로 쫓겨 가고 있습니다. 예수님 바로 앞에 넘어진 남자는 그 와중에도 동전을 줍고 있는 모습으로 인간의 탐욕을 나타냅니다. 환전상의 테이블에는 이교도 신의 모습이 그려져 있습니다. 하나님의 성전이라도 하나님이 기뻐하시는 일이 아닐 때에는 우상 숭배와 다름없다는 메시지를 던지는 듯합니다.

　당시 제사장들과 서기관들은 예수님의 말씀을 듣고 회개하기는커녕 예수님이 자기들의 사업을 방해한다 하여 죽일 궁리를 합니다(막

11:18). 성전은 거룩하신 하나님의 진리와 생명의 말씀을 가르치는 곳입니다. 하나님을 경외하는 도를 가르치고 배우는 곳입니다. 그런데 그들은 자신들이 선포하는 진리에 반하여 예수님을 죽이려 모의하고 있습니다.

이 살해모의의 주도자들이 유대교 최고 지도자들이었다는 것은 더욱 충격적입니다. 구원의 전당에서 죽음의 음모를 꾸미고 있습니다. 성전을 지으신 하나님의 목적과 전혀 반대되는 일을 사람들은 성전에서 하고 있습니다. 예수님은 거룩한 성전입니다. 유대 지도자들은 자기들의 이익을 추구하느라 성전이신 예수님을 훼손하는 일을 도모합니다.

그들이 예수님을 죽이려는 결정적인 이유는 경제적 손해입니다. 이전에 예수님이 그들의 전통과 권위와 가르침에 도전하셨을 때도 분개했지만 그것뿐이었습니다. 하지만 이제 그들의 호주머니가 위협받자 예수님을 죽일 구체적인 계획을 세우게 됩니다.

사람들은 이렇게 자기의 이권에 민감합니다. 예수님 때문에 손해는 못 보겠다는 것입니다. 다른 것은 참아도 이것만은 참지 못하겠다는 것입니다. 성서 현장을 답사할 때도 똑같은 것을 느꼈습니다. 예수님의 성지마다 장사하는 사람들이 장사진을 치고 지나가는 사람을 붙들고 물건을 팔아 달라고 온갖 소란을 피웁니다. 그곳이 영적으로 어떤 의미가 있는 곳인지는 알려고도 하지 않고 관심도 없습니다. 그들은 예수님을 믿지도 않습니다. 그래서 저와 함께 갔던 사람이 "이 나라 사람들은 예수님을 십자가에 못박고도 이제는 예수 팔아 돈을 벌고 있네요"라고 말하기도 했습니다. 예수님께는 관심 없고 관광 수입과 물건 파는 데 혈안입니다.

오늘의 교회는 '신령과 진정으로 드릴 예배'를 형식주의로 만들고, 하나님의 교회가 영적인 것보다 물질적인 데 더 큰 관심을 두고, 편의주의·물질주의·세속주의에 젖어 있지는 않은지 스스로 반성해야 합니다.

우리는 교회의 거룩함뿐 아니라 속사람도 주님이 거하실 성전이 되기 위하여 거룩한 삶을 살아야 합니다. 우리가 성전이기 때문입니다. 예수님은 열매 맺지 못하는 나무는 열매 맺게 하시고, 더러워진 성전은 거룩케 하기 위하여 오늘도 내 마음의 예루살렘에 입성하십니다. "주여, 내 마음에 오시어 내 죄를 멸하고 거룩한 삶 주옵소서."

예루살렘과 비아 돌로로사 14개 처소

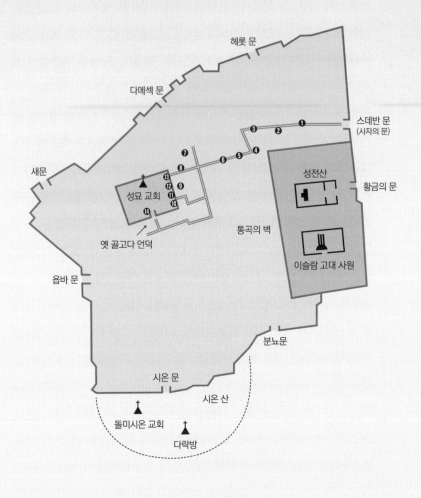

제1처소	예수님이 사형을 언도받다	제8처소	예루살렘 딸들에게 말씀하시다
제2처소	십자가를 지시다	제9처소	세 번째로 넘어지시다
제3처소	처음 넘어지시다	제10처소	군병들이 옷을 벗기다
제4처소	어머니를 만나시다	제11처소	십자가에 못 박히시다
제5처소	구레네 시몬이 예수님을 돕다	제12처소	십자가에서 운명하시다
제6처소	베로니카가 예수님의 얼굴을 닦다	제13처소	예수님의 시신을 내리다
제7처소	두 번째로 넘어지시다	제14처소	무덤에 장사지내다

17

비아 돌로로사
Via Dolorosa

슬픔의 길, 승리의 길

첫 번째 복음서인 마태복음은 이렇게 시작됩니다.

> 아들을 낳으리니 이름을 예수라 하라 이는 그가 자기 백성을 그들의 죄에
> 서 구원할 자이심이라(마 1:21)

예수님이 이 땅에 오신 근본적인 목적은 백성들을 죄에서 구원하기 위함인데, 그것은 자기를 부인하고 십자가 위에서 죽으심으로 표현됩니다. 예수님은 죽기 위해서 이 세상에 오신 것입니다. 따라서 기독교 신앙에서 예수님의 죽음만큼 중요한 사건은 없습니다. 하지만 예수님이 걸으신 그 십자가의 길은 예수님만 가셔야 할 길이 아닙니다. 우리도 이 길을 따라야 합니다.

누구든지 나를 따라오려거든 자기를 부인하고 자기 십자가를 지고 나를

따를 것이니라(막 8:34)

우리 역시 매일 자기를 부인하고 십자가의 길을 걸어가야 합니다. 물론 인류 대속의 길은 아니지만 우리 각자가 져야 할 십자가를 지고 예수님을 모범으로 삼아 걸어가야 한다는 의미입니다.

십자가의 길, 비아 돌로로사

예루살렘에 가면 예수님이 걸어가신 십자가의 길을 잘 보존하고 있습니다. 그 길은 소위 '비아 돌로로사'(Via Dolorosa)라고 합니다. 비아 돌로로사는 예수님이 빌라도의 재판정에서 사형 판결을 받으시고 십자가형을 받을 골고다까지 걸어가신 대략 800미터 정도가 되는 길입니다.

라틴어로 '비아'는 '길'이란 뜻이며, '돌로로사'는 슬픔입니다. 그래서 '비아 돌로로사'는 문자적으로 볼 때 '슬픔의 길'입니다. 무죄한 예수님이 무법하게도 정죄를 받고 사랑하는 어머니, 가족, 제자, 친구들이 보는 앞에서 무거운 십자가를 지고 죽음으로 나아가셨으니 충분히 슬픔의 길이라 할 만합니다. 하지만 예수님이 이 길을 걸으셨기에 우리에게는 대속의 은혜와 기쁨이 오게 되었습니다.

무릇 시온에서 슬퍼하는 자에게 화관을 주어 그 재를 대신하며 기쁨의 기름으로 그 슬픔을 대신하며 찬송의 옷으로 그 근심을 대신하시고 그들이 의의 나무 곧 여호와께서 심으신 그 영광을 나타낼 자라 일컬음을 받게 하려 하심이라(사 61:3)

이 모든 변화는 예수님의 십자가가 있었기에 가능한 일입니다. 사람들은 이 길 위에 8개의 포인트를 정해 예수님의 마지막 길을 음미하려 했는데 현재는 총 14개 처소로 확장되었습니다. 이 길은 14세기경 프란체스코 수도사들에 의해 정해졌는데 복음서에 나오지 않는 내용도 포함되어 있습니다. 하지만 예수님의 발자취와 숨결을 따라가기 때문에 하나님의 은혜를 묵상하기에 좋은 길잡이가 됩니다.

저는 2013년 사순절 특별새벽기도회 14일 동안 '비아 돌로로사'라는 제목으로 각 처소를 본문으로 삼아 말씀을 전했습니다. 각 처소를 나타내는 사진과 이미지를 조합하여 14개의 패널을 만들고 그 패널을 교회 건물 복도와 계단에 놓고 연결하여 길처럼 꾸몄습니다. 성도들은 하루씩 그 패널을 보면서 설교 말씀을 마음에 새길 수 있었습니다.

십자가를 지고 골고다까지 가신 일은 때로 단순하게 설명할 수도 있지만, 각 처소에 얽힌 일화와 영적 의미를 밝히는 작업도 영적으로 의미가 있었고 영감을 많이 주었습니다. 비아 돌로로사 800미터를 각 성도가 1미터씩 걷는다는 마음으로 1만 원씩 헌금하여 불우 이웃에게 전달하기도 했습니다.

이 책에서 14개 처소를 다 설명하기는 어려우니 주요한 몇 개의 처소를 택해 살펴보겠습니다.

제1처소: 빌라도 법정(요 18:28-38)

감람산에서 체포되신 예수님은 곧바로 제사장에게 심문을 받으셨습니다. 요한복음에는 대제사장 가야바에게 심문 받기 전에, 대제사장을 역임했고 당시에도 막강한 막후 실세로 영향력을 행사하고 있던

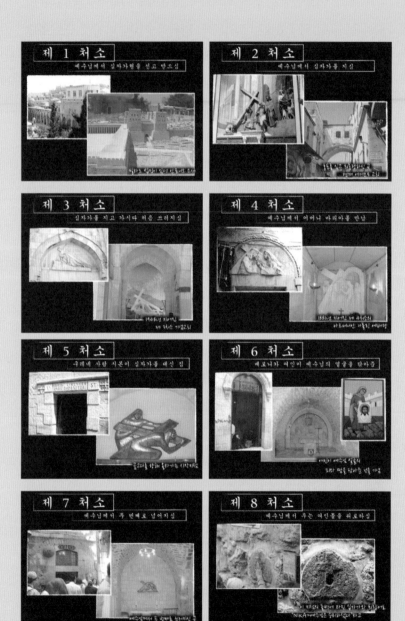

제 1 처소
예수님께서 십자가형을 선고 받으심

제 2 처소
예수님께서 십자가를 지심

제 3 처소
십자가를 지고 가시다 처음 쓰러지심

제 4 처소
예수님께서 어머니 마리아를 만남

제 5 처소
구레네 사람 시몬이 십자가를 대신 짐

제 6 처소
베로니카 여인이 예수님의 얼굴을 닦아줌

제 7 처소
예수님께서 두 번째로 넘어지심

제 8 처소
예수님께서 우는 여인들을 위로하심

중앙성결교회가 2013년 사순절 기간 동안 만들어 세운 패널 이미지

그의 장인 안나스의 심문을 기록하고 있습니다.

예수님이 제사장에게 심문을 받으시는 동안 바깥에서는 베드로와 예수님의 사랑하는 제자가 함께 뒤따라 왔는데, 그만 베드로의 신분이 노출되었습니다. 그런데 예수님을 위해서라면 목숨까지도 내놓겠다고 호언장담하던 베드로가 예수님을 부인했습니다. "나는 … 아니라"(우크 에이미…). 이에 반해 예수님은 "내가 바로 그이다"(에고 에이미…)라고 말씀하심으로 베드로와 대조적인 모습을 보이셨습니다.

예수님께 사형 판결을 내리기 위해서 유대인들은 예수님을 로마총독 본디오 빌라도의 관저로 끌고 갔습니다. 이 관저는 예루살렘 성전에 붙어 있던 안토니오 요새에 있었습니다. 참고로 1961년 고고학자들은 로마 총독의 주재지로 사용되었던 팔레스타인의 가이사랴, 총독 집무실에서 빌라도의 이름이 새겨진 비문을 발견함으로써 본디오 빌라도의 역사성을 확인시켜 주었습니다.

예수님이 재판받으신 모습을 보면 참으로 역설적입니다. 재판은 여러 사람에게 여러 곳을 오가면서 진행되었습니다. 예수님은 언제나 정정당당하고 담대하고 일관적인 태도로 임하시는 반면, 고소하고 재판하는 자들은 우왕좌왕하면서 그들의 위선과 완악함을 보이고 있습니다. 누가 재판을 하고 누가 심판을 당하는지 모르겠습니다.

예수님 앞에 서면 모두가 자신의 정체를 드러냅니다. 예수님은 우리를 비추는 거울입니다. 예수님을 행악자라고 고소하는 유대인들은 예수님이 무엇을 잘못했는지는 말하지 않고 그저 죽을 죄인이라고 결론을 내려놓고 그런 판결을 요청하느라 분주합니다. "우리에게는 사람을 죽이는 권한이 없나이다"(요 18:31). 그들 주장의 요체는 예수님이 그들과 다르다는 것인데, 다름이 곧 그름을 의미하는 것은 아닙니다.

가이사랴에서 발견된 빌라도 석판

나와 다르다고 틀린 것이 아닙니다.

유대인들은 총독 빌라도가 이방인이라 하여, 유월절 명절에 부정하게 된다는 이유로 관정에 들어가지 않고 총독 빌라도에게 밖으로 나오라고 합니다. 정결법을 지키기 위해 관정에 들어서지도 않으려는 사람들이 유월절에 예수님을 죽이려는 악한 일은 합니다. 조그만 법은 지키려 하면서 커다란 죄악은 거리낌 없이 행합니다.

이런 외식이 어디 있습니까? 관정에 들어가는 것은 안 되고, 이방인을 만나는 것은 됩니까? 보이는 형식은 지키면서, 무고한 사람을 죽이려 악한 일을 꾸미는 일은 괜찮습니까? 이런 형식주의자들이 어디 있습니까?

빌라도와 유대인 사이에 서로 "너희 법대로 하라"는 실랑이가 벌어집니다. 빌라도는 유대인들에게 유대의 법대로 하라고 하고, 유대인은 빌라도에게 로마의 법대로 처단해 달라고 합니다. 이들이 누구입니까? 서로를 적대시하며 평소에는 자기들 법에 따르라고 싸우던 사람이 아닙니까? 그런데 예수님을 두고는 책임을 회피하기 위해 서로 상대의 법을 적용해 달라고 요구하고 있습니다. 얼마나 떳떳하지 못하면 그렇게 합니까? 더구나 유대인들은 죄 없는 예수님께 살인강도에게나 해당되는 사형을 요구하고 있습니다. 재판이 끝나기도 전에 말입니다.

빌라도는 예수님께 몇 가지 질문을 하고 있습니다. "네가 유대인의 왕이냐?" "네가 무엇을 하였느냐?" "네가 왕이 아니냐?" "진리가 무엇이냐?" "너는 어디로부터냐?"

이것은 심문이 아니라 질문입니다. 빌라도는 예수님께 "당신이 유대인의 왕이냐?"라고 묻고 있습니다. 제가 예수님의 입장이라면 살기 위해서라도 '유대인'에 강조점을 두어 유대인의 왕이 아니라는 점을 분명하게 말했을 것입니다. 그러나 예수님은 '왕'이란 말에 초점을 두고 자신이 왕이란 것을 부인하지 않으셨습니다. 다만 그 나라가 유대에 한정되지 않고, 이 세상에 속한 것이 아니라는 점을 말씀하셨습니다. 살기 위해서라면 부정부터 하고 긍정할 것을 이야기할 텐데, 예수님은 긍정부터 하고 부정을 말씀하십니다. 어려움을 피하는 데 전혀 도움이 되지 않는 답변입니다.

빌라도나 고발자들은 여기에서 쾌재를 외쳤을 것입니다. 그래서 나중에 예수님이 십자가에 달리실 때, 그들은 예수의 죄패에 '자칭 유대인의 왕'이라고 썼습니다. 진리에 속한 자가 아니면 이 진리를 알지 못합니다. 그럼에도 불구하고 예수님은 살고자 변명하지 않으셨습니다. 모호하게 답변하지도 않으셨습니다.

빌라도는 그답지 않은 질문을 하고 있습니다. "진리가 무엇이냐?" 철학적인 질문 같습니다만 그 질문은 잘못되었습니다. 바른 질문은 '진리가 누구냐'입니다. 진리는 소유적 개념이 아니라 존재적 개념입니다. 진리는 가지는 것이 아니라 살아야 하는 것입니다. 진리는 지식과 다릅니다. 앎이 삶에 담길 때 진리가 됩니다. 예수님은 자신이 '길이요 진리요 생명이다'라고 하셨습니다. 예수님이 진리요, 예수님께 속한 자는 진리에 속한 자입니다. 그들은 진리를 압니다.

유월절은 유대인들이 이집트에서 해방되어 나온 것을 기념하는 날로 우리로 말하면 8·15 광복절에 해당합니다. 광복절 특사나 사면처럼 로마는 유대인들의 민심을 얻기 위해 한 사람을 방면해 주곤 했습니다.

여기 요한복음에 특별히 강도라고 소개된 바라바가 나옵니다. 그는 명예로운 죄인이 아니라 파렴치범으로 소개되어 예수님과 더욱 대비가 됩니다. 바라바와 예수님을 놓고 보면 누구라도 예수님을 선택할 수밖에 없어 보입니다. 흑과 백의 명백한 대조입니다. 그런데도 유대인들은 바라바를 선택합니다.

사람들은 하나님의 아들이요 의로우신 예수님이 아니라 강도로 사형 판결을 받은 바라바를 선택했습니다. 세상은 강도편입니다. 예수님은 소위 인기투표에서 바라바에게 못 미쳤습니다. 이것은 자유의 남용입니다. 하나님은 우리에게 자유를 주시고, 우리는 그것으로 언제나 죄를 선택합니다. 그러니 세상의 선택은 결국 심판을 받게 됩니다.

그래도 바라바만큼 예수님의 대속 교리를 체험적으로 느낀 사람은 없었을 것입니다. 그가 달릴 십자가에 예수님이 대신 달리셨고, 그는 예수님 대신 살게 되었습니다. 예수님은 그에게서 죽음을 가져가시고, 그에게 당신의 생명을 주셨습니다. 예수님은 우리의 죄를 가져가시고, 우리에게 당신의 의를 주셨습니다.

빌라도는 다시 예수님을 심문하면서 자신에게 생사여탈권이 있다는 사실을 말합니다. "내가 너를 놓을 권한도 있고 십자가에 못박을 권한도 있는 줄 알지 못하느냐"(요 19:10).

참 웃기는 사람입니다. 우리가 알다시피 그는 예수님이 죄가 없다는 사실을 이미 알고 있습니다. 그러나 그는 유대인을 두려워했고, 그는 비겁하게 불의한 사람들과 한통속이 되어 불의를 행하는 기회주의자였습니다. 그에게는 전혀 권한이 없습니다. 그는 시류에 편승하여 여론 재판을 하고 대중에게 책임을 미루는 우유부단한 사람일 뿐입니다. 결국 빌라도는 예수님을 "보라 너희 왕이로다" 하며 유대인의 왕으로 처단합니다. 의로우신 예수님을 희생양 삼아 가이사에게 한 건을 올리는 행색입니다.

유대인들은 "가이사 외에는 왕이 없다"고 소리칩니다. 참으로 아이러니한 일입니다. 빌라도는 예수님을 유대인의 왕이라고 하고, 유대인들은 가이사가 그들의 왕이라고 합니다. 가이사가 누구입니까? 유대를 침략하여 다스리는 원수 아닙니까? 십자가는 인간의 모순이 모인 결정판입니다.

예수님은 이 모든 죄악을 십자가로 해결하십니다. 비겁한 본디오는 손을 씻으며 책임을 회피했지만 사도신경은 두고두고 그의 이름을 정

....
「시몬 베드로의 부인(The Denial of St. Peter)」, 1610, 카라바지오(Michelangelo Merisi da Caravaggio), 캔버스에 유화, 94×125.4cm, 메트로폴리탄 미술관, 뉴욕.

죄하고 있습니다. 사도신경에 나오는 명예로운 이름은 모친 마리아이며, 불명예스러운 이름은 빌라도입니다. 우리는 자기의 이해득실을 따라 신의와 공의를 저버려서는 안 됩니다.

제2처소 : 채찍질, 가시관, 십자가(막 15:15-20)

유월절 사면으로 예수님을 풀어주려는 빌라도의 계획은 수포로 돌아가고, 빌라도는 예수님을 군병들에게 넘겨주었습니다. 로마 군인들은 예수님을 데려다가 채찍질하고 가시나무로 만든 관을 씌우고 자색 옷을 입히고 조롱하였습니다. 빌라도가 예수님을 다시 군중에게 데리고 나왔을 때, 예수님은 피투성이가 되어 있었습니다. 그래서 빌라도는 사람들에게 "보라 이 사람이로다"라고 말했을 것입니다. 아까 그 예수가 이 사람이라는 말입니다. 얼마나 몰라보게 망가지셨으면 이렇게 처절한 모습을 보게 되면 불쌍한 마음이 들 것이라 생각했는지도 모릅니다.

빌라도는 죄를 찾지 못하였으니 이렇게 때린 것으로 끝을 내려고 했을 것입니다. '이 정도면 그만 미워하는 마음이 풀리겠지.' 처음부터 죽이려고 작정을 했다면 그렇게 매질을 하지 않았을 것입니다.

그러나 대제사장들과 그 하수인들은 그 처참한 광경을 보고도 예수님을 십자가에 못박으라고 요구합니다. 이 얼마나 잔인하고 완악합니까?

맬 깁슨 감독의 영화 〈패션 오브 크라이스트〉에는 예수님의 수난 광경이 사실적으로 그려져 있습니다. 예수님이 채찍에 맞으시는 장면이 특히 그러합니다. 로마의 채찍은 가죽에 양의 뼛조각들이 다닥다닥 붙어 있고 맨 끝에 납 구슬이 달려 있어서 그 채찍에 맞으면 살점이 떨어지게 됩니다. 실제로 채찍을 맞고 죽는 사람도 많았다고 하니 채찍형은 결코 작은 처벌이 아니었습니다.

그가 찔림은 우리의 허물 때문이요 그가 상함은 우리의 죄악 때문이라 그가 징계를 받으므로 우리는 평화를 누리고 그가 채찍에 맞으므로 우리는 나음을 받았도다(사 53:5)

'유대인의 왕'으로서 예수님이 쓰신 것은 황금 면류관이 아니라 가시 면류관이었습니다. 로마 군병들은 유대 광야에서 자라는 가시나무로 관을 엮어 그분의 머리에 씌움으로써 그분께 수치를 주고 피를

채찍질 교회

흘리게 했습니다.

고대 그리스에서는 제전이 한창일 때 승리자에게 월계수 잎을 엮어 영광을 부여했고 로마인들은 화관의 방식을 사용했습니다. 하지만 유대 광야의 척박한 땅에 사는 가시나무로 만든 가시관은 영광이 아니라 수치와 모욕 그리고 육체적인 고통을 주는 것이었습니다.

군병들은 화관 대신 가시관을 씌우고, 조롱하는 가짜 대관식을 행합니다. "군인들이 가시나무로 관을 엮어 그의 머리에 씌우고 자색 옷을 입히고"(요 19:2). 군병들은 "유대인의 왕이여 평안할지어다"라고 퍼포먼스를 하면서 즐겼습니다.

예수님의 머리에 깊이 박힌 가시는 피를 흘리게 했고 고통을 주었습니다. 뿐만 아니라 그들은 갈대로 예수님의 머리를 내리쳤습니다.

예수님이 십자가를 지고 가신 로마 시대의 길

창세기에 보면 인간의 범죄로 인해서 땅이 가시덤불과 엉겅퀴를 내는
데, 예수님의 머리에 있는 가시는 곧 저주가 머리를 찌르는 것입니다.
하지만 아이러니하게도 그 가시면류관이 예수님의 진정한 면류관이
되었습니다.

죽음의 고난 받으심으로 말미암아 영광과 존귀로 관을 쓰신 예수를 보니
(히 2:9)

예수님은 가시 면류관을 통해 의의 면류관, 영광의 면류관, 승리의
면류관을 쓰셨습니다.
결국 예수님께 십자가 사형이 언도되었고, 예수님은 자기의 십자가

를 지고 해골(골고다)이라는 곳으로 가기 시작하셨습니다.

로마에서는 두 개의 나무를 가로 세로로 결합하여 십자가를 세웠는데, 세로 나무는 '스티페스', 가로 나무는 '파티불룸'이라고 불렀습니다. 두 나무를 합하면 무게가 45킬로그램 정도 되었습니다. 통상 가로 나무만 운반했는데, 그 하나만도 20킬로그램에 육박하고 길이도 2미터 정도 되었습니다. 지쳐 있는 데다가 채찍에 맞은 사람이 운반하기는 힘든 것이었습니다.

그중 독살형, 참수형, 화형, 십자가형 순으로 잔인함이 증대되는데 십자가형은 그중 가장 잔인한 사형 수단이었습니다. 십자가형은 고대 근동에서 많이 시행되었는데, 페르시아인, 메데인, 카르타고인, 앗시리아인, 인도인의 역사에서 찾을 수 있습니다. 아마도 페르시아가 그 기원지가 아닐까 생각됩니다. 하만이 모르드개를 달기 위해 준비한 장대도 아마도 십자가형을 위한 것 같습니다. 십자가는 공개 처형 방식으로 대중의 공포심을 조성하는 데 안성맞춤이었습니다.

로마인 웅변가인 퀸틸리안은 "범죄자를 십자가에 못박을 때면 언제나 가장 붐비는 도로를 정해, 그곳에서 형을 집행하고 가급적 많은 사람들이 현장을 보면서 두려움을 느끼도록 했다"고 기록하고 있습니다. 십자가형은 탈진시켜 서서히 죽이는 사형법이었습니다. 매달린 이는 장시간 자신이 죽어가는 것을 느껴야 했고, 밤에는 피냄새를 맡은 짐승들이 울부짖으며 달려들어 그야말로 처참했습니다. 십자가형은 장기를 치명적으로 손상시키지 않은 채 장장 9일까지도 숨이 붙어 있을 수 있다고 합니다.

예수님이 6시간 만에 임종하신 데는 채찍질에 이유가 있습니다. 빌라도도 그렇게 죽음이 빨라진 것에 놀랐습니다. 함께 달린 두 죄수는 죽음을 재촉하기 위해서 발을 꺾어야 했습니다. 십자가형에서 사용하는 못은 15센티미터 길이의 쇠못으로 손목과 발목에 박습니다. 이와 같이 예수님은 우리를 대신하여 저주를 받으셨습니다.

> 그리스도께서 우리를 위하여 저주를 받은 바 되사 율법의 저주에서 우리를 속량하셨으니 기록된 바 나무에 달린 자마다 저주 아래 있는 자라 하였음이라 (갈 3:13)

제5처소 : 구레네 시몬(마 27:32)

비아 돌로로사 14개 처소 중 예수님이 쓰러지신 지점이 총 세 군데인데 그중 제5처소가 첫 번째입니다. 예수님은 이곳에서 구레네 시몬을 만나셨습니다. 구레네는 북아프리카 이집트의 서쪽에 있던 지방으로, 현재의 리비아 지역을 말하며 당시 북부 아프리카의 중심 도시 중 하나였습니다.

십자가를 지고 가시는 예수님의 행렬은 사람들에게 큰 구경거리였을 것입니다. 사형수는 온갖 수모와 채찍을 맞으면서 한 발 한 발 처형 장소까지 그 무거운 십자가를 지고 갔습니다. 이것은 죄 때문에 이미 사형 선고를 받고서도 죽는 지점까지 그 죄를 지고 가며 고통당하는 오늘날 우리들의 모습이기도 합니다.

일주일 전까지만 해도 예수님을 환영하던 무리가 이제는 온갖 야유와 저주를 퍼부으며 그 행렬을 지켜보고 있었습니다. 구레네 시몬은 그런 군중 속에 있다가 로마 병정에 의해 차출되었습니다. 십자가를 지고 가다 육체적 한계에 이르신 예수님의 모습을 먼저 생각해야 합니다.

남은 구간 예수님의 십자가를 대신 짊어진 구레네 시몬은 처음에는 불평하고 투덜댔을 것입니다. '왜 하필 그 많은 사람 중에 나를 지목했지' 하며 원망도 했을 것입니다. 도망가고도 싶었을 것입니다. 그러나 구레네 시몬은 예수님의 최후의 길에 유일한 동행자였습니다. 구경꾼에서 동참자가 된 사람입니다. 자신이 의도하지 않았던 영예와 생명을 받게 된 것입니다. 알고 보면 구레네 시몬이 예수님의 십자가를 대신 지고 간 것이 아니라, 시몬이 응당 져야 할 십자가를 예수님이 지고 가시는 길을 잠깐 경험한 것뿐입니다.

구레네 시몬은 과거에는 예수님과 관계 없는 삶을 살았지만, 십자가를 진 이후 그의 삶과 그 자녀들의 삶은 놀랍게 변화되었습니다. 구레네 시몬은 예수님의 거친 숨소리를 들으며 그분의 상처에서 흘러내리는 핏자국을 보면서 십자가를 지고 걸었습니다. 십자가는 이미 예수님의 땀과 눈물과 핏자국으로 범벅이 되었을 텐데, 구레네 시몬은 자기 손과 몸과 옷에 예수님의 피를 적시면서 걸었습니다. "주의 손에 나의 손을 포개고 또 주의 발에 나의 발을 포개어"(유은성 곡).

그때는 아무 의미도 모른 채 걸었을 것입니다. 그러나 복음서가 쓰일 즈음 이미 시몬의 아들 알렉산더와 루포는 초대교회 성도들 사이에 이름만 들어도 알 수 있는 모범적인 성도가 되어 있었습니다.

그래서 마가복음은 "알렉산더와 루포의 아버지인 구레네 사람 시몬"이라고 소개하고 있습니다. 바울도 로마서 16장 13절에 "주 안에서 택하심을 입은 루포와 그의 어머니에게 문안하라 그의 어머니는 곧 내 어머니니라"라고 할 정도로 바울에게 신앙적인 감화를 준 것을 볼 수 있습니다. 억지로 진 십자가를 통해서도 이런 은혜를 받게 되었습니다. 하나님의 사역에 대한 봉사에는 상급이 뒤따릅니다. 자녀들이 복을 받습니다.

아마도 시몬은 그때의 경험을 자녀들에게 들려주었을 것입니다. "나는 그날 아무것도 모르고 군중 사이에서 구경을 하다가 병정이 불러 어쩔 수 없이 나아가 그분의 십자가를 대신 지게 되었는데 이제야 그분이 왜 십자가를 지셨는지를 알게 되었다. 나를 위해 십자가를 지신 주님의 십자가를 조금이라도 같이 지게 되었으니 얼마나 영광인지 모른다" 했을 것입니다.

그때는 '재수 없는 날'이라고 생각했을지 모르지만 일생일대에 이렇게 '축복된 날'은 없었을 것입니다. 가문의 영광입니다. 제자들도 다 도망가고 없는 그때에 구레네 시골에서 올라왔던 시몬이 주님의 골고다 길을 동행해 주었습니다.

지금도 예루살렘에 가면 성지 순례하시는 분들이 비아 돌로로사 길을 따라 십자가를 지고 가는 것을 볼 수 있는데, 시몬이 그들의 선구자라고 할 수 있습니다. 후에 시몬과 그의 가족은 억지로가 아니라 자원하여 예수님의 남은 십자가를 지는 삶을 살았습니다. 이것은 우리가 역시 져야 할 십자가입니다. 주님은 우리에게 "누구든지 나를 따라오려거든 자기를 부인하고 자기 십자가를 지고 따라오라"고 말씀하셨습니다.

제8처소 : 너희 자녀를 위해 울라(눅 23:27-31)

비록 남자 제자들은 모두 도망갔지만 여인들은 골고다로 가시는 예수님의 뒤를 따르고 있었습니다. 이 여인들은 가슴을 치며 슬피 울면서 따라왔습니다. 로마 당국에 의해 정죄 받고 처형지로 가는 죄인을 동정하여 눈물을 흘린다는 것은 로마의 사법 정의를 부정하고 도전하는 행위로 비춰질 수 있었지만 여인들은 아랑곳하지 않았습니다. 그렇게 자신을 사랑하며 자신을 뒤따르는 여인들에게 말씀하신 곳이 제 8처소입니다.

여인들은 예수님을 불쌍히 여기며, 가슴이 아파 우는 신실한 사람들이었습니다. 그들의 눈물은 동정의 눈물이었습니다. 구레네 시몬이나 여인들은 십자가 길에서 복을 받은 사람들입니다. 자신 때문에 우는 것이 아니라 예수님 때문에 우는 사람이 진짜 성도입니다. 이들이 있어서 주님은 외롭지 않으셨을 것입니다.

예수님은 자신을 위해 우는 이 여인들에게 '고맙다'거나 '울지 마라'고 말씀하지 않으셨습니다. 오히려 예수님은 그들이 앞으로 당할 어려움을 예고하셨습니다. 눈물로 기도할 대상은 예수님 자신이 아니라 여인들 자신들과 그들의 자녀들이라는 것이었습니다. 왜냐하면 예수님을 거역하고 배척한 예루살렘에 임할 것은 하나님의 진노밖에 없기 때문입니다. 그래서 눈물로 기도해야 합니다. 재난을 피하는 길은 그것밖에 없습니다.

> 예루살렘의 딸들아 나를 위하여 울지 말고 너희와 너희 자녀를 위하여 울라(눅 23:28)

여인들과 그들의 자녀를 위한 예수님의 사랑과 기도가 담겨 있는 말씀입니다.

주후 67년 로마를 상대로 반역을 일으킨 유대인 봉기는 결국 주후 70년 예루살렘의 파멸로 귀결됩니다. 이 전쟁으로 예루살렘은 유린되고 성전은 돌 하나도 돌 위에 놓여 있지 못할 만큼 철저하게 파괴되

예수님이 손을 짚은 곳으로 알려진 벽에 여인들이 손을 대고 기도한다.

었습니다. 수많은 사람들이 살육당했으며 유대인은 예루살렘에서 추방되어 전 세계를 방랑하는 떠돌이 민족으로 전락됩니다. 이때 로마로 끌려간 유대인들이 콜로세움 원형 경기장 건설에 동원되기도 합니다.

전쟁과 재난의 날에 피할 곳도 없는 상황에서 제일 비참하고 불쌍한 존재가 바로 임신한 여인과 아이를 가진 여인일 것입니다. 기쁨인 자녀가 무거운 짐이 될 때가 바로 이 순간입니다. "아이를 가지지 못하는 것이 복이 있다고 믿게 될 때가 올 것이다. 이 악한 세상에서 자식이 하나도 없는 것이 참으로 복되다고 믿게 될 때가 곧 올 것이다. 그렇지 않으려면 자녀를 위해 울어야 한다." 아이를 갖지 못한 것이 불행이라고 생각했는데, 아이가 있는 것이 불행이라니 앞으로 닥칠 재앙이 얼마나 크기에 이런 말씀을 하시는 것일까요!

"내가 십자가에 못박히는 것 때문에 울지 말고, 나를 십자가에 못 박게 하는 일 때문에 울라." "내가 불쌍한 것이 아니라 너희가 불쌍하다." 이스마엘을 위하여 방성통곡했던 하갈, 자녀를 위해 기도했던 한나, 흉악하게 귀신들린 딸을 둔 가나안 여인의 기도가 생각납니다. 그래도 눈물로 기도한 자녀는 망하지 않습니다.

사막의 교부였던 아바 포이멘에게 한 제자가 자신의 고민을 털어놓았습니다. "저는 사념 때문에 동요하고 있습니다. 저의 죄를 생각하는 것이 아니라 형제의 부족함을 더 주목하게 됩니다." 그러자 아바 포이멘은 "자기 자신을 아는 사람은 자신에 대해서 눈물을 흘린다"고 했습니다. 불을 지피려면 먼저 연기를 마시고 눈물을 흘려야 하는 것처럼 부흥은 그렇게 시작되는 것입니다. 먼저 자신부터 해야 합니다.

그러자 한 형제가 아바 포이멘에게 "그러면 무엇을 행해야 합니까?"라고 물었습니다. "아브라함은 약속의 땅에 들어갔을 때 자신을 위해 무덤을 샀고 이 무덤으로 땅을 유업으로 받았다"라고 대답했습니다.

무덤이란 곧 눈물과 애통의 장소입니다. 회개입니다. 자신의 실상을 바라보면서 우는 것입니다. 회개의 눈물은 심판을 면하게 해줍니다. 회개의 눈물만이 나를 살립니다. 겸손의 눈물만이 나를 변화시킵니다. 애통의 눈물만이 나를 회복시킵니다. 순종의 눈물만이 나를 형통케 합니다.

너는 돌아가서 내 백성의 주권자 히스기야에게 이르기를 왕의 조상 다윗의 하나님 여호와의 말씀이 내가 네 기도를 들었고 네 눈물을 보았노라 내

가 너를 낫게 하리니 네가 삼일 만에 여호와의 전에 올라가겠고(왕하 20:5)

하나님 앞에 눈물로 회개하면 세상에서 눈물 흘릴 일이 없어집니다. 그리스 신화 중에 엘리스 왕 아우게이아스는 소를 3,000마리나 기르면서도 30년 동안 청소하지 않아 그 우리는 너무나 더럽고 냄새가 났습니다. 아우게이아스는 헤라클레스에게 하루 동안 그 우리를 청소하라고 명령했습니다. 어떻게 그 엄청난 오물을 하루 동안 치울 수 있겠습니까? 그러나 헤라클레스는 인근의 두 강에서 물을 끌어다가 하루 만에 청소를 마쳤습니다. 죄악에 향수를 뿌려서 위장하려고 하지 말고, 눈물의 강, 기도의 강을 끌어다가 더러움을 씻어내야 합니다.

자식을 위한 어머니의 눈물의 표상은 아우구스티누스의 어머니 모니카입니다. 낙심한 모니카에게 암브로스 감독은 "눈물의 아들은 결코 망하지 않습니다"라고 위로해 주었습니다. 결국 아우구스티누스는 주님께 돌아왔고 그의 『고백록』에서 이렇게 말하고 있습니다.

당신은 손을 펴시사, 내 영혼을 깊은 어둠 속에서 건져주셨나이다. 이는 당신의 신실한 여종 내 어머니의 눈물의 기도 때문입니다. 어머니는 죽은 자식을 위해 통곡하는 것보다 더 애절하게 나를 위해 통곡하셨습니다. 이는 어머니가 믿음으로 성령으로 말미암아 내 죽음을 보고 계셨기 때문입니다. 주여, 당신은 어머니의 눈물의 기도를 들어주셨나이다. 어머니는 어디서 기도하든지 그 눈에 눈물이 샘솟듯 흘러나와 그 밑의 땅을 적셨습니다.

자녀를 위한 눈물은 그를 하나님의 사람으로 세워 줍니다. 자녀를 위한 기도는 그의 앞날에 대한 예언입니다. 기도한 대로 살게 될 것입니다.

제11처소 : 십자가에 못박히다(눅 23:33)

드디어 골고다에 도착했고 병사들은 예수님을 십자가 위에 눕히고 손목과 발목에 대못을 박았습니다. 그리고 십자가를 세웠습니다. 골고다라는 말은 해골입니다. 그곳이 해골 형상을 하고 있기 때문일 수도 있고, 처형 장소로 악명이 높아 그렇게 불린 것일 수도 있습니다.

중세의 성화를 보면 십자가 밑에 해골이 놓여 있는 그림이 많이 관찰됩니다. 해골 위에 십자가가 서 있고 예수님이 피를 흘리십니다. 이 해골은 바로 아담의 것 아니, 바로 우리 자신입니다. 십자가 위에서 예수님의 피가 떨어져 죽은 해골인 우리를 다시 살립니다. 잘못을 저지른 그 자리에 모든 것을 다시 시작할 수 있는 길이 열립니다.

그렇기에 골고다는 또한 생명과 소망의 장소입니다. "아름다운 사람이 머문 자리는 아름답습니다"라는 말이 있습니다. 예수님이 계신 곳은, 십자가라는 죽음의 장소라도 아름다운 향기가 납니다. 구원의 향기가 있고, 사랑의 향기가 있고, 아름다운 고백의 향기가 있습니다.

복음서에 보면 세 종류의 십자가가 나옵니다. 남의 십자가를 대신 져 주시는 예수님, 억지로 십자가를 대신 진 구레네 시몬, 자기의 죄 때문에 십자가를 진 강도입니다.

로마인들과 유대인들이 처형 장소를 조성하면서 자신들을 정당화하는 것을 보면 그들의 기발함에 혀를 내두르게 됩니다. 예수님을 중앙에, 그리고 두 행악자를 양 옆에 달았습니다. 행악자 사이에 예수

성묘교회

님의 십자가를 세움으로써, 저들은 의를 악 사이에 교묘하게 섞어 놓습니다. 그들은 악을 저지르면서도 그럴듯하게 위장하는 방법을 알고 있었습니다. 물론 이는 성경의 말씀이 응한 것이기도 합니다. 예수님은 불법자처럼 취급을 받았습니다.

비록 자기의 죄 때문에 십자가를 졌다고 해도 죄를 대속하시는 예수님의 십자가로 인해서 두 부류로 나뉩니다. '죄 가운데 죽는 자'와 '죄에 대하여 죽은 자'입니다.

예수님의 양 옆에는 용서받지 못한 행악자와 용서받은 행악자가 있습니다. 예수님을 통해 '죄인 행악자'가 '용서받은 행악자'로 옮겨갑니다. 두 강도 중 한편 강도는 예수님께 구원을 청하여 허락을 받았습니다(눅 23:42-43). 그는 이전에 훔쳤던 어떤 진귀한 보석보다도 더 소중한 구원을 손 하나 까딱 않고 받아냈습니다. 전직 강도가 성도로 변화되는 순간입니다. 그리고 예수님과 더불어 낙원에 들어가는 동행자의 영광을 얻었습니다. 베드로가 동행하겠다고 장담을 했는데, 결국은 강도가 베드로 대신 예수님을 수행했습니다.

누가 오늘날 선한 일을 많이 못해서 구원을 받을 수 없다고 말합니까? 이 강도를 보십시오! 세상에서 그가 한 모든 일의 결산은 이렇게 사형에 해당하는 열매밖에 없었습니다. 그러나 마지막에 예수님을 향한 그의 믿음이 그를 구원하였습니다. 그의 장점이라면, 예수님이 무엇을 가지고 있는지를 알아보는 안목과 기회를 놓치지 않고 요구하는 담대함입니다.

순간의 선택이 영원을 가릅니다. 말 한마디가 운명을 결정합니다. 저들은 교묘하게 섞기 위해 예수님을 중간에 두었지만 그것은 선택을 요구하고 있습니다. 이 세상에서 불공평하게 살았다면 이제 마지막 선택이라도 잘해서 내세에서는 영원한 삶을 얻어야 합니다. 회개한 강도는 지금까지 연속된 잘못된 선택을 단 한 번의 올바른 선택으로 만회했습니다.

십자가에 달린 강도들은 회한이 많았을 것입니다. '부모를 잘 만났더라면, 만약 그친구를 만나지 말았더라면, 만약 그 일을 하지 않았더라면…, 이처럼 십자가에 달려 처참히 죽어가고 있지는 않았을 텐데….' 하지만 이 모든 '만약'은 부질없는 것입니다. 돌이킬 수 없는 것입니다.

하지만 십자가에 달려 죽어가면서도 마지막 한 번 제대로 된 선택을 통하여 그 모든 잘못과 허물과 죄악을 만회할 수 있습니다. 영원을 위한 단 한 번의 올바른 선택이 이때까지 수없이 많은 잘못된 선택을 만회할 수 있었습니다.

■ 가장 중요한 마지막 선택

선택은 여전히 당신의 몫입니다. 이제까지 그릇된 길을 걸었다 해도 마지막 선택을 잘함으로 내세의 운명을 바꿀 수 있습니다. 바로 예수님을 선택하는 것입니다. 예수님을 받아들이는 것입니다. 그렇게 예수님의 십자가는 온 인류를 두 그룹으로 나눕니다.

십자가에서 예수님은 마지막 유혹을 받으십니다.

그가 남은 구원하였으되 자기는 구원할 수 없도다 그가 이스라엘의 왕이로다 지금 십자가에서 내려올지어다 그리하면 우리가 믿겠노라(마 27:42)

이것은 십자가 없는 길을 택하라는 유혹입니다. 이때 예수님이 십자가에서 내려오신다면 자신을 구원할 수는 있지만 우리의 구원은 이룰 수 없습니다. 내가 희생하지 않고는 남을 구원할 수 없기 때문입니다.

한 알의 밀이 땅에 떨어져 죽지 아니하면 한 알 그대로 있고 죽으면 많은 열매를 맺느니라(요 12:24)

그러므로 예수님의 사역 핵심은 십자가입니다. 그것을 알기 때문에 사탄은 십자가의 길을 회피하도록 수없이 유혹하였습니다. 공생애를 시작하기 전 광야 시험도 십자가 없는 길을 제시하는 것이었습니다. 그때도 "성전에서 뛰어내려 보라"고 유혹하였습니다.

이런 시험은 제게는 시험이 될 수 없습니다. 왜냐하면 저는 뛰어내리릴 능력도, 돌로 떡을 만들 능력도 없기 때문입니다. 그러나 예수님께는 중대한 시험입니다. 왜냐하면 그분은 그렇게 할 수 있는 능력을 가지고 계시기 때문입니다. 그러나 예수님은 자신의 능력을 이기적인 목적을 위해 사용하지 않으셨습니다. 예수님은 아버지가 주시는 잔을 받으셨습니다. 그리고 온 인류의 죄를 감당하셨습니다.

제12처소 : 십자가에서 운명하시다(마 27:50-56)

성 금요일(Good Friday) 오전 9시경에 십자가에 달리신 예수님은 오후 3시경에 운명하셨습니다. 마태는 예수님이 운명하실 때 네 가지 특이한 일이 일어났음을 기록하고 있습니다.

- 성소 휘장이 찢어짐
- 지진
- 잠자던 성도의 부활
- 백부장의 신앙고백

공관복음에 공통적으로 나오는 것은 첫 번째와 네 번째 것입니다. 지진과 성도의 부활은 새로운 시대에 대한 예고라고 해석해야 할 것입니다. 부활의 첫 열매는 예수님이 되셔야 하기 때문입니다.

성소의 휘장이 위에서 아래까지 찢어진 사건(51절)은 예수님의 죽음으로 하나님께 나아가는 길이 열렸다는 의미입니다. 이 휘장은 지성소와 성소를 구별하기 위해 만들어진 것으로 이 휘장 안으로는 대제사장만이 일 년에 한 차례 들어갈 수 있었습니다.

당시의 대제사장인 가야바가 예수님의 십자가 사건에서 주역이 된 마당에 지성소와 성소의 구별이 없어져 버린 것입니다. 이제 모든 죄인이 하나님께 직접 나아갈 수 있는 길을 예수님이 자신의 육체로 열어 놓으셨습니다. CCM 그룹 '시와 그림'이 부른 "여호와의 유월절"은 이런 정경을 배경으로 삼고 있습니다.

〈여호와의 유월절〉

지극히 높은 주님의, 나 지성소로 들어갑니다.

세상의 신을 벗고서 주 보좌 앞에 엎드리리

내 주를 향한 사랑과 그 신뢰가 사그러져 갈 때

하늘로부터 이곳에 장막이 덮히네

이곳을 덮으소서 이곳을 비추소서

내 안에 무너졌던 모든 소망 다 회복하리니

이곳을 지나소서 이곳을 만지소서

내 안에 죽어가는 모든 예배 살아나리라.

히브리서에 따르면 성소와 지성소를 막고 있던 휘장은 예수님의 육체라고 합니다. 죄 많은 인간들이 거룩하신 하나님과 직접적인 접촉을 하지 못하게 막아 두었는데, 이 장애물을 예수님이 자신의 육신을 찢으심으로 철폐하셨다는 것입니다.

형제들아 우리가 예수의 피를 힘입어 성소에 들어갈 담력을 얻었나니 그 길은 우리를 위하여 휘장 가운데로 열어 놓으신 새로운 살 길이요 휘장은 곧 그의 육체니라 (히 10:19-20)

휘장이 찢어짐으로 하나님과 분리된 삶이 하나님과 화평한 삶으로 전환되었습니다. 하나님은 숨은 하나님이 아니라 우리 앞에 나타나는 하나님이 되셨습니다. 소망을 가지고 담대히 하나님께 나아가는 은혜의 삶이 시작되었습니다.

우리가 이 소망을 가지고 있는 것은 영혼의 닻 같아서 튼튼하고 견고하여 휘장 안에 들어가나니(히 6:19)

그러므로 우리는 긍휼하심을 받고 때를 따라 돕는 은혜를 얻기 위하여 은혜의 보좌 앞에 담대히 나아갈 것이니라(히 4:16)

예수님이 운명하실 때 로마의 백부장은 "이는 진실로 하나님의 아들이었도다"(54절)고 고백했습니다. 공관복음서 모두가 이 고백을 기록하고 있습니다. 사실 예수님 사역의 본질은 십자가에서 드러납니다. 그렇기 때문에 십자가를 모르는 상태에서 고백한 제자들의 말들은 비록 예수님이 하나님의 아들이라고 고백했더라도 아직 충분히 알지 못하고 하는 소리입니다. 이제 십자가의 모든 사건을 목도하고 나서 제자들이 마땅히 고백했어야 할 사실이 이방인 백부장의 입을 통하여 나오게 된 것입니다.

성령으로 하지 않고는 누구도 예수를 하나님의 아들이라고 고백할 수 없다고 했는데, 제자들도 없는 상황에서 십자가 처형을 책임지고 수행하던 백부장이 모든 일의 전말을 보고 "이는 진실로 하나님의 아들이었다"고 고백한 것입니다. 예수님의 마지막 모습이 어떠했는가를 가늠하게 합니다.

백부장은 재판 과정부터 십자가의 임종 때까지 모든 일을 목도하면서 예수님의 죽음이 그가 집행했던 많은 사람들의 죽음과 다른 것을 보았습니다. 예수님의 죽음은 말할 수 없는 감동으로 그에게 다가왔습니다. 예수님의 십자가의 죽음은 강도와 로마의 장교를 성도로 만드는 역사를 수반하였습니다.

제13처소 : 시신을 세마포로 싸다(눅 23:50-53)

예수님이 운명하신 때는 유대인의 큰 절기인 유월절의 준비일이었습니다. 유대인들은 유월절을 거룩하게(?) 지키기 위해 빌라도 총독에게 가서 십자가에 달린 시신 처리를 요구했습니다. 예수님은 이미 운명하셨지만 두 명의 강도는 숨이 남아 있었기 때문에 다리를 꺾어 죽음을 재촉했습니다. 그때 아리마대 요셉이 빌라도에게 찾아가 예수님의 시신을 요구했습니다. 요셉은 니고데모와 함께 예수님의 시신을 내려 자신이 바위에 파서 아직 사람을 장사한 일이 없는 무덤에 안치했습니다.

제13처소는 바로 예수님의 시신을 뉘였던 곳입니다. 성서 현장 연수 때에는 이곳을 반드시 들르게 되어 있습니다. 다른 처소도 감명이 깊었지만 특별히 이 제13처소에 도착했을 때는 눈물이 핑 돌았습니다. 예수님의 시신을 십자가에서 내려 세마포로 싼 곳이기 때문입니다. 그렇게 감회에 젖어 석판을 만지며 기도하고 있는데, 옆에 선 순례자들이 거기 입맞추며 아픈 몸과 물건을 그곳에 대는 것을 보았습니다. 치유와 성별을 얻으려는 것 같았습니다.

'사람들은 십자가에 죽은 예수님의 시신을 어떻게 내렸을까?' '사다리를 사용했을까? 십자가 자체를 기울였을까?' '깊이 박힌 큰 못들은

예수님의 시신을 뉘였던 곳

어떻게 제거했을까?' '시신에 흘러내린 핏자국은 어떻게 닦았을까?'
여러 가지 생각이 떠올랐습니다. 누가 장례를 치렀을까요? 예수님의
장례와 관련해서 많은 의문점이 떠오릅니다.

복음서는 예수님의 시신을 내려 장례를 치른 사람이 예수님의 가
족이나 제자들이 아니라 아리마대 요셉이라 기록하고 있습니다. 아리
마대 요셉은 공회의원으로 선하고 의로우며 예수님을 처형하자는 결
의와 행사에 가담하지 않았던 사람이었습니다. 그는 하나님의 나라를
기다리는 사람이었습니다. 하지만 그도 예수님의 처형에 적극적으로
반대하지는 못했고, 그가 회피하는 사이에 비극적인 일은 일사천리로
진행된 것입니다.

후에 요셉은 예수님을 변호하지 못한 것을 후회했을 것입니다. 사

람들의 이목이 두려워 미뭇거렸고, 더 가까이 가지 못했고, 무죄함을 알고도 비겁하게 침묵했기 때문입니다. 하지만 그의 후회는 곧 회개로 이어졌고 시신 처리 문제에서 용기를 낼 수 있었습니다.

사법당국에 의해 공식적으로 정죄를 받고 죽은 죄인을 수습해서 장사 지낸다는 것은 동료 유대인의 미움과 더불어 출교까지도 각오해야 할 상황이었습니다. 하지만 그는 결연히 일어나 빌라도를 찾아갔습니다. 오는 길에 세마포를 준비했고, 백부장에게 그 허가서를 보여 준 후 십자가에서 시신을 내렸습니다. 예수님의 시신을 세마포에 싸면서 그는 눈물을 흘렸을 것입니다. 시간을 되돌릴 수만 있다면 좋겠다는 생각도 해보았을 것입니다. 하지만 아리마대 요셉으로 인해 예수님은 십자가형을 당한 사람으로서는 이례적으로 장례를 치르게 되었습니다.

제14처소 : 바위 속에 판 새 무덤(마 27:59-61)

마지막 제14처소는 예수님의 시신을 안치한 무덤입니다. 이 무덤은 아리마대 요셉이 자기를 위하여 판 무덤인데 아직 한 번도 사람을 장사하지 않은 새 무덤이었습니다. 요셉은 예수님의 시신을 이리로 운구하여 장사를 지냈습니다. 죽자마자 장사를 지내는 것은, 중동의 더운 날씨 탓에 시신을 당일에 장사 지내는 유대인 관습 때문으로 보입니다. 요셉은 재력가였고 산헤드린 의원이기는 했지만 예수님을 믿는 제자였습니다. 그는 말하자면 예수님의 비밀 제자였던 셈입니다.

> 아리마대 사람 요셉은 예수의 제자이나 유대인이 두려워 그것을 숨기더니 이 일 후에 빌라도에게 예수의 시체를 가져가기를 구하며 빌라도가 허락하는지라 이에 가서 예수의 시체를 가져가니라 (요 19:38)

예수님이 살아 계실 때, 그분의 제자라고 밝히는 것은 그래도 쉬울 수 있습니다. 예수님께 인정을 받을 수도 있었을 것입니다. 그런데 이제 와서 제자임을 밝혀서 무엇이 유익하겠습니까? 예수님의 제자라는 사실이 드러나게 되면 그의 명예, 부, 지위가 위험해질 수도 있습니다.

하지만 아리마대 요셉은 예수님의 시체를 맡았습니다. 세마포로 싸고 염을 하고 장사를 지냈습니다. 그동안 쌓아 놓은 것들이 일시에 사라질 위험에도 불구하고 그는 십자가의 예수님을 구했습니다. 그는 그렇게 해서 마지막으로 충성을 표현했습니다.

계몽주의의 신봉자였던 러시아의 프리드리히 대왕은 무신론자였습니다. 예수 믿는 자들은 비겁한 겁쟁이라며, 기독교를 비웃기도 했습니다. 그때 왕의 신임을 받던 본진랜드 장군은 일어나 왕을 향해 외쳤습니다. "폐하! 제가 폐하를 위해 죽음을 무서워하지 않고 전쟁터에 나가 서른여덟 번 싸워 이긴 것을 아실 것입니다. 이제 저는 늙어서 곧 폐하께서 조롱하는 그분을 뵈러 갈 것입니다. 제가 폐하를 위해 죽음을 무서워하지 않고 싸웠듯, 이제 그분을 위해 폐하를 무서워하지 않고 말씀드리겠습니다. 그분은 폐하보다 훨씬 더 위대한 분이십니다. 폐하는 그분에 비하면 아무것도 아닌 존재입니다."

예수님의 시신을 수습할 때 놀랍게도 같은 생각을 하고 찾아온 또 한 사람이 있었습니다. 바로 니고데모입니다.

일찍이 예수께 밤에 찾아왔던 니고데모도 몰약과 침향 섞은 것을 백 리트라쯤 가지고 온지라(요 19:39)

· · · · · · ·
「십자가에서 내림(The descent from the cross)」, 1633, 렘브란트
(Rembrandt Harmenszoon van Rijn), 판에 유화, 89.4×65.2cm, 뮌헨
고대 미술관, 뮌헨.

예수님 부활하신 돌무덤(성묘교회 내부의 작은 건물)

여기에 예수님을 향한 마지막 섬김과 헌신이 나옵니다. 당시 부자요 산헤드린 의원이었던 아리마대 요셉과 니고데모, 그들은 숨은 제자였습니다. 그들은 가장 필요할 때 가장 적절한 봉사를 주님께 드렸습니다. 이것은 그들의 권세와 물질이 없었다면 불가능한 섬김입니다. 그래서 때로는 이런 사람들이 교회에 필요합니다. 세상적인 권세와 물질을 이렇게 쓴다면 그것도 값진 것입니다.

예수님의 장례는 당시의 예법으로 보면 왕의 장례에나 어울립니다. 니고데모가 가져온 몰약과 침향 100리트라(32.7킬로그램)는 엄청난 고가일 뿐 아니라 한 사람의 장례를 위해서는 엄청나게 많은 양입니다. 그리고 돌로 만든 새 무덤 또한 아주 귀한 것입니다. 그것을 주님께 드렸습니다.

십자가 체험

유대인의 돌무덤

참으로 아이러니한 일입니다. 예수님은 죄수로 돌아가셨지만 왕같이 묻히셨습니다. '인자는 머리 둘 곳이 없다' 하셨는데 그동안 한 번도 누려 보지 못한 호사를 죽음 후에 누리십니다.

죽음 후에 더욱 위대한 삶이 있습니다. 죽음 후에 형편없는 인생이 있고, 죽음 후에 영광스런 인생이 있습니다. 비록 십자가에 못박혀 죽었고 죄수로 처형되었지만, 예수님의 시신은 아무렇게나 방치되거나 처리되지 않았습니다. 덕망 있고 지체 있고 나름의 권세도 있고 재력가였던 두 사람에 의해 장례가 이루어졌습니다. 복음서는 죽음과 매장에 대한 분명한 증거를 제시하고 있습니다. 이것은 부활에 대한 명백한 증거가 됩니다.

안식 후 새벽 미명에

안식 후 첫날 새벽 미명에 갈릴리로부터 예수님을 따라왔던 여인 중에 막달라 마리아와 다른 여인들이 예수님의 몸에 향유를 붓기 위해서 무덤을 찾아옵니다. 하지만 그들이 발견한 것은 빈 무덤이었습니다. "예수님의 무덤이 비어 있는 것에 감사합니다." 그들은 떠나지 않고 토요일에도 머물러 있었기 때문에 주일에 기적을 볼 수 있었습니다.

천사들은 "산 자를 왜 죽은 자 가운데 찾느냐?"고 하면서 예수님이 다시 살아나셨다고 했습니다. 막달라 마리아는 그 새벽에 부활하신 예수님을 친히 만나기도 했습니다. 바로 이 죽음의 무덤이 이제 부활의 진원지가 됩니다. 하나님은 죽음을 통과하여 생명으로 나오셨습니다. 인간이 무력하여 아무 일도 할 수 없는 그곳 무덤에서 생명의 역사를 일으키십니다.

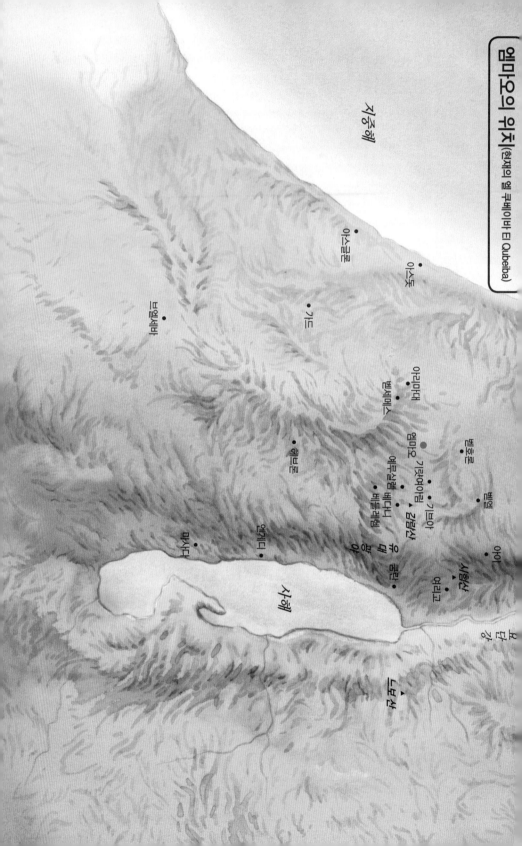

엠마오의 위치(현재의 엘 쿠베이바 El Qubeiba)

지중해

아스글론

아스돗

니코폴리스

기드

아리마대

빌세메스

엠마오

기럇여아림

예루살렘

여부스

베다니

베들레헴

바울로

헤브론

막사다

엔게디

살렘

밥문론

아이

유클린

야훼산

여리고

사해

느보산

요단강

18

엠마오
Emmaus

마음이 뜨겁지 아니하더냐?
누가복음 24:13-35

'따뜻한 우물'이라는 의미의 엠마오(Emmaus)는 예루살렘 서쪽으로 7-23킬로미터 떨어져 있는 네 마을 중 하나로 추정되고 있습니다. 성경에서는 예루살렘으로부터 '25리'(원어로는 '60스타디온')라고 되어 있어 10킬로미터 떨어진 곳이며, 그 후보지는 다음의 몇 곳입니다.

• **쿨로니에**(Kulonieh) : 예루살렘 서쪽으로 7킬로미터 지점인데, 요세푸스는 자신의 『유대전기』에서 베스파시아누스 황제가 주후 75년에 나이든 공병 800명을 30스타디온 떨어진 '엠마오'라는 곳에 이주하여 정착시켰다고 기록하고 있습니다. 하지만 누가가 기록한 엠마오의 거리의 절반밖에 되지 않는 약점이 있습니다.

• **쿠베이바**(Qubeiba) : 예루살렘에서 북서쪽으로 11킬로미터 지점에 있는 곳으로 신약의 엠마오가 바로 이곳이라는 전승이 오래된 곳입니다. 십자

아부 고쉬

군 시대의 유적과 19세기 프란체스코회에서 글로바 교회를 세운 곳입니다. 현재 라트룬(Latroun) 수도원 안에 있습니다. 거리상 성경에 근접하고 외증도 유력하다고 볼 수 있습니다.

• 아부 고쉬(Abu Ghosh) : 예루살렘에서 북서쪽으로 14킬로미터 지점에 있는 곳으로 구약에는 기럇여아림으로 불린 곳입니다. 사무엘상 6장, 사무엘하 6장에서 법궤가 머물렀던 곳입니다. 다윗이 즉위하고 일 년 후 법궤를 예루살렘으로 옮길 때 춤을 춘 곳의 아랫동네로 알려진 곳입니다. 여기도 수도원이 있습니다.

• 암와스(Amwas) : 예루살렘에서 북서쪽으로 23킬로미터 지점으로, 이곳에는 따뜻한 우물도 있고 전승도 가장 오래 되어 4세기경으로 올라간다고 합니다. 십자군들은 이곳을 신약의 엠마오로 생각했다고 합니다. 하지만

라트룬

문제는 예루살렘에서 이곳까지의 거리가 160스타디온이라는 점입니다.

따라서 가장 유력한 곳은 쿠베이바로 보입니다(참조, 『인물지리대사전』, 소망사). '아부 고쉬'와 '쿠베이바'를 직접 가 보았더니, 아부 고쉬는 법궤의 유적을 잘 간직하고 있었습니다. 쿠베이바 라트룬 수도원에서는 부활하셔서 엠마오로 내려가시던 예수님과 함께 성만찬을 하는 것과 같은 깊은 감동을 느꼈습니다. 예수님의 제자들 대부분이 갈릴리 출신이었는데 엠마오는 예루살렘을 중심으로 갈릴리와 반대 방향입니다.

누가는 특별히 여행 모티브를 가지고 누가복음과 사도행전을 기록하고 있습니다. 누가복음에는 예수님의 예루살렘 여행기, 사도행전은 제자들 특별히 바울의 선교 여행기가 나옵니다. 누가는 인생을 여행 길에 견주어 기록하고 있습니다. 믿음 생활도 순례의 길과 같습니다. 기쁨과 감사와 영광의 순간도 있지만, 인간적인 아픔과 고뇌와 인간 성에 대한 실망과 무력감을 느끼는 시간들도 많습니다.

엠마오로 내려가는 두 사람

누가는 예수님의 공생애 기록을 아름다운 이야기로 마무리합니다. 열두 제자 중에 드는 사람이 아니었음에도 불구하고 엠마오로 내려 가던 이들에게 부활하신 예수님이 나타나신 것은 아마도 그들이 가 장 슬퍼했기 때문일지도 모르겠습니다. 깨진 꿈 때문에 상심한 두 사 람과 그들에게 소망의 불씨를 되살리시는 분의 이야기에서 부활의 메시지가 전해집니다.

고향을 떠나 예루살렘까지 예수님을 따르면서 환희와 기적과 영광 의 시간을 보냈지만, 이제는 예루살렘에서 엠마오로 내려가는 두 제 자가 있습니다. 지난 삼 년을 회상하며 실의와 낙담에 빠져 처량하게 걸어가는 제자의 심정을 어느 정도 이해할 수 있을 것 같습니다.

구약의 위대한 선지자 엘리야도 갈멜 산 대결에서 보인 불의 역사 와 마른 땅에 비를 내리는 엄청난 역사 이후에 이세벨의 칼을 피하여 로뎀나무 아래 누워 죽기를 청한 때가 있었습니다. 이혼, 실직, 낙방, 질병, 사업의 어려움, 인간관계의 어려움…, 경제적 어려움, 모두 엠마 오로 내려가는 우리의 모습입니다.

인생에는 예루살렘의 정점도 있지만 예루살렘에서 엠마오로 내려 가는 여정도 있습니다. 예루살렘에서 엠마오로 향하는 10킬로미터는 실의와 슬픔과 걱정과 의심, 상실과 죽음과 절망으로 내려가는 생활

「엠마오로 가는 길(The Journey to Emmaus)」, 1877, 로버트 준트(Robert Zunt), 캔버스에 유화,
119×158cm, 장크트갈렌수도원, 장크트갈렌.

입니다.

　누가복음은 이 두 인물에 대한 묘사보다 이들의 심정을 더 절실하
게 묘사하고 있습니다. 두 사람은 낙심과 환멸에 풀이 죽어 터벅터벅
집으로 돌아가고 있었습니다. 그동안 부풀어 올랐던 희망이 사라졌
습니다. 예수님을 따랐던 지난 삼 년 세월이 물거품처럼 되었습니다.
모든 기대가 허사가 되고 말았습니다. 예수님은 무기력하게 십자가에
달려 죽으셨고, 이제는 자신의 신변조차 위태로워졌으며, 믿을 수 없
는 이야기만 난무하고 있습니다. 그래서 엠마오로 내려가는 길은 우
울하고 절망스럽습니다.

지명을 읽으면 성경이 보인다 _ 18 엠마오

그래도 다행인 것은 내려가면서 슬퍼하기만 한 것이 아닙니다. 세상적인 경험이나 한담을 나누는 것이 아니라 예수님에 대한 이야기를 나누었습니다. 여기에서 반전의 실마리가 보입니다. 우리 이야기만 가지고는 출구가 보이지 않습니다. 우리에게 소망을 주는 것은 예수님 이야기밖에 없습니다. 성경 이야기밖에 없습니다. 그 거대한 이야기와 우리의 이야기가 만나야 해결의 실마리가 생깁니다. 그래서 '이야기'가 14, 15, 17절에 나옵니다.

저는 평소에 설교보다는 이야기를 하려고 노력합니다. 사람들은 대체로 설교는 거부하지만 이야기는 좋아하기 때문입니다. 그리고 이야기는 이론이나 상징보다 체험에 더욱 가깝기 때문입니다. 성경은 신앙 체험의 이야기로 가득 차 있습니다. 이 이야기들은 우리에게 또 다른 신앙 체험을 일으키는 강력한 수단이 됩니다. 그래서 성경은 원래 구전되는 이야기 형식으로 시작되었습니다. 더구나 예수님 이야기를 하면 예수님이 나타나십니다.

그들이 예수님 이야기를 나눌 때 "예수님이 가까이 이르러 그들과 동행"하십니다. 예수님의 임재를 경험하는 것은 사실 간단합니다. 예수님 이야기판을 벌리면 됩니다. 예수님도 우리가 당신에 대해 하는 말이 궁금해서 가까이 오십니다. 우리가 나누는 말이 답답하면 참다 못해 예수님이 그 이야기에 끼어드십니다.

예수님 이야기를 시작하는 것만으로도 도중에 엄청난 영감을 받는 경우가 많습니다. 예수님이 우리의 대화에 개입하시기 때문입니다. 성령님의 임재를 경험하는 것도 알고 보면 같은 원리입니다. 성령님 이야기를 하면 됩니다. 초대교회 성도들은 마가의 다락방에서 약속하신 성령님에 대하여 이야기하며 기도하며 기다렸을 것입니다. 그곳에 성령님이 임재하셨습니다. 우리가 주일에 하나님을 면회하기 위해 오는 것이 아닙니다. 하나님은 언제나 우리를 찾아오십니다.

동행이 되어 주시는 예수님

엠마오로 내려가는 제자들의 힘없고 처량한 걸음에 예수님이 동행하십니다. 알아보지 못할 때도 조용히 우리 곁에서 동행이 되어 주시는 분이 바로 예수님입니다. 그리고 진지하게 대화를 들으시고 그 마음에 공감하시면서 대화에 들어오십니다. 그들의 상황을 하나님의 일에 연결시키십니다. 우리의 "가장 비참하고 가장 고통스럽고 가장 절망적인 상황이 우리가 그토록 갈망해 온 해방의 길이 될 수 있습니다"(헨리 나우웬, 『예수, 우리의 복음』, 168쪽). 여기에서 길이 열립니다.

소련 감옥에서 풀려난 한 크리스천의 이야기입니다. 그는 강제수용소에서 작업을 하다 사고를 당해 곱사등이(현대는 '곱사등이'를 '척추장애인'으로 순화하여 부르지만, 이야기의 맥락상 그대로 둡니다)가 되었습니다.

한 소년이 유심히 바라보다가 "아저씨, 아저씨 등에는 뭐가 들어 있어요?"라고 물었습니다. 그는 아이가 놀리는 것으로 알고 언짢아 "나는 곱사등이란다"라고만 대답했습니다. 그런데 아이는 "아니에요. 제가 알기로는 하나님은 사랑이셔서 사람을 불구로 만들지 않으신데요. 아저씨는 곱사등이가 아니라, 아저씨 어깨 아래에는 상자가 들어 있는 거예요. 그 상자 안에는 천사의 날개가 감추어져 있을 거예요. 그래서 언젠가는 그 상자가 열려 아저씨는 날개를 달고 하늘나라로 올라갈 수 있을 거예요"라고 했다고 합니다(강준민, 『기쁨의 영성』, 60쪽).

여기에 이야기의 반전이 있습니다.

예수님은 슬픈 빛을 띠고 있는 두 사람에게 "서로 주고받는 이야기가 무엇이냐?"고 물으십니다. 두 제자는 예수님인 줄 알아보지 못하고, "요즘 거기서 된 일을 혼자만 알지 못하느냐?"고 반문합니다. 아이러니입니다. 자신의 눈이 가려져서 부활하신 예수님을 바로 앞에 두고 알아채지 못하면서 예수님께 예루살렘에서 벌어진 일들을 모르냐고 책망조로 말하고 있습니다. 우리가 꼭 그렇습니다. 이들은 부활에 대한 이야기를 들었지만 믿지 않았습니다.

예수님은 그들의 이야기를 먼저 들어주십니다. 그들은 나사렛 예수님 이야기를 하기 시작했습니다. 예수님이 하나님과 백성 앞에서 말씀과 사역에 능력이 있는 선지자였다는 것, 자신들은 그분이 이스라엘을 속량할 분이라는 기대를 가졌다는 것, 그런데 대제사장과 관리들이 사형 판결을 내려 십자가에 못박았다는 사실들을 이야기해 주었습니다.

사실에 대한 전달뿐 아니라 그들의 소망과 상실에 대한 해석이 들어가 있는 이야기입니다. 그들의 마음에 생생하게 남아 있는 십자가, 예수님의 능력과 예수님에 대한 기대를 말했습니다. 이스라엘을 건져내실 분으로 보았는데, 그런 소망도 이제는 사라졌다는 상실감도 표현하고 있습니다. 능력의 말씀을 가진 예수님이 억울하게 죽었다는 것입니다. 더욱 혼란스러운 것은 몇몇 여자들이 그분의 무덤에 갔지만 시신을 보지 못하고 살아나셨다고 하는 천사들의 말을 들었다는 것입니다. 몇 사람은 무덤에 가서 확인했지만 역시 시체를 보지 못했다는 것입니다. 축제와 희망에서 고통으로, 그리고 실망에서 당혹스러움으로 바뀌었습니다.

예수님은 자신의 정체를 밝히지 않고 묵묵히 경청하셨습니다. 그들은 들어주시는 그분이 바로 예수님이라는 사실을 알지 못했습니다. 그러다 결국 예수님이 그들의 이야기에 끼어드십니다. 그들의 대화에 흩어져 있던 단편들을 모아 성경에 기록된 크고 분명한 하나님의 계시를 이해시키기 시작했습니다.

우리 삶의 단편들은 그 자체로는 파편화되어 이해될 수가 없습니다. 그러나 그것을 성경에 비추어 보면 통일된 그림이 드러납니다. 요사이 QR코드 읽는 것과 비슷합니다. QR 코드 리더에 읽혀 보면 놀랍게도 어지럽게 흩어져 있던 퍼즐들이 모여 아름다운 그림을 보여 줍니다.

이야기의 영광스러운 결말

예수님이 말씀하심으로 지난 모든 이야기가 의미를 갖기 시작합니다. 지난 격동의 시간들 즉 고통, 혼란, 죽음, 루머는 영광스러운 결말을 향한 커다란 이야기의 일부가 된다는 것을 깨닫게 됩니다.

예수님은 그들에게 '미련하고 선지자들이 말한 모든 것을 마음에 더디 믿는 자야'라고 책망하셨습니다. 그들은 여인들의 말을 도무지 믿으려 하지 않았기 때문입니다. "그리스도가 이러한 고난을 받고 자기의 영광에 들어가야 할 것이 아니냐"고 하시면서, 모세와 선지자의 글로부터 시작해서 그리스도의 고난과 부활을 설명하십니다.

왜 부활을 부활하신 자신의 실물로 증명하지 않고 말씀으로 설명하셨을까요? 부활하신 예수님을 보여 주는 것보다 더 확실하게 성경을 통하여 부활을 제시해 줍니다. 부활은 우연히 일어난 사건이 아니라 예언되어 있던 하나님의 역사입니다. 이것을 미루어 보건대 부활의 가장 확실한 증거는 성경입니다. 우리도 성경을 통하여 부활하신 예수님을 만나야 합니다.

예수님은 그리스도의 고난과 영광에 대해 말씀하시며, 모세의 율법, 선지자의 예언, 시편에 기록된 말씀을 동원하여 그들의 마음을 열고 성경을 깨닫게 하십니다(24:25-27). 그래서 제자들은 후일 이렇게 고백합니다.

> 길에서 우리에게 말씀하시고 우리에게 성경을 풀어 주실 때에 우리 속에서 마음이 뜨겁지 아니하더냐(32절)

이것은 성령의 역사입니다. 예수님은 빛을 보여 주거나 커다란 깨달음을 주기보다는 마음이 뜨거워지게 하셨습니다. 마음에 열정이 되살아남을 느낄 수 있게 하십니다. 마음에 소망이 꿈틀거리는 것을 느끼게 하십니다.

감사 기도

이렇게 도상에서 성경 강론이 벌어지는 동안 두 제자의 목적지인 엠마오에 가까이 왔고 날은 저물었습니다. 예수님이 더 멀리 갈 것처럼 하셨다고 표현하고 있지만 실상은 그들에게 부담을 주지 않으시려는 의도로 보입니다. 그들이 예수님을 초대하여 함께 교제의 시간을 갖기를 원하시되, 억지로 하지 않으셨습니다. 그들이 자기들의 기쁜 뜻으로 그렇게 하기를 원하셨습니다. 예수님은 그들이 강권하기를 기다리셨을 것입니다.

길에서 받은 말씀의 감동으로 그들이 예수님을 청하여 함께 유하게 되었습니다. 그리고 식탁에 앉았습니다. 길을 가던 두 사람 중 한 명인 글로바가 떡과 잔을 준비했을 때, 손님은 당황스러운 행동을 합니다. 요청하지도 않았는데 자기가 빵을 집어 감사기도를 드리고 떡을 떼어 나누어 주는 것입니다. 손님이 주인처럼 행동하는 것입니다.

글로바가 떡을 받아든 바로 그때 눈이 밝아져 그분이 누구신지를 알게 됩니다. 떡을 떼실 때 자신을 드러내심이 얼마나 영광스러운지 모릅니다. 말씀을 들을 때 가슴이 뜨거워졌고, 먹을 때 눈이 열려 알아보게 되었습니다. 예수님은 십자가에서 자신의 육체를 깨트려 우리에게 구원을 주셨습니다. 식탁에 초대된 손님이 떡을 떼시고 축사하시고 나누어 주심을 통해 식탁의 주인이 되셨습니다.

이것은 마치 아브라함이 나그네를 대접하다가 천사와 하나님을 대면하는 장면을 연상시킵니다(창 18:1-15). 그들이 부활하신 예수님을 만나게 된 것은 그들이 예수님을 초대했기 때문입니다. 예수님이 제자들과 함께 길을 걷는 동안 그들은 그분을 알아보지 못했습니다.

그분을 그들의 마음과 집이라는 친밀한 공간으로 모셨을 때 비로소 그분은 그들에게 십자가에 달려 죽으셨다가 죽은 자로부터 부활하여 살아 계신 이로 모습을 드러내셨습니다. 마찬가지로 당신이 마음의 문을 열고 그분을 당신의 손님으로, 나아가 당신의 주인으로 받아들일 때, 당신 또한 그분을 알아보게 될 것입니다. 땅에서 하늘로, 인간적인 것에서 신령한 것으로, 인간적인 실망과 실패에서 하나님의 영광과 승리를 보게 될 것입니다.

렘브란트는 성경을 가장 충실하게 그리며 빛과 그림자를 잘 쓰기로 정평이 나 있는 화가입니다. 그가 23세였던 1629년에 그린 「엠마오의

「엠마오의 그리스도(Christ at Emmaus)」, 1629, 렘브란트(Rembrandt Harmenszoon van Rijn), 패널에 유화, 37.4×42.3cm, 자크마르 앙드레 박물관, 파리.

「엠마오의 저녁 식사(The supper at Emmaus)」, 1648, 렘브란트(Rembrandt Harmenszoon van Rijn), 패널에 유화, 68×65cm, 루브르 박물관, 파리.

그리스도」는 예수님이 떡을 떼심으로 제자들의 눈이 열려 예수님을 알아보는 극적인 장면을 묘사하고 있습니다. 멀리 식사 준비를 하는 여인의 모습이 보이고 소박한 집주인은 깜짝 놀란 표정을 보이고 있고, 어둠 속에 있는 다른 한 명은 예수님의 발 아래 무릎을 꿇고 있습니다. 예수님은 실루엣만 보입니다.

한편 1648년에 그린 「엠마오의 저녁 식사」는 예수님이 떡을 떼시기 직전의 모습을 그리고 있습니다. 부활하신 예수님 뒤에는 후광이 있지만 눈이 가리워진 제자들은 그것을 인식하지 못하고 있습니다. 약간 창백한 얼굴은 죽음으로부터의 부활을 나타내는 것 같습니다. 예수님의 얼굴은 온화하고 모여 있는 두 손은 겸손을 보여 줍니다.

은혜의 통로

또한 부활하신 예수님을 만나게 된 은혜의 통로는 떡을 뗌이었습니다. 부활이라는 상상하기 어려운 초월적인 사건이 가장 일상적이고 평범한 행위인 식사와 더불어 나타납니다. 누가복음에도 그렇고 요한복음에도 그렇습니다. 부활하신 예수님은 글로바의 집에서는 저녁 식사를, 갈릴리 해변에서는 제자들과 아침 식사를 하십니다. 글로바의 집에서는 예수님이 초대를 받으셨고, 갈릴리에서는 예수님이 초대하셨습니다. 그러나 두 식탁 모두 예수님이 주인이 되셨습니다.

부활의 신비가 이렇게 구체화되고 있습니다. 부활은 평범한 일상의 삶에서 나타납니다. 부활은 역사적인 것과 신비적인 것의 경계선에 서 있습니다. 이때부터 글로바 그리고 초대교회는 떡을 나눌 때마다 주님의 임재를 생각했을 것입니다. 도로시 데이는 "우리는 빵을 뗌으로써 그분을 알고, 또한 빵을 뗌으로써 서로를 안다"고 했습니다.

엠마오에서 제자들이 부활하신 예수님을 알아보았을 때 '예수님은 어디로 가셨을까요?' 그래서 상상해 보았습니다. 어쩌면 빵 속으로 들어가 그들의 몸으로 들어갔는지 모르겠습니다.

말씀과 성례

성경을 가르쳐 주시는 것(눅 24:27)과 떡을 떼시고 축사하시는 장면(눅 24:30-31)은 말씀과 성례를 암시하고 있습니다. 예수님은 그들에게 가까이 오셔서 동행하시고, 말씀을 기억나게 하시고, 풀어 주시고, 결국은 자신의 존재를 드러내십니다. 예수님은 우리의 삶의 여정에 동행해 주시고, 때때로 영광스러운 얼굴을 드러내십니다.

엠마오의 두 제자가 생각해 보니 자신들의 마음이 처음으로 뜨거워지기 시작했던 것은 그분이 길에서 말씀을 가르치시고 풀어 주실 때였습니다. 그때 가슴이 뜨거워지던 경험이 예수님이 임재하셨기 때문이라는 것을 이제야 알게 되었습니다.

우리는 뒤늦게야 예수님의 임재를 깨닫게 됩니다. 성서현장 방문 때에 엠마오를 들른 적이 있었는데, 이 본문의 말씀을 찾아 큰 소리로 읽어 보았습니다. 현장 독서는 글을 공간에서 살아나게 만듭니다. 말씀만 소리 내어 읽었는데도 가슴이 뜨거워지면서 눈물이 하염없이 흘러내렸습니다. 그 순간 주님이 오셔서 제 마음을 어루만지시고, 저의 약함과 실망과 슬픔과 외로움을 위로해 주셨습니다. 이것을 무엇이라고 표현할 수 있을까요?

두 제자가 예수님을 알아보았을 때 예수님은 그들에게 보이지 아니하셨습니다(24:31). 알아보는 즉시 그들에게서 사라진 것은 너무나 신비스럽습니다. 마치 꿈에서 본듯 몽롱한 체험입니다. 황홀한 느낌도 있었을 것입니다. 이제 예수님은 보이지 않았지만 그분이 하신 말씀은 가슴에 살아서 마음을 뜨겁게 했습니다. 부활한 주님을 육신으로 만난다는 것은 바로 그런 느낌입니다.

다시 예루살렘으로

엠마오에서 부활하신 예수님을 만난 두 제자는 다시 평안과 소망과 생명을 경험하고, 즉시 예루살렘으로 돌아오게 됩니다. 조금도 지체하지 않았습니다. 이미 그곳에는 부활하신 주님을 만난 사람들이 모여 있었습니다. 두 제자는 열한 제자를 포함한 공동체에 자신들의 경험을 전하였습니다. 부활의 경험과 그것에 대한 증거가 이어집니다. 말씀의 목격자가 말씀의 증언자가 됩니다. 누가에게 예루살렘은 복음 선포의 중심지입니다. 부활의 복음은 "예루살렘과 온 유대와 사마리아와 땅끝까지" 전파됩니다.

한동안 세간에 화제가 된 이미지입니다. 한 사진기자가 중국 오지의 눈 녹은 들판에서 찍었다고 하는 이 사진에 작가는 이렇게 써 놓았습니다. "그리스도는 내 집의 주인이시오. 식사 때마다 보이지 않는 손님이시오. 모든 대화에 말 없이 듣는 이시라."

사진을 인화하여 보니 온유하신 예수님의 모습이 드러났다고 합니다. 하지만 그렇게 보이는 사람도 있고, 도무지 그렇게 보이지 않는 사람도 있습니다. 임마누엘 되신 예수님, 세상 끝날까지 우리와 함께하겠다고 약속한 예수님은 신실하십니다. 그럼에도 불구하고 어떤 이는 예수님의 임재를 느끼고, 어떤 이는 느끼지 못하는 것과 동일한 원리입니다. 우리는 믿음의 눈을 더 크게 떠야 합니다. 보이지 않아도 예

눈 위에 나타난 예수님의 얼굴

수님이 함께 계십니다.

현존하는 하나님의 임재

엠마오로 가는 길에서 제자들이 그랬던 것처럼, 지금까지 당신도 그분을 몰라보았을 수 있습니다. 당신의 마음이 뜨거워졌고, 당신의 사랑이 꿈틀거렸으며, 당신이 읽은 성경 말씀이 이상하게도 생기를 띠어 모든 약속이 하늘의 실체와 능력으로 당신에게 말하는지를 깨닫기까지 말입니다. 주님은 바로 그런 분입니다. '하나님, 현존하는 당신의 임재가 앞으로 우리 모두에게 더욱 더 현실로 다가오도록 해주옵소서.'

제자라고 하지만 글로바는 잘 알려진 인물도 아니고 또다른 한 사람은 이름도 나와 있지 않습니다. 같은 집에 거하는 것으로 보아 그의 아내인 것도 같습니다. 부활은 이런 주변 사람들에 의해 예측 가능하지 않은 상황인 일상의 장소에서 조용하게 나타나고 있습니다. 부활의 영성은 이렇게 우리에게 스며드는 것입니다. 부활은 어떤 스펙터클한 장면이라기보다는 마음으로 느껴지고 마음에서 마음으로 전해지는 아늑하고 따뜻한 감동입니다.

인생에 석양이 지고 실의의 그림자가 깊게 물든 오솔길을 터벅터벅 걸을 때 부활의 주님이 동행하심을 기억하십시오. 잠시 멈추어 서서 눈을 감고 손을 내밀어 보십시오. 주님이 붙들어 주십니다. 혼자 외롭게 눈물을 흘리며 라면이나 빵으로 한 끼의 식사를 하고 있을 때, 묵묵히 맞은편에 앉아 계시는 예수님을 보십시오. 주님은 사랑의 눈길로 당신을 바라보십니다.

부활의 살아있는 증거

엠마오의 두 제자는 예수님의 부활의 살아있는 증거입니다. 부활이 없었다면 어떻게 엠마오로 내려가던 제자들이 다시 예루살렘으로 올라갈 수 있었겠습니까? 그들의 '터닝 포인트'에는 예수님의 부활이 있습니다.

이보다 더한 부활의 명백한 증거가 어디 있습니까? 부활은 빈 무덤이나 세마포 아니 심지어 예수님의 나타나심보다도 우리 마음과 삶의 변화에서 더 절실하게 경험할 수 있습니다. 무엇이 그들을 돌아오게 하고, 새롭게 살아가도록 격려할 수 있었습니까? 부활이 없다면 실의와 낙담과 외로움과 절망의 나락으로 내려가는 이들에게 무엇으로 소망을 줄 수 있겠습니까?

마틴 루터 킹 주니어는 암살당하기 전날 밤 멤피스 클레이본 교회에 모인 2,000명의 사람들에게 다음과 같이 말했습니다.

이제 저에게 어떤 일이 일어날지 알지 못합니다. 우리 앞에는 힘든 날들이 기다리고 있습니다. 하지만 저는 겁나지 않습니다. 산 정상에 올라가 보았기에 그런 일은 문제가 되지 않습니다. 누구나 그렇듯이 저도 오래 장수하고 싶습니다. 하지만 지금은 그것도 상관하지 않습니다. 그저 하나님의 뜻을 행하고 싶을 뿐입니다.

하나님은 제가 산꼭대기에 올라갈 수 있게 해주셨습니다. 저는 그곳에서 아래를 내려다보았고 약속의 땅을 보았습니다. 나는 여러분과 함께 약속의 땅에 못 들어갈 수도 있겠지만 하나님의 백성으로서 우리는 분명히 그 땅에 들어가리라는 것을 여러분은 꼭 명심하시기 바랍니다. 그래서 오늘 밤 저는 행복합니다. 아무것도 걱정하지 않습니다. 어느 누구도 무섭지 않습니다. 제 눈이 다시 오실 주님의 영광을 보았기 때문입니다.

암으로 석 달밖에 살 수 없다는 여인이 목사님의 심방을 받았습니다. 여인은 목사님께 장례식에 관한 여러 가지 부탁을 하였습니다. 목사님이 떠나기 전 여인이 말했습니다.

"목사님, 한 가지 부탁이 더 있는데, 꼭 들어주세요. 제가 죽으면 오른손에 포크를 쥔 채 묻어 주세요." 목사님은 이런 부탁을 처음 들어보았기 때문에 어리둥절했습니다. 그녀는 이렇게 이야기했습니다. "평생 제가 음식이 나오는 교회 행사에 참석하면서 가장 좋았던 순간이 언제인지 아세요? 음식 접시를 치우는 도우미가 '쓰시던 포크는 들고 계세요'라고 말해 줄 때였어요. 그건 아직 식사가 끝나지 않았고, 맛있는 디저트가 남아 있다는 것을 의미하기 때문이에요.

사람들이 장례식에서 손에 포크를 쥐고 잠든 제 모습을 보기 원해요. 사람들은 '웬 포크?' 하고 궁금해 하겠죠. 그때 그들에게 목사님이 '이제 더 좋은 순서가 남아 있습니다. 그러니 포크를 들고 계세요'라고 말씀해 주세요."

그 여인은 그리스도 안에서 죽은 모든 사람에게는 그때부터 진짜 잔치가 시작된다는 것을 알고 있었습니다. 이제 더 굉장한 시간이 다가오고 있습니다(존 오트버그, 『세상에서 가장 특별한 사랑 이야기』(좋은씨앗), 195-196쪽).

『지명을 읽으면 성경이 보인다』(구약 전3권) 차례